北落的师门 / 著

基金
作战笔记

中信出版集团 | 北京

图书在版编目（CIP）数据

基金作战笔记 / 北落的师门著. -- 北京：中信出版社，2024.5
ISBN 978-7-5217-6428-4

Ⅰ.①基… Ⅱ.①北… Ⅲ.①基金－投资－基本知识 Ⅳ.① F830.59

中国国家版本馆 CIP 数据核字（2024）第 048360 号

基金作战笔记
著者： 北落的师门
出版发行：中信出版集团股份有限公司
（北京市朝阳区东三环北路 27 号嘉铭中心　邮编　100020）
承印者： 北京盛通印刷股份有限公司

开本：787mm×1092mm　1/16　　印张：23.75　　字数：260 千字
版次：2024 年 5 月第 1 版　　印次：2024 年 5 月第 1 次印刷
书号：ISBN 978-7-5217-6428-4
定价：79.00 元

版权所有·侵权必究
如有印刷、装订问题，本公司负责调换。
服务热线：400-600-8099
投稿邮箱：author@citicpub.com

前言

和你一起，越过山丘

如果说创业是股票投资，打工是债券投资，那么在创业公司打工就是可转债投资，而我选择在证券基金领域创业，则属于满仓加杠杆了。一眨眼，四年时光匆匆而过，一抬头，鬓角多出几根银丝。

为什么要冒这么大风险创业，在大公司待着不好吗？这个问题我也问过我们团队的很多小伙伴，他们原来大多在银行、券商等机构从事财富管理工作。每个人都列出了很多理由，但其中最一致的是：**内心对目前金融产品销售模式的抗拒，以及对改变这种局面的期望。**

一切从客户的利益出发，这是所有银行、券商、基金公司等机构的口号，也应该是每一个从业者的初心。但为什么这件事在其他行业都能实践得特别好，唯独在财富管理行业如此艰难呢？因为，**投资是逆人性的**，而其他服务业是顺人性的。举个例子，在一些服务优质的火锅店，你还可以做着美甲、唱着歌，你开心了、吃爽了、玩爽了，你下次还会再来。而基金投资，必须逆人性操作才能赚钱，市场狂热的时候劝客户减仓，市场遇冷的时候劝客户加仓。大多数时候，让客户浑身不自在，才是真正对他好。

其实，不只线下理财师，线上销售机构的主要目标同样是销量，开屏、弹窗、广告位一样要顺着投资者的偏好来，转化率才会更高，平台才能够持续经营。当金融产品的销售佣金成为理财师的主要收入来源时，大家就只能在夹缝中求生存，在平衡中求内心的平静。毕竟，如果真的逆人性，销售机构估计都要倒闭，理财师也会面临大面积失业，自然也就不存在什么服务了。让投资者赤手空拳去市场里搏杀，想必结局也不会好到哪里去。

喋喋不休，时不我予的哀愁
还未如愿见着不朽，差点把自己先搞丢

在基金行业从业十几年来，这种内心的挣扎与无力感，常常萦绕在我的心头。我到底为社会、为投资者贡献了多少价值？**如果投资者并没有从我的服务中赚钱，我凭什么赚钱？**我一直很喜欢互联网行业里的一句话：只有当你为用户创造了巨大的价值以后，才敢消耗那么一点点。如果我不能在以销量为指挥棒的传统机构实现心中所念，那么是否有可能跳出来，从内心出发，做一点事情呢？

以基金为例，行业中有三个主体：**基金公司、销售机构和投资者**。关于基金投资的所有信息和服务，主要是在这三个参与主体之间流转，但实际有非常多信息不对称、效率低下，甚至非理性的事情发生，而最终对这些"成本"买单的一定是投资者。我如果能做些什么，让这些信息更透明高效地传播，让优质的内容和服务更接地气地被投资者接受，就能帮助销售机构的理财师更专业地服务客户，让基金公司的好产品被更多人看到。更重要的是，能帮助投资者找到适合自己的产品和策略，甚至找到投资路上的好朋友，彼此陪伴，相互温暖，穿越牛熊。

于是在创业的这些年里，我做了一个提供第三方基金数据和策略研究服务的 App（手机应用程序），组织了很多投资发烧友和理财师的交流社群，发表了很多关于投资知识的文章、视频和投教地图，还进行了许多场在至暗时刻陪伴投资者的直播。巧合的是，我创业的头三年，正是新冠肺炎疫情最让人忧心的三年。难吗？真难！但也有投资者对我说，是我们每天晚上的直播，伴她度过了人生中最难受的一段日子。人间值得。是的，**我们无法抗拒贝塔，但我们可以成为用户的阿尔法**，用真诚的、没有套路的服务和陪伴，让投资者被善待，让专业者被信赖。

无知地索求，羞耻于求救
不知疲倦地翻越，每一个山丘

而这本书，就是我们和用户一起翻山越岭时，为大家准备的地图使用手册。过去几年，我们制作了大量的可视化投资图表，帮助大家清晰、简洁地理解投资知识。后来我们又把这些图表制作成一套基金作战地图，在投资者和从业者当中大受欢迎。不过，图表虽然简洁、易传播，但总归只是一套 PPT（幻灯片演示文稿），自己看 PPT 和听老师讲一遍 PPT，对知识的理解深度是不同的。于是，我决定选取部分重要的图表，并结合自己十几年的从业经验，为大家做一次系统性的解读。

读完这本书，**你将从一个对基金一无所知的小白，变成一位资产配置的高手（至少在理论上）**，并且对投资之路更加充满信心。当然，如果想成为真正的成熟投资者，你还需要在实践中反复碰壁,琢磨、体会书中所述。你会发现选基金并非易事,而投资策略比选基金更重要,策略的执行比策略的制定更困难,要战胜恐惧和贪婪,真的只有少数人能做到。

  不用担心,当你拿起这本书决定出发,你已经迈出了最难的一步。尽管这一路上仍会有风雨泥泞,崎岖坎坷,但请相信,我一直都会在你身边。另外,本书中涉及的基金产品仅作示例,不作推荐,推荐语也仅代表个人评论,与推荐人所在的公司无关。基金有风险,投资须谨慎。

  想说却还没说的,还很多
  攒着是因为想写成"书"
  让你轻轻地"读"着,淡淡地记着
  就算终于忘了,也值得

目录

第1章 认知篇：基金投资的7条军规 / 1

7条军规，提高投资盈利概率 / 3

军规1：莫求暴富，为自己设定一个长期目标 / 9

军规2：永不满仓，找到自己的资产配置中枢 / 17

军规3：均衡为王，构建基金经理1/2水平的投资组合 / 22

军规4：定期复盘，优胜劣汰再平衡 / 27

军规5：稳定心态，克服贪婪与恐惧 / 30

军规6：定期投入，必要时加倍 / 34

军规7：做好主业，保持现金流 / 38

第2章 基础篇：基金入门大作战 / 43

投资品种这么多，为什么基金更适合普通投资者？ / 45

买基金时，我们买的到底是什么？ / 62

分类大作战：了解强大的武器库 / 76

实操交易的秘诀在于细节 / 111

第3章　选基篇：如何选出赚钱好基金 / 129

基金筛选有哪些方法技巧？ / 131

如何找到优秀的基金经理？ / 174

如何根据场景找到适配的基金？ / 190

第4章　策略篇：玩转资产配置与交易策略 / 213

基民想赚钱，什么最重要？ / 215

什么是资产配置的战略与战术？ / 222

如何制定交易策略，止盈止损？ / 248

如何玩转基金定投？ / 274

第5章　管理篇：管理基金组合必做的7件事 / 287

投资之前要做的2个准备：定目标、做配置 / 289

投资之后要做的3个跟踪：管收益、盯策略、诊持仓 / 299

投资前后都要做的2个功课：做调研、读季报 / 310

应对亏损与解套四步法 / 319

组合管理的平凡之路 / 329

第6章　实践篇：基金投资常见问题解答 / 333

什么是正确的定投方式？ / 335

基金被套牢怎么办？ / 337

如何实现稳健资产配置？ / 343

怎么熬过经济周期中的"至暗时刻"？ / 352

金融从业者的困惑解答 / 360

第 1 章

认知篇：
基金投资的 7 条军规

在开始谈论基金之前,我们先来聊聊基金投资的7条军规。军规是"道",是为了确保我们首先"做对的事",在这个市场中"活"得好,尽量不犯错。之后章节的内容是"术",是帮助我们"把事情做对",成为把握每一个细节的高手,如图1.1所示。当你在投资路上感到困惑不安,不知何去何从时,这7条军规将在漆黑的夜晚为你点亮一盏灯。

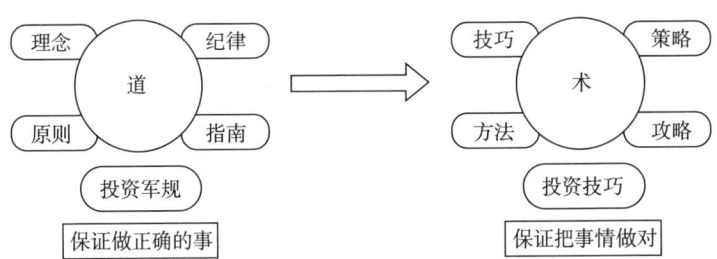

图1.1 投资中的"道"与"术"

7条军规,提高投资盈利概率

先说军规再聊基金

什么是军规?

简单来讲,军规可以是纪律、原则,也可以是指南、理念,是我们对事情没有把握、感到迷茫时给我们指出方向的明灯,是我们不断碰壁、内心怀疑时给我们坚定信心的压舱石,是我们在探索路上被外界诱惑时敲打我们的警钟。

在投资领域,最著名的军规就是"股神"巴菲特的三句话:"第一,保住本金;第二,保住本金;第三,牢记第一条和第二条。"在半个多世纪的股票投资生涯,巴菲特几十年如一日地坚守这一原则,即使在历次泡沫时期被很多人说"股神老了",他也岿然不动并保留大量的现金头寸,在历次股灾后从容买入,最终穿越牛熊,创造投资史上的奇迹。

其他的,还有著名投资人段永平常说的"三不原则"——不借钱,不做空,不懂不做。这些原则在很大程度上帮助他从成功的企业家华丽变身为卓越的投资者。他在A股和美股都有许多耳熟能详的战例,很多经典语录也在投资界广为传播。

除了投资领域,其他领域也有类似的军规。比如,苹果公司创始人史蒂夫·乔布斯的经典语录:产品设计上要"至繁归于至简",营销上要"出售梦想而非产品",用人上则是"1个出色人才能顶50个平庸员工"。多少年来,乔布斯凭借一条条简单又让人印象深刻的原则,打造了一款又一款风靡全球的电子产品,改变了人们的生活方式。

回到基金投资,我常常想能不能帮助读者总结出一套易于理解、不难执行、长期可靠的投资军规呢?根据十多年基金从业和投资经验,我总结了"基金投资的7条军规",希望能够给大家带来一些启发。

军规1：莫求暴富，为自己设定一个长期目标。

军规2：永不满仓，找到自己的资产配置中枢。

军规3：均衡为王，构建基金经理1/2水平的投资组合。

军规4：定期复盘，优胜劣汰再平衡。

军规5：稳定心态，克服贪婪与恐惧。

军规6：定期投入，必要时加倍。

军规7：做好主业，保持现金流。

这7句话既适用于基金投资，也适用于股票或者债券投资。我将在下文重点介绍它们之间的逻辑关系，并总结出一套使用这些军规的步骤。根据这套步骤来进行基金投资，我们可以保持一个健康的心态，摆脱"东一榔头，西一棒槌"的投资方式，避免被错误的观点和信息误导，最终提高投资盈利的概率。

最后，任何理论知识都需要实践来巩固，当你真金白银进入投资市场，相信你会对这些军规有更深的认识。如果你想获得快速致富的秘籍，这本书也许不是你的选择，如果你相信慢慢变富的理念，这本书将为你指出一条可以复制的路。

7条军规之间的关系

上文提到的7条军规，很多人都懂，但执行起来比较困难，主要原因在于没有深刻理解这7条军规之间的逻辑关系和应用步骤。一旦理解了，我们就会像练武之人被打通了任督二脉一样，成为武林高手。

那么，这7条军规之间有什么关系呢？

军规1：莫求暴富，为自己设定一个长期目标。这是从投资的起点回答"我是谁"这个问题。有些人的投资生涯是从亲朋好友处听来或在网络上看到的暴富故事开始的,而这些故事的背景大多处于牛市疯涨期。这时候无论是投资股票还是基金,基本都能赚到钱。投资者在一片欢腾中容易忘记自己真实的投资水平,这是非常危险的。其实,投资者需要警惕的不是熊市(大多数人根本不会在熊市投资),而是牛市。所以在投资的起点,我们要明白自己到底想要什么,能要到什么,设定一个明确的长期目标。哪怕我们"看长做短",毕竟环境无时无刻不在变化,但也一定要先"看得长"。如果所有的投资决策都是基于短期视角,那么大概率只能是碰运气了。当然,我们在不断成长,投资知识在增加,个人财富在增加,长期目标也会相应调整,但频率一定是以年为单位,而不是以月为单位。

对自己有了清晰的认知并设定长期目标之后,我们就可以开始投资了。核心有两点:怎么买?买什么?

军规2:永不满仓,找到自己的资产配置中枢。这是回答"怎么买"的问题,核心是仓位管理。以股票和债券这两类投资者最熟悉的投资品种为例,它们的长期收益率和风险水平都不一样。我们选取分别代表股市和债市整体表现的沪深300指数和中债综合财富指数来说明,沪深300指数的历史收益率在8%~10%,但波动较大;中债综合财富指数的历史收益率在3%~6%,波动相对较小。把股票和债券以不同的比例进行配置,得出的组合也会有不同的收益率和风险水平,适合不同目标和风险承受能力的投资者。比如,风险承受能力高的投资者可以选择8:2的股债配比,风险承受能力中等的投资者可以选择5:5的股债配比,风险承受能力低的投资者可以选择2:8的股债配比,具体的方法本书后面的章节会有更详细的介绍。找到自己的资产配置中枢并长期坚持，同时留有一定的余地，以备极端情况发生，方可做到游刃有余。

军规 3：均衡为王，构建基金经理 1/2 水平的投资组合。这是回答"买什么"的问题。之所以选择均衡为王，是因为均衡这条"平凡之路"更适合普通投资者，毕竟每次都能抓住热点板块和行业轮动的机会，即便是大部分基金经理也很难做到。只要基金组合足够均衡，我们就不用担心重仓的行业板块暴跌，也不用担心重仓基金的基金经理离职，这样才敢于在底部加仓。如果我们能在均衡的基础上提升投资技巧，获得基金经理中位数水平的收益，或者干脆把 A 股市场投资目标设定为跟踪各种类型的基金指数，那么从长期来看，收益也是不错的。而国内的债券、港股、海外市场也可以找到类似的指数加以跟踪，效果同样不错。

解决了"怎么买""买什么"的问题之后，我们就算是正式踏上投资的旅途了。接下来需要做三件事，即技术支持、心态支持和资金支持，来把投资这件事做得更好。

军规 4：定期复盘，优胜劣汰再平衡。这是**技术支持**，毕竟我们不是执行完军规 2 和军规 3 就万事大吉了，市场环境波诡云谲，我们之前的仓位是否需要加减，买的基金是否需要更换，都要及时跟踪调整。尤其是遇到单边牛市或者熊市，具有神奇效力的再平衡更加必不可少。那么，如何复盘、如何调整组合中的基金、如何再平衡，都需要专业知识来作为技术支持。

军规 5：稳定心态，克服贪婪与恐惧。这是**心态支持**。上学时，有时候我们学习了很多知识，掌握了很多技巧，甚至做了很多练习，可一到考试的关键时刻，就会发挥失常，究其原因，大多是心态问题。投资亦如此，"别人恐惧我贪婪，别人贪婪我恐惧"，道理人人都懂,但又有几人能做到?练就一个强大的心态,是必不可少的。

军规6:定期投入,必要时加倍。这是**资金支持**。大多数人的资金都有存量和流量之分,对于存量资金,我们可以根据资产配置比例一次性投入,操作简单。但对于未来持续的收入,如工资、奖金等流量资金,很多人都不知道该如何投资。如果有一个"可靠"的基金组合,我们就可以将这些流量资金持续投入,实现资产的不断累积和保值增值。如果这个过程中能够有一个良好的心态,特别是在众人恐惧时能够加倍投入,那么长期下来,投资者既在低位积攒了更多的资产份额,又能从复利中获取可观的收益。

军规7:做好主业,保持现金流。这是上述所有军规的**底层基石**。经济学中有个术语叫"比较优势",可以简单理解为,我们要把资源、精力投入自己最擅长的领域,才能创造出更大的价值,然后用创造出的价值(可以理解为"钱"),去购买那些自己相对不太擅长领域的产品或服务,这才是最理性的行为。如果时间精力有限,我们可以先努力成为自己所擅长领域的专家,做好主业,提升自己的比较优势,然后将投资交给有比较优势的基金经理、投资顾问,把专业的事交给专业的人。除此之外,在主业上更加精进,你才能够真切地理解定期复盘(军规4)对做好一件事的重要性;主业做得好,你才能在投资时更加从容,拥有一个良好的心态(军规5);主业给你提供稳定现金流,你才能有钱定期投入甚至加倍投入(军规6)。对大部分人而言,最不明智的行为就是辞职炒股或者投资基金,而更聪明的方式是,将精力投入主业,把投资交给专业机构,把生活还给自己。基金投资7条军规的关系如图1.2所示。

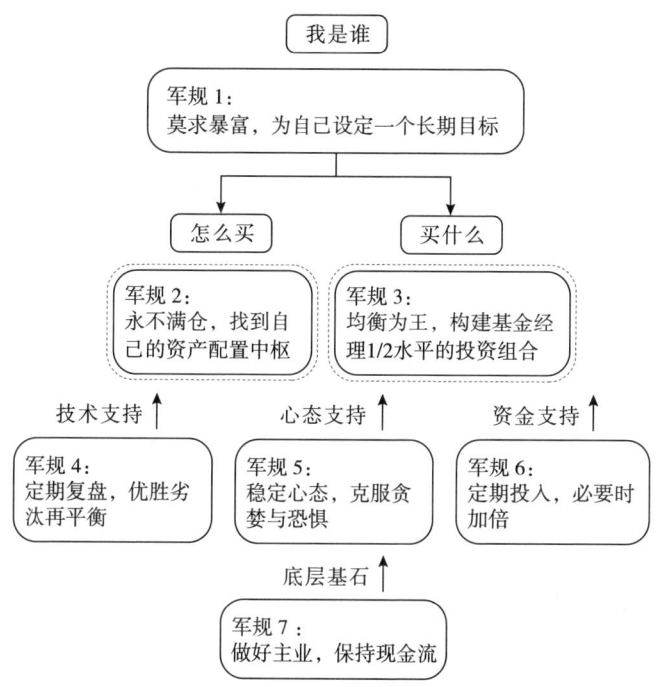

图1.2 基金投资的7条军规

军规1：莫求暴富，为自己设定一个长期目标

巴菲特的三个时期

在为自己设定投资目标之前，我们先来看看"股神"巴菲特是什么水平，如图1.3所示。了解巴菲特的投资收益率，可以帮助我们避免产生一些不切实际的幻想。

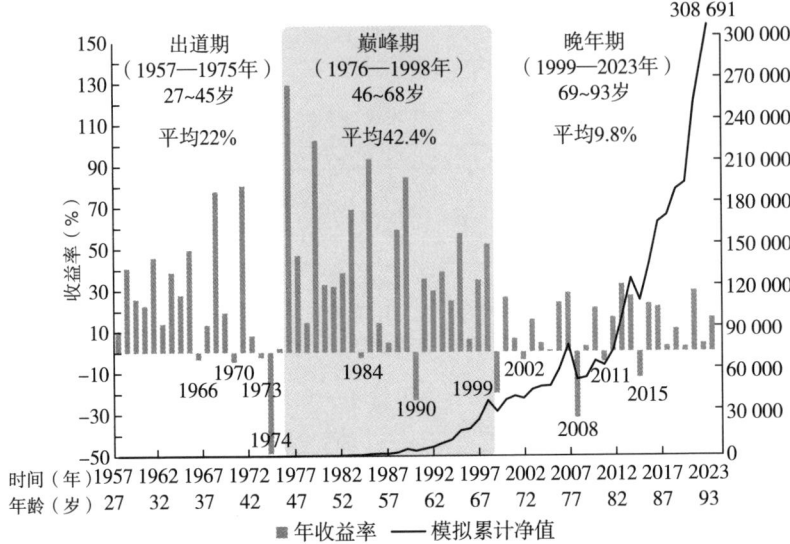

注：巴菲特1965年收购伯克希尔-哈撒韦公司后，收益率以该公司市场价值增加值测算。
资料来源：《巴菲特致股东的信》、韭圈儿App。

图1.3 "股神"巴菲特三个时期的收益率

从图1.3中可以看出，巴菲特在出道后的前20年就展现出非常"惊艳"的投资水平。从1957年到1975年，巴菲特取得了22%的年均收益率，这得益于战后美国经济的强劲复苏、科技的飞速发展和宽松的货币环境。但是随着第一次石油危机的爆发、布雷顿森林体系的瓦解、通胀高企、美元危机及"漂亮50"行情崩溃，巴菲特在1974年迎来第一次"滑铁卢"（实际上很多著名投资者在这次危机中倾家荡产）。在1973年市场疯狂赶顶的时候，巴菲特曾说："我现在就像一个欲望过剩的人，到了荒岛上。"他的意思是，现在的各类资产都太贵，实在没有可以买的了。但是到了1974年股市崩盘，虽然他也亏了很多钱，但他说道："我现在就像一个欲望过剩的人，到了后宫里。"他的意思是，现在的市场中又便宜又好的股票遍地都是，是时候买入了。

果真，在这次危机之后，巴菲特正式开启了自己的"巅峰期"。即使经历了美联储主席保罗·沃尔克大战通胀、"黑色星期一"和海湾战争等动荡时期，巴菲特的投资业绩依旧岿然不动，一直到1998年"互联网泡沫"前期，他取得了42.4%的年均收益率，正式"封神"。而在晚年期，巴菲特的业绩表现比较稳健，他没有参与2000年的"互联网泡沫"，在2008年金融危机中也曾因抄底被套牢，还曾经被"木头姐"凯瑟琳·伍德（Cathie Wood）的方舟投资（ARK Invest）旗下的基金碾压（见图1.4），因而被一些投资者质疑"股神老了"。但即便如此，他在最近20多年的收益率也达到了年均9.8%，而伯克希尔-哈撒韦公司的股价在慢慢地上涨中屡创新高，巴菲特的个人财富也是在这一阶段呈现出"指数级"增长。复利大法威力依旧！

资料来源：万得资讯、韭圈儿App。

图1.4 伯克希尔-哈撒韦的股价与ARK Innovation ETF的业绩对比

为什么要在第1条军规中先回顾巴菲特的投资业绩呢？我是想

帮助大家建立一个认知：长期而言，我们大多数人能拿到巴菲特晚年期10%左右的年化收益率，就已经非常棒了。想要赚到20%的年化收益率，要"天时、地利、人和"都具备才可以，这需要运气。而想要达到长期40%以上的年化收益率，这种概率实在太低了。

这里要提醒投资者，很多所谓的"理财公司"以8%，甚至10%以上的收益率为诱饵，承诺保本保息，通常都是非常危险的骗局。还有那些教你"涨停板战法"，透露内幕消息，动不动收益翻倍的所谓的老师，也很可能是骗子。最后我们再来看一组数据，如图1.5所示，请大家牢记在心，以免被一些不切实际的宣传所欺骗。

没有投资目标，后果有多严重？

通过了解巴菲特的三个时期，你应该已经打破"一夜暴富"这个幻想了，我们再来谈谈设定投资目标的重要性。先来看看如果没有投资目标，我们投资时会发生什么。

据我多年和投资者打交道的经验，许多新手投资者会选择短期收益率最高的基金，这也是为什么在一些互联网销售平台上，近一年收益率排行榜永远是最大的卖点（往往也是最大的风险点）。这也符合情理，直观来讲，投资是为了赚钱，那选择历史上最赚钱的产品就顺理成章了。但是，资产价格的涨跌，绝不能简单依靠其短期历史业绩来判断，**历史业绩不能代表未来**，只有均值回归才是终点。

如果理解了长期均值回归这一点，我们就不会看到新能源涨得好就全仓买入，看见原油涨得多就重仓买入原油，熊市中看到债券收益好就发誓以后只买债券不碰权益类产品。我们在决定买什么资产时，不应该根据这类资产的短期收益率，而要根据这类资产的长期收益率和我们的投资目标。如果认可股票资产的长期收益高但回撤大，

1年1倍	0%
2年2倍	41.42%
3年3倍	44.22%
5年5倍	37.97%
6年6倍	34.80%
7年7倍	32.05%
8年8倍	29.68%
9年9倍	27.65%
10年10倍	25.89%
15年15倍	19.79%
20年20倍	16.16%
30年30倍	12.00%
40年40倍	9.66%
50年50倍	8.14%
100年100倍	4.71%

图1.5　N年N倍收益对应的年化收益率

债券资产的长期收益低但回撤小，那么在弄清楚自己的长期目标是多少收益和回撤后，我们就应该配置相应比例的股票和债券基金。黄金、原油等其他资产是否纳入，纳入多少，也是同样的道理。

虽然我们的投资目标是长期的，但是在操作中，市场一直在变化，总会出现各种各样的意外。这时候就需要定期复盘，重新调整。如果没有目标，那么我们复盘的方向是什么呢？调整的原则又该怎么定呢？赚了钱，是该继续进攻还是该防守呢？亏了钱，是该补充"弹药"还是该坚决离场呢？

没有目标，一切都无从谈起。不知道怎么买（军规2），不知道买什么（军规3），不知道如何复盘优化（军规4），我们就像是在茫茫大海中行驶的小船，任何一阵风刮过来，对我们来说都是逆风。没有投资目标对我们的影响如图1.6所示。

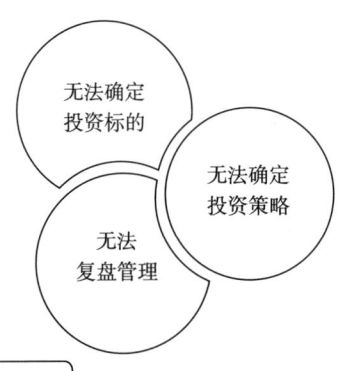

无法确定投资标的
股票、债券、大宗商品、现金等金融产品无从选择。

无法确定投资策略
如何配置资产、如何止盈止损、如何确认投资频率，无从下手。

无法复盘管理
投资过程中，无法判断是否达成自己的目标，持仓是否合理，也无法提出改进和优化的方案。

图1.6　没有投资目标的后果

投资中的"不可能三角"

那么，到底该如何设定投资目标呢？核心有三点：收益、风险、流动性。在大多数的讨论中，人们常用回撤或者波动率来指代风险，用持有期限来指代流动性。这三者之间有一种被称为"不可能三角"的关系。

高收益资产通常有较高的波动，如果想要获得高收益的同时感受不到回撤，那我们就必须放弃流动性，所谓"不看就不会亏"。比如，我们买了一套房子自己住，我们肯定不会天天去看小区房价涨跌（也不会天天有成交），这样就不太容易感受到波动。以基金为例，我曾经在研究基金时发现一只基金的夏普比率特别高，而且在各个周期都排在前面，所以就好奇地找到其基金经理来请教。结果基金经理告诉我，这主要是由于他管理的是封闭式基金，每周公布一次净值，拉长时间以后，该基金的收益和其他基金是相当的，但是回撤是以周度为公布频率，而非日度，所以显得波动更小。由于夏普比率是收益和波动之比，这样一来他管理的基金的夏普比率就跑在同类基金前面了。

想要降低波动和回撤，同时不牺牲流动性，这样的产品有没有呢？当然有，而且很多人都买过，那就是货币基金。2013年余额宝推出之后，货币基金普遍都能做到T+0随时申购赎回（有额度限制），堪比现金的流动性。在波动方面，货币基金投资的大多是短期债券或者银行存单，本身就风险极低。同时，货币基金普遍采用摊余成本法估值，就算有波动也不体现在净值和收益中，于是"每天都赚钱"成为大多数人对货币基金的印象。但它牺牲掉的是什么呢？当然是收益！余额宝的年化收益率从刚推出时的6%~7%，到如今普遍只有2%左右，如果未来利率下行，货币基金的收益率可能还会随之下降。

如果想要获得高收益，同时希望流动性特别好，随时可以申购赎回，那么高波动是我们不得不去承受的。"欲戴王冠，必承其重"，直白的说法是"舍不得孩子套不着狼"。大量的统计研究表明，权益资产是长期收益率最高的资产之一，但也是波动最大的资产之一。打个比方，买权益资产就像去创业，成功就是到达了"人生巅峰"，但一旦失败很可能倾家荡产。而买债券资产就像去打工，每个月工资雷打不动到账，但想要财务自由似乎也很难。我们做投资，买股票，其实也是间接参与了别人的创业，不是吗？股票有二级市场，我们可以随时买卖，开放式基金也可以随时申购赎回，它们的流动性都是极好的。但也正因为流动性好，价格才有可能在短期出现剧烈的变化，所以投资者没有一个稳定的心态是不行的。

高收益、低回撤、流动性好，三者兼得，有可能吗？答案是否定的。具体如图1.7所示。那么，我们在投资时必须思考以下三个问题。

- 我的目标收益是多少？
- 为了获得这个收益，我能承担多大亏损？
- 我投入的这笔钱，可以多久不用？

通常情况下，权益资产的长期年化收益率在8%~10%是一个合理的预期，但要实现这个收益需要承担20%以上的回撤，且要有3年以上的投资计划；而债券资产的长期年化收益率在3%~6%，对应要承担2%~4%的回撤，且持有1年以上实现的概率就很大了。这里只是帮助大家建立一个初步的印象，后面的章节还会有更详细的统计分析。

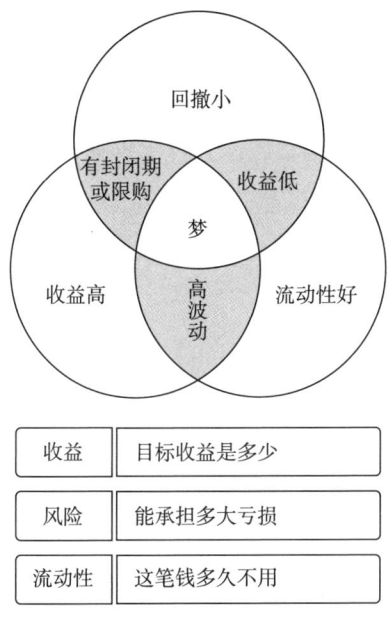

图1.7 基金投资中的"不可能三角"

军规2：永不满仓，找到自己的资产配置中枢

资产配置是唯一免费的午餐

高收益、低回撤、流动性好，三者不可兼得，这个残酷的现实就摆在投资者面前。这世界上真的没有免费的午餐吗？不尽然。在投资领域，资产配置就被称为"唯一免费的午餐"。著名投资大师瑞·达利欧用一张图解释了"免费"从何而来，如图1.8所示。

图1.8的横轴是资产组合中资产的数量，这里可以理解为基金的数量；纵轴是这个组合的标准差，也可以理解为这个组合的风险；图中曲线代表了各个内部资产相关性不同的投资组合。

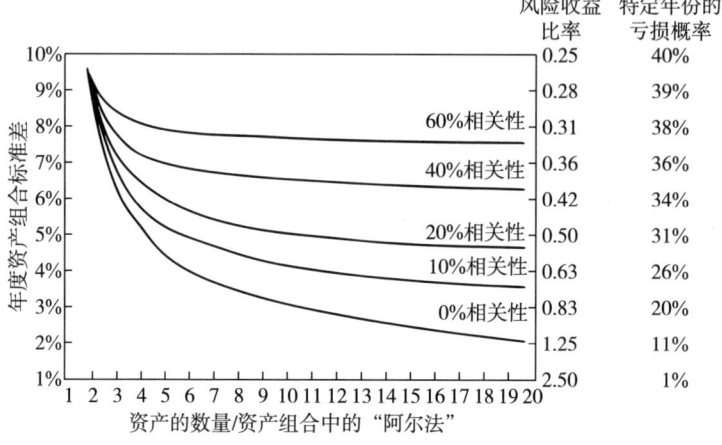

资料来源：瑞·达利欧. 原则 [M]. 北京：中信出版社，2018。

图 1.8　达利欧的"投资的圣杯"

从图 1.8 中我们可以得出以下重要结论。

- 所有曲线都是从左至右下滑的，这意味着随着组合中资产数量的增加，各个组合的风险都在降低。
- 所有曲线的下滑趋势逐渐平缓，这意味着当组合中资产数量增加到一定程度，其对风险的稀释作用也在慢慢降低。
- 下面的曲线下滑趋势更大，这意味着资产相关性低的组合，风险降低的速度更快。
- 由于风险降低得快，低相关性组合的风险收益比率更高，在特定年份亏损的概率则越低。

通过合理的资产配置，降低组合内不同资产的相关性，风险收益比率显著提升，这就是所谓的"免费的午餐"。

达利欧所说的"**投资的圣杯**"就是拥有 15~20 个良好的、互

不相关的回报流。这有一定的道理,如果我们的收入结构能够从单纯的工资收入,变成丰富的一揽子现金流计划,比如股票分红、债券利息、保险分红、著作版税、房产增值、收取房租等,我们人生的财务风险就会更低。

一个股三债七的神奇案例

图 1.8 给出结论:资产配置拥有神奇效力。但你也许会纳闷:不是说收益和风险成正比吗?为什么资产配置就能改变这一铁律呢?

图 1.9 是偏债混合基金指数的长期收益率及回撤数据,同时以沪深 300 指数作为对比,时间区间是 2004—2022 年。偏债混合基金指数是由万得公司编制的所有偏债混合基金算术平均后的收益的指数,由于偏债混合基金的权益仓位大多数在 20%~40%,以 30% 居多,所以这个指数大概反映的是一个 30% 股票、70% 债券的基金组合的平均水平。

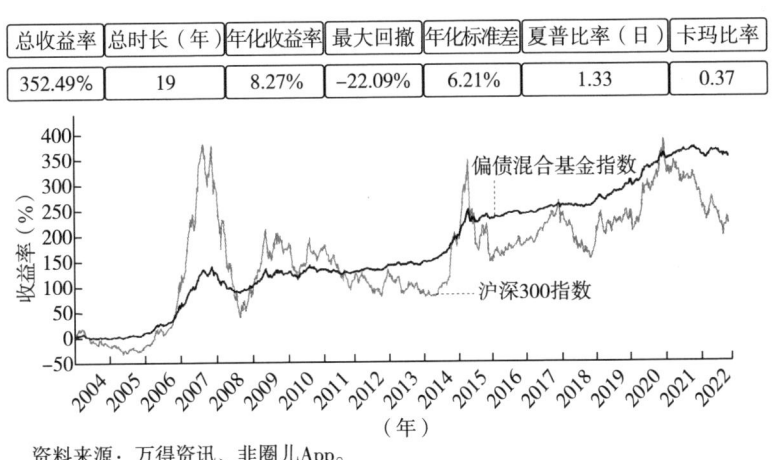

资料来源:万得资讯、韭圈儿App。

图 1.9 偏债混合基金指数长期收益率和回撤

从图 1.9 中可以看出，这个股三债七的组合，在过去 19 年的时间里取得了 8.27% 的年化收益率，比 100% 权益资产的沪深 300 指数还要好，而它的最大回撤只有-22.09%，不到沪深 300 指数的 1/3（2008 年沪深 300 指数最大回撤超过-70%）。更让人欣喜的是，这样一条指数曲线看起来是那么"可爱"，不慌不忙地一点一点向上爬，穿越了一轮又一轮牛熊，让投资者有了更多拿得住的底气。

为什么偏债混合基金指数可以取得如此美妙的效果？一方面的原因是，虽然它的权益仓位只有 30% 左右，但是基金经理管理这部分股票的表现在过去十几年中还是显著超越市场平均水平的，跑赢沪深 300 指数更不在话下，这是基金经理获取阿尔法收益能力带来的。另一方面的原因是，资产配置的魔力，基于合同规定，在牛市权益资产飞速上涨时，为把仓位降下来，基金经理必须卖掉一部分股票获利了结；在熊市权益资产节节败退时，基金经理又会慢慢低吸加仓股票来保持产品的风格稳定。就这么熊去牛来，基金经理反复再平衡也贡献了一部分超额收益。在这个案例中，权益部分主要用来获取收益，债券部分主要用来熨平波动，两者互相搭配，十几年竟然创造了奇迹。**再平衡的效果，在波动更大的市场中威力更大，所以在 A 股市场更适合做资产配置。**

不同股债配比的收益回撤

前文提到设定目标的三要素包括收益、回撤和持有期限。其中收益和回撤是投资者最关心的，而持有期限则决定着实现这一收益和回撤的概率，持有期限越长，实现的概率越高。这一部分我们假设投资者都是基于长期视角考虑资产配置的（实际也应该这么做），配置的资产主要是股票和债券（这两种最为常见），那么在不同股债配比下的收益和回撤会是多少呢?

以万得偏股混合基金指数、中证债券基金指数分别代表股票、债券,来看不同股债配比下的收益和回撤情况,时间区间为2005年12月31日到2022年12月31日,每年再平衡一次。具体如图1.10所示。

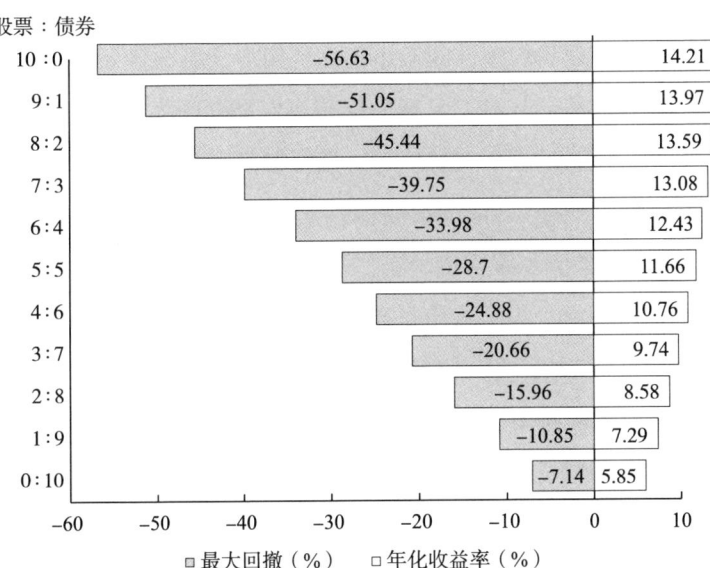

资料来源:万得资讯,韭圈儿App。

图1.10 不同股债配比的收益和回撤

从图1.10中我们可以得到如下几个结论。

- 随着权益资产变多,整个组合的回撤也在变大。
- 在权益资产中加入债券资产后,整个组合的收益降低缓慢。
- 如果用收益和回撤对比,那么性价比最高的组合是股二债八。

第一条结论毋庸置疑，股票越多，整个组合的波动越大，加入债券后，组合的波动会相应下降。

第二条结论可能会使一些人产生疑惑，权益资产长期收益肯定更好，但组合加入债券后为什么收益降得慢。假如我们统计的截止日处于牛市，那么加入债券后组合收益大概率是下降的，但不会像波动下降得那么快，毕竟之前那么多年不停再平衡还是攒了一些收益的。但是假如我们统计的截止日处于熊市，那么加入债券后组合收益率有可能是上升的，尤其是最近一次下跌组合跌得少时。

第三条结论是最令人疑惑的，投资者辛辛苦苦买股票，又度过了那么多的不眠夜，结果还不如买一只二级债基（二级债基的股票占比上限是20%）。事实也确实如此。我看过很多不同的回测统计、不同起点和终点、不同的市场环境、不同的标的，结论大抵类似。**在A股市场，20%~40%的股票配置比例是性价比最高的**，我国社保基金的股债配比中枢也是3∶7。

根据图1.10，我们可以根据自己设定的收益和对应的回撤，来确定相应的股债配置比例。当然，这里使用万得偏股基金指数和中证债券基金指数的测算结果略为积极，毕竟很多基民达不到市场平均水平。不过如果换成沪深300指数来测算，结论也是如此。

军规3：均衡为王，构建基金经理1/2水平的投资组合

两个不知道和两个知道

确定了股债配置比例，下一步就是决定"买什么"的问题了。我的建议是"均衡为王"，无论是股票配置部分，还是债券配置部分，我们的目标都是"构建基金经理1/2水平的投资组合"。你可

能听过很多重仓某赛道基金暴涨的案例,也可能听过几个投资暴富的故事,所以乍一听"均衡"你可能很不习惯。你也许会问,为什么不选择一位可以找到风口的基金经理呢?

我之所以给出这样的建议,是因为我在基金行业经历十几年悟出的"两个不知道和两个知道",如图 1.11 所示。

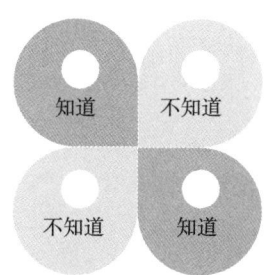

不知道哪位基金经理胜出或哪个行业会上涨
- 明星基金经理业绩"变脸",是其彻底"陨落"还是处于一时逆境?
- 某个行业暴跌,是彻底翻转还是短暂调整?

知道基金经理整体水平优秀
- 长期收益率大概率可以跑赢市场,屡创新高。
- 市场风向来了,基金经理的嗅觉最为灵敏,斩仓也毫不手软。

不知道精确的低点高点
- 低点总想等更低,高点总想等更高。
- 沉迷于择时,却忌惮踏入陷阱,总是错过时机。

知道逆人性投资才是长红之道
- "别人恐惧我贪婪,别人贪婪我恐惧",道理都懂,几人能做到?
- 战胜人性需要对标的有信心,对情绪有洞察。

图 1.11 基金投资的"两个不知道和两个知道"

不知道 1:未来哪位基金经理胜出或哪个行业上涨

我们依据历史业绩可以轻松选出各种类型的优秀的基金经理,如"短期冠军""长跑老将"。但是这些基金经理未来的业绩就一定好吗？我曾经看过一份研报：1年期收益率排名前十的基金经理在第二年的业绩大多数不好，而即便是3年期收益率排名前十的基金经理在第二年的业绩也呈现随机分布。我个人十几年的基金投资经验也是如此，我从来没有提前买到过第二年排名前十的基金，甚至进入第二年前10%的都很少。除此之外，更令人痛苦的是，我们不知道明星基金经理业绩"变脸"，是其彻底"陨落"还是处于一时逆境；我们也不知道某个行业暴跌，是彻底翻转还是短暂调整。补仓还是止损，这可真是一件令人烦恼的事。

知道1：基金经理整体水平优秀

虽然我们不知道哪位基金经理未来会很优秀，但是我们知道，**团队的能力大概率优于个人，专业胜过业余**。将基金经理看作一个整体，其长期收益率可以跑赢市场，并且大概率能在市场的历次周期中屡创新高。比如2007年上证6 124点的巅峰时期，至今各大指数都难以超越，但是偏股基金指数在2015年就超越了2007年的历史高点，在2020年又超越了2015年上证5 178点的高点。基金经理这个群体，对市场风向和景气度的敏感度是最高的，除非像2008年、2018年这样的普跌市场，在大多年份只要有结构性行情，他们基本可以把握住机会。一旦遇到风向变化，斩起仓来也毫不手软，绝不恋战。毕竟，偏股基金指数能在过去十几年取得10%~15%的年化收益率，基金经理并非浪得虚名。

不知道2：市场精确的低点高点

我们平常看财经资讯，会看到很多所谓的"专家"信誓旦旦地判断股市点位，如压力位能不能突破、支撑位能不能守住等，甚至让你赶紧加入社群获取准确买卖点。我不敢说这些人都是骗子，毕竟技术分析也是有用的，很多指标也有可取之处，但是妄图通过历史信息来推断准确的买卖点，基本是不可能的。择时产生的正反馈会带来极大的快感，所以很多新手会热衷于此，但凡是在市场中摸爬滚打 10 年以上的投资者，大概率都不会把频繁择时产生的收益当作自己的主要收益。假如你在高点精准卖出，下一次你必须在低点精准买入才行，你必须连续做对两次，假如正确一次的概率是 50%，连续对两次的概率就只有 25%（50%×50%）。

知道 2：逆人性投资才是长红之道

我们生活中做大多数事情都是要顺人性，比如海底捞为顾客提供极致的服务，苹果的产品让用户的体验非常好。**唯独投资这件事，只有做到逆人性才能成功**。巴菲特说过，"别人贪婪我恐惧，别人恐惧我贪婪"。比如在熊市末期，通常估值极低、情绪极差，这时候我们都知道买入持有 3~5 年大概率能赚钱，但问题是买什么。买单只股票，会不会继续跌不停？买主动基金，明星基金经理亏了这么多钱还能再回巅峰吗？买指数基金，这个板块还有希望吗？每到这个时刻，如果能有一个足够均衡的基金组合，跌的时候也会跟着跌但不会跌到全部亏损，涨的时候大概率跟着涨，牛市来了能创新高，那就可以解决问题了。这样的基金组合，使我们在想去逆人性投资的时候，多了一个有力的抓手，这实在是太重要了。

战胜市场平均有多难？

可能有人会问：为什么把目标定到市场 1/2，而不是前 1/3，前 1/10，甚至是排名前十？具体可以看看图 1.12。

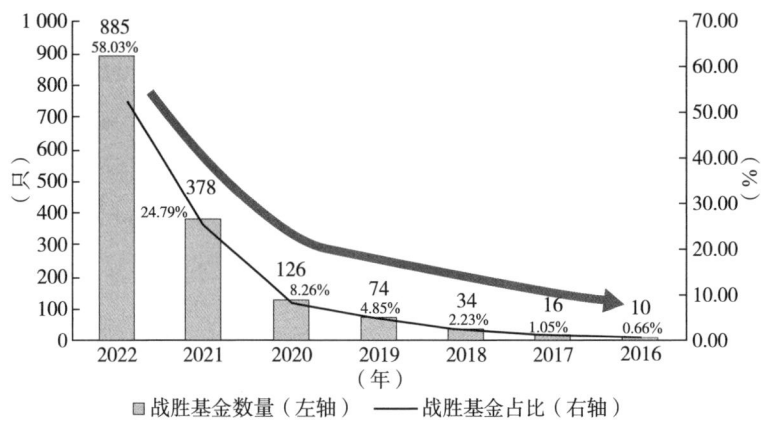

图 1.12 连续 7 年战胜偏股混合基金指数的基金占比

如图 1.12 所示,我们选取了全市场所有在 2016 年之前成立的偏股混合基金和股票基金,用偏股混合基金指数作为一把尺子,这把尺子大概是 1/2 分位数的水平,看看有多少只基金能够持续战胜它。我们根据时间由近及远进行回测,在 2022 年有 58.03% 的基金跑赢了该指数,这些基金中在 2021 年也能战胜该指数的就只有 24.79% 了,到 2020 年继续战胜该指数的就只有 8.26% 了,以此类推。从 2016 年起,连续 7 年战胜该指数的基金,只有 10 只,占比为 0.66%。这 10 只基金中,基金经理在近 5 年没有变过的只有 5 只。

这些"幸存者"基金,几乎很少出现在排行榜上,所以很多名气不大,规模也不大,但是它们的长期业绩确实非常不错。在统计的这 7 年间,这 10 只基金等权重组合的年化收益率高达 17.51%,最大回撤只有 -20.88%,而同期沪深 300 指数的年化收益率只有 0.47%,最大回撤却有 -39.59%。如果我们用债券基金和偏债混合基金指数做类似的对比,答案也是相似的。如此卓越的业绩说明,只要能够长期保持在市场平均水平,那么拉长时间看,投资者的收益率就非常厉害了。

所以，如果我们能够构建一个均衡组合，风格和市值分布都足够分散，同时能跟上基金经理 1/2 的水平，那真是非常优秀的解决方案了。该如何构建这样的组合，我们会在本书第 5 章探讨。

军规 4：定期复盘，优胜劣汰再平衡

复盘两件事：配置不偏航，均衡不紊乱

无论是学习还是工作，复盘都是无比重要的一环，因为每一个计划在执行时都会遇到各种问题，导致结果和目标有所偏离。有的时候是我们执行不到位，有的时候是环境发生了变化，无论哪种原因，只要和目标有所偏离，那定期停下来、思考、总结、再出发就是必要的。在管理学领域有一个著名的复盘工具叫"戴明环"，通过持续地"计划—执行—复盘—改进"来一步步实现目标。而在基金投资中，我们要复盘的主要是两件事，具体如图 1.13 所示。

- 整体的股债配置比例是否和我们的既定目标仍旧保持一致。
- 当前组合所持有的基金，是否仍旧足够均衡，支持我们完成既定目标。

对于第一点，保证股债配置比例与既定目标一致，是投资者常常忽略的。我们在熊市的时候，往往降低自己的风险偏好，把股票占比降到最低，而当牛市来临、节节胜利的时候，又会忘记自己的目标，调高风险偏好。结果就是，熊市低点仓位轻，牛市高点仓位重，反复被"收割"。所以，当我们设定好自己的股债配置比例，

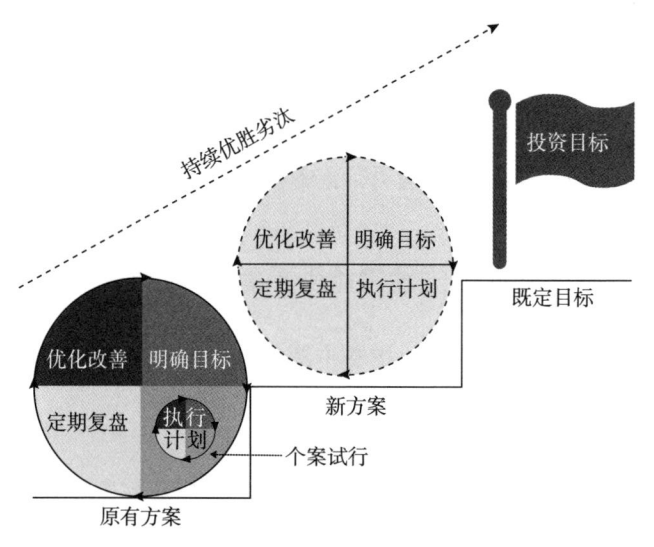

图1.13 围绕投资目标定期复盘优化

比如50岁以上的低风险偏好者为自己定了30%的股票占比，外加10%的上下浮动区间，那么当牛市中股票占比超过40%，我们就要适当地卖出股票，让股债比例重回起点。这就好比哥伦布在大海航行，目的地是美洲大陆，但是在途中发现了鱼群，这时如果他暂时偏离航线去打鱼填饱肚子没有问题，但是如果他忘了自己的目的地，陷入对即时满足感的追求中，那他可能永远也到达不了新大陆。**在投资中，"知止"很重要**。

对于第二点，前文提过，无论是股票部分还是债券部分，都尽量以均衡为主，达到基金经理1/2水平。当然，一个完全风格均衡、市值均衡、行业均衡的组合，并不一定就是基金经理的平均水平，但两者大多数时候是紧密关联的，有的年份基金经理会在一些行业或者风格暴露得更多，但整体不会偏离太大。我们在审视自己持仓的基金时，就需要看看哪些基金的风格暴露过于漂移，导致整体组合出现风格偏离，哪些基金的表现持续低于同类 1/2 水平，是否需要关注调整。这里需要关注的细节非常多，后面的章节会有更系统的介绍。

投资旅程就像航海，优秀的船长通常非常明确自己的目的地。船长要懂星象，会用六分仪，会算经纬度，能把握船舵，从而穿越迷雾，航行在正确的道路上；船长也要懂得如何筹集足够的资源，挑选优秀的水手，并管理激励他们互相协作，有的修补船只，有的打鱼做饭，有的和海盗作战。而复盘，是投资者成为优秀船长的必要基本功。

为什么再平衡很重要？

保证不偏航，核心是做再平衡。再平衡是指当资产配置偏离投资目标时，调整各类资产权重使之重新与初始目标相匹配，如图 1.14 所示。常见的再平衡方式有以下两种。

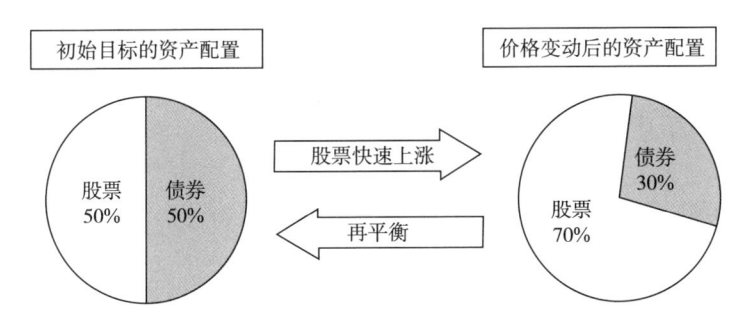

图 1.14 一个简单的资产组合再平衡策略

- **阈值再平衡**。当某类资产在组合中的比例突破预先设定的阈值时，进行再平衡。
- **定期再平衡**。每过一段时间，比如每个季度或每半年，进行一次再平衡。

理论上阈值再平衡更精准，但拉长时间看，这两种方式的效果并不会有太大的差异，如果为了省心省力，定期再平衡也是不错的选择。

再平衡有什么好处呢？一是控制风险。当组合中某一类资产因上涨导致占比过高时，通过调低该类资产的比例，可以兑现这类资产大幅上涨后的收益，避免该类资产未来大幅下跌所产生的风险。二是增厚收益。当组合中某类资产因为下跌导致占比过低时，通过调高该类资产的比例，就可以自动实现逆势抄底，待该类资产未来价格回归后获得更多收益。

不过，再平衡的有效性是基于一个重要假设，那就是"均值回归"：**一类资产跌多了会涨，涨多了会跌，没有永远的"神"**。我个人是认可这一假设的，尽管我们能够举出各种各样细分领域的案例来质疑"均值回归"，证明"这次不一样"，比如你用一只历史上表现特别好的股票基金和债券基金搭配来做回测，很有可能出现再平衡的收益还不如不平衡的情形。但投资依赖的是概率，最终让我们达成目标的也是概率。你觉得"均值回归"的概率更大，还是"这次不一样"的概率更大呢？

军规5：稳定心态，克服贪婪与恐惧

道理都懂，但做到太难

如果说军规4是对我们资产配置提供的技术支持，那么军规5提供的就是心理支持。虽然这一条并不涉及过多专业知识，但是一个强大的心态，在市场极端环境下比专业知识更为重要。

巴菲特说："别人恐惧我贪婪，别人贪婪我恐惧"；约翰·邓普顿（John Templeton）说："牛市在绝望中诞生，在犹豫中成长，在乐观中成熟，在亢奋中灭亡"；卡尔·伊坎（Carl Icahn）说："买别人不买的东西，在没人买的时候买"。这些投资大师的名言我们都懂，但当极端事件真正发生时，保持淡定和理性，对大多数人而言都并非易事。

那么一个强大的心态从何而来呢？我总结了以下三个重要因素。

- 这笔钱全部亏损对你的生活没有毁灭性打击。
- 见过世面，亏过钱，交过"学费"。
- 形成了一套内心强烈认同的理念。

关于第一点，富达基金曾对客户数据做过统计分析，发现以下三种客户收益率较高。

- 客户去世，但是富达不知情。
- 客户去世，潜在继承人因打官司争夺财产，导致账户长期被冻结的。
- 客户忘了自己有账户，长期没登录的。

当我看到第三种情况，我很惊讶居然有客户能忘掉自己的账户。不过想起曾经的一则新闻，一位投资者早年买了腾讯和茅台的股票，后来出国忘了账户，归国后发现股票竟然已经翻了上百倍。所以，一个强大心态的根本是，即使这笔钱亏掉了，对我们的生活也没有太大影响。所以**不押注**、**不加杠杆**、**不停止本职工作**，这些都很重要。

接下来，我们聊聊建立强大心态的第二和第三的因素。

能否有淡定的心态取决于吃过多少亏

人被人教育难，被事教育易。就如同你看了这本书，很可能会觉得懂了一些道理，但是真到实践的时候又是另外一种情形。直到有一天，你真金白银买入后亏了钱，才可能会在那一瞬间感叹："这本书讲得还是有点道理啊。"

所以强大心态的另一个来源就是，见过世面，吃过亏，交过"学费"。投资最大的障碍是什么？是对波动的低耐受度。当波动在耐受范围之内，我们保持理性比较容易。当波动超出耐受范围，一切投资布局、纪律、计划都可能瞬间化为泡影，因为我们的心态"崩"了，动作就会变形。阻碍我们赚钱的不是某基金经理，不是选基能力，更不是择时能力。真正的障碍是恐惧，是我们忍受不了市场的波动。

波动不是风险，买错标的造成的永久性损失才是风险。只要你的持仓足够均衡，哪怕只是一只沪深300指数基金，都可以带来8%~10%的年化收益率。而想要获取这些收益，你需要提高的是对波动的耐受度，它取决于你所经历并熬过去的历史最大波动，比如沪深300指数在2018年回撤-32%、2015年回撤-46%、2008年甚至回撤超过-73%（见图1.15）。经过大风大浪的投资者，就像习惯惊涛骇浪的老船长，即便金融海啸来袭，也能够从容面对。他们深谙，巨浪之后的海面终将平静，宝藏就在不远处静候最勇敢的冒险者。但如果你还在被恐惧禁锢，被波动阻碍，你梦想中的收益将在一次又一次的浪潮中与你渐行渐远。

大多数人总是在反弹以后暗下决心，跌回去了一定加仓，但当真跌回去了却以各种方式发泄负面情绪，忘记了自己曾经下过的决心。请记住：波动不是风险，它只是收益的对价。

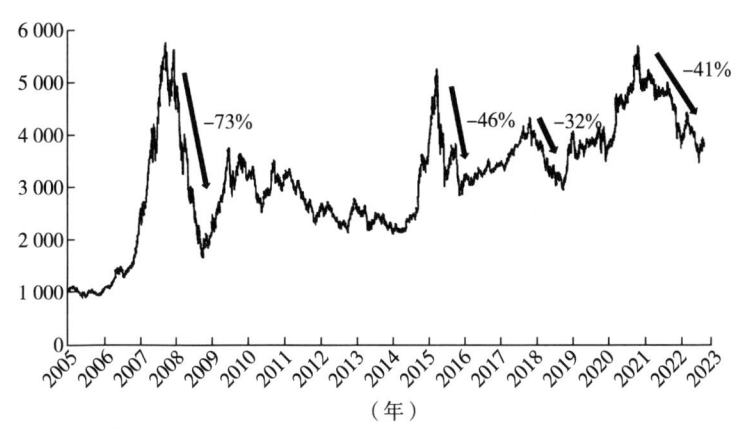

注：统计周期为2004年12月31日到2022年12月31日。
资料来源：万得资讯、韭圈儿App。

图1.15 沪深300指数历次回撤（收盘）

相信均值回归，投资要逆势

信仰，可以简单理解为，内心强烈认同的理念。比如，我们常说的"相信国运""没有人可以靠做空自己的祖国而致富"，这都属于信仰。而在投资领域，最值得相信的事情，恐怕就是"均值回归"。

投资大师霍华德·马克斯（Howard Marks）有两本著作：《投资最重要的事》《周期》。我调研过的很多基金经理都推荐过这两本书，他们反复强调：**万物皆周期，均值回归是必然，买得便宜是关键**。尤其是在泡沫期，人们常说"它不便宜，不过我认为它会继续上涨，因为流动性是过剩的"（或许多其他理由）。换句话说，他们说的是"它已经被充分估价了，但是我认为价格会变得更高"。在这样的情况下买进或持有是极其危险的，因为这时候决定市场价格的不是价值，而是边际资金的博弈，相当于你把命运交到了别人的手里。

如果你相信均值回归，你就不会在市场亢奋期更亢奋，也不会在市场踌躇期更踌躇，你内心笃定这一切不过是一场周期的游戏：牛市中，命运的每一份馈赠都已在暗中标好了价格；熊市里，跌跌不休的每一个交易日都是天将降大任之前的"苦其心志，劳其筋骨，饿其体肤"。当然，这里有一个前提就是我们的配置足够均衡，我们深知自己的投资标的不会产生永久性损失，等市场反弹的时候，它也会跟着反弹，那为何不在底部多买一些呢？

大类资产的收益变迁如图 1.16 所示，历史上很少有资产能够成为"常胜将军"。尤其是以沪深 300 指数为代表的 A 股，它在各类资产中的波动尤其大。面对这样大的波动，没有一个好心态，投资者在 A 股市场是很难坚持下去的。

军规 6：定期投入，必要时加倍

投资就是做正确的事，并且长期去做

有了技术支持和心态支持，还有一件很重要的事，就是可持续的资金支持。当我们建立了强健的资产组合、健康均衡的基金池，剩下的事情就是坚持不懈地投入。

保险行业有一张比较经典的"人生草帽图"，如图 1.17 所示，它把人生的财富管理分成了三个阶段：第一是教育期，这一时期我们靠父母养，是个只花钱不产出的"吞金兽"；第二是奋斗期，我们自己养活自己，同时要支撑身边的人，并应对各种意外；第三是养老期，我们仍然是自己养活自己，但尽量不连累子女。这张图用在投资领域说明了一个问题：我们需要在奋斗期尽量积累更多的财富。所以在我的理念中，将资金持续不断地投入一个适合自己的基

	1	2	3	4	5	6	7	8
2023	标普500 24.58%	黄金 13.42%	企债指数 3.98%	定期存款 1.50%	房价 0.16%	CPI −0.50%	原油 −10.52%	沪深300 −11.38%
2022	原油 7.05%	CPI 1.60%	定期存款 1.50%	房价 −0.02%	黄金 −0.08%	企债指数 −0.38%	标普500 −19.44%	沪深300 −21.63%
2021	原油 55.42%	标普500 27.23%	企债指数 4.05%	房价 2.44%	CPI 2.30%	定期存款 1.50%	黄金 −3.44%	沪深300 −5.20%
2020	沪深300 27.21%	黄金 24.56%	标普500 16.26%	企债指数 4.49%	房价 4.13%	CPI 2.70%	定期存款 1.50%	原油 −20.90%
2019	沪深300 36.07%	原油 33.62%	标普500 29.97%	黄金 18.39%	企债指数 5.74%	CPI 4.50%	房价 3.34%	定期存款 1.50%
2018	企债指数 5.74%	房价 5.09%	CPI 2.10%	定期存款 1.50%	黄金 −1.65%	标普500 −6.24%	原油 −23.78%	沪深300 −25.31%
2017	沪深300 21.78%	标普500 19.42%	黄金 13.26%	原油 11.52%	房价 7.15%	企债指数 2.13%	CPI 1.60%	定期存款 1.50%
2016	原油 45.37%	房价 18.72%	标普500 9.54%	黄金 8.59%	企债指数 6.04%	CPI 2.00%	定期存款 1.50%	沪深300 −11.28%
2015	企债指数 8.84%	沪深300 5.85%	房价 4.15%	定期存款 1.50%	CPI 1.40%	标普500 −0.73%	黄金 −10.54%	原油 −30.98%
2014	沪深300 51.66%	标普500 11.39%	企债指数 8.73%	定期存款 2.75%	CPI 2.00%	黄金 −1.51%	房价 −2.69%	原油 −45.58%
2013	标普500 29.60%	房价 11.51%	原油 7.49%	企债指数 4.36%	定期存款 3.00%	CPI 2.60%	沪深300 −7.65%	黄金 −27.57%
2012	标普500 13.41%	沪深300 7.55%	企债指数 7.49%	黄金 5.61%	定期存款 3.00%	CPI 2.60%	CPI 0.03%	原油 −7.09%
2011	黄金 9.82%	原油 8.15%	CPI 5.40%	房价 4.27%	定期存款 3.50%	企债指数 3.50%	标普500 0.00%	沪深300 −25.01%

注：房价：百城住宅价格指数；企债指数：000013.SH；黄金：COMEX黄金连续；原油：NYMEX轻质原油连续；CPI：统计局，截至2023年11月；定期存款：1年期定存利率。数据截至2023年12月29日下午3点。

资料来源：韭圈儿App。

图1.16 大类资产收益变迁

金组合，不是为了一夜暴富，也不是为了高抛低吸收获快感，而是为自己存钱。钱可以是以现金的形态存在银行账户里，也可以是以房子的形态自住或出租，当然也可以以基金的形态存于我们的账户中。

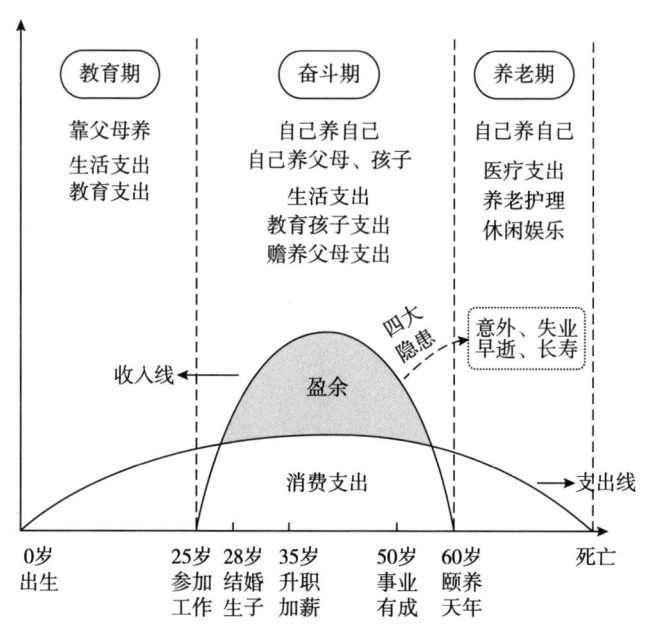

图 1.17　人生草帽图

所以理论上，我们大多数人要做的事是持续不断地投入，如果这笔钱不用，甚至都没必要取出。最多就是根据市场变化调整资产比例，如果我们是有持续现金流入的职场人士，尤其是资产量还不大的年轻人，那么抱着储蓄的心态持续投入，必要时加倍，才是最佳选择。

你的投资是靠流量资金还是存量资金？

流量资金，指未来流入的资金，比如每个月的工资、收到的房租等。

存量资金，指过去积攒下来的资金，比如已有的资产和储蓄、卖房子获得的非经常性收入等。

这两笔资金的关系是：流量资金在扣除各项必要支出后，持续投入各类资产中，慢慢地积累就变成了存量资金；存量资金合理分配到各种资产中，这些资产又能够持续产生流量资金。

《富爸爸，穷爸爸》这本书反复提到：普通中产阶级的工资收入在还完房贷、车贷，缴完各种税及扣除基本开销后，就很难有所剩余了；富人的现金流则在持续不断做一件事，就是在剔除基本开销后持续投入各类资产中，而这些资产又继续产生新的现金流，最终形成一个正向循环。具体如图 1.18 所示。

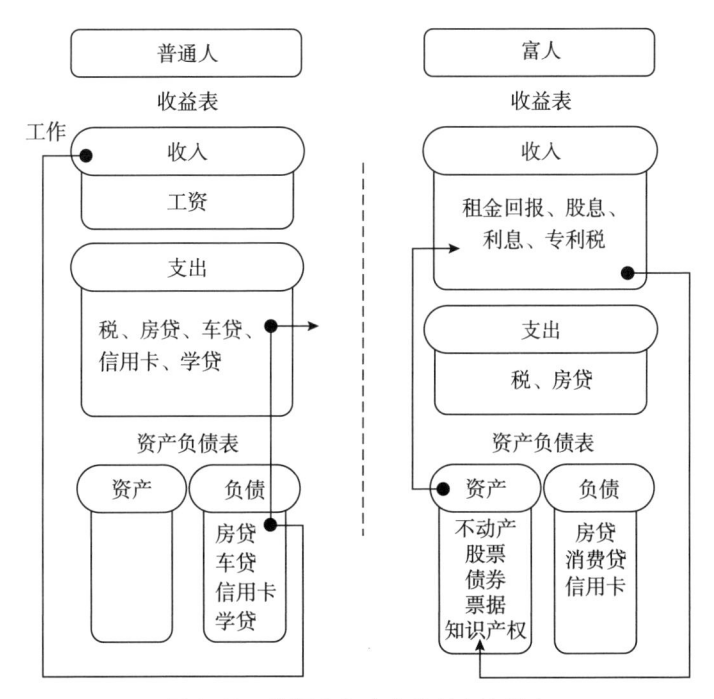

图 1.18 普通人和富人的现金流量表

我们在工作初期，资产较少，主要是流量资金，这时候要坚持不懈地去储蓄，去定投基金组合，配置好各类保险。到了奋斗期的后期，这时候我们的存量资金已经很多但现金流入相对于总资产占比已经很小，或者已经进入养老期，存量资金很多但没有特别可观的现金流入，这时候更重要的是以配置为主，定投为辅了。这时候再以定投的方式来投资，效率就不高了。辛苦半生，这个阶段从投资中赚到的钱，就好好用来享受生活吧。

军规 7：做好主业，保持现金流

无限现金流才是制胜的法宝

技术支持、心态支持、资金支持都有了。这时候还有一件事情要强调：不要辞职做投资！

因为一旦辞职，你失去了固定的收入来源，我们定期复盘腾挪调整的空间就不宽裕了，身家都在市场中时心态也容易"崩"，定期投入尤其是低点加倍获取筹码的资金也没有了。可以说，做好主业，保持现金流，是重要的底层基石。

如果要说投资有什么秘诀，我觉得就是：**均衡为王+无限现金流**。

我们持续地将资金投入一个均衡的基金组合，只要能坚持下去，亏钱的概率是很小的。最后我们的成本线就会成为一个平滑的曲线，而资产线就会变成一个随着基金净值持续上涨而不断上涨的曲线。家庭财富增长曲线如图 1.19 所示。

专业胜过业余，团队优于个人

有句话叫"不要用自己的业余爱好挑战别人的专业"，相信大部分人都认可这一点，但为什么在投资领域，专业的基金经理容易被一些基民质疑呢？我想原因主要有以下两个。

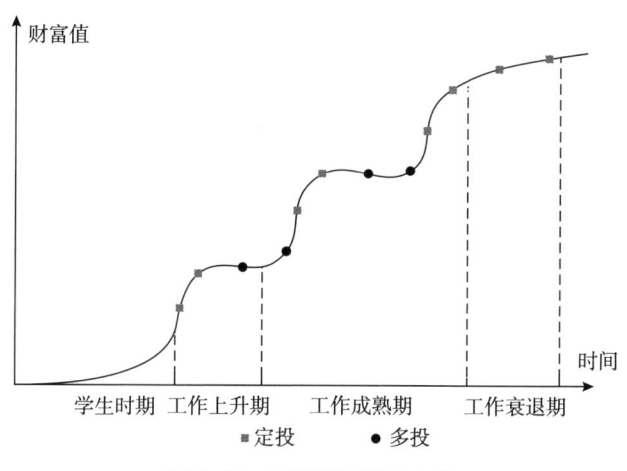

图 1.19　家庭财富增长曲线

一是，专业战胜业余的概率不同。在大部分领域，业余在专业面前是完全没有机会的。但是在投资领域，即便再专业的基金经理战胜普通投资者的概率也就 60%～70%，这已经是非常不错的表现了，如果能长期保持就非常厉害了。所以总是会有看起来不少数量的基金经理业绩表现不好（毕竟有 30%～40% 的基金经理跑输普通投资者）。

二是，投资领域专业性的反馈不是即时的。普通投资者偶然买入一只被推荐的股票，第二天就涨停，这就是即时反馈，推荐者或许就被顶礼膜拜了。但真正的投资，不会这么快有所反馈，好的两三个月，慢的一两年甚至更久，这也是长期投资的理念。所以投资者要有耐心。

只要拉长时间，专业性的价值就会体现出来，就像偏股混合基金指数十几年间有如此惊艳的表现（虽然它短期内常常跑输市场）。所以我一直建议投资者首先坚持做好主业，把投资交给专业机构，把生活交给自己。

做好主业，也是发挥我们的比较优势。大卫·李嘉图（David Ricardo）在其代表作《政治经济学及赋税原理》（*On the Principles of Political Economy and Taxation*）一书中提出"比较优势"理论，这个概念与绝对优势相对应。绝对优势，就是做一件事情的成本越小，你的绝对优势越大。而比较优势，就是做一件事情的机会成本越小，你的比较优势越大。具体如图 1.20 所示。比如，发达国家可能有能力生产任何一个商品，其效率都高于发展中国家（绝对优势），但是它的最佳选择是生产所有商品吗？答案是否定的，它应该生产相对于发展中国家成本优势最大的 A 商品（比较优势），让发展中国家生产 B 商品，然后拿它生产出来的 A 商品去和发展中国家交换 B 商品，这样才是最经济的。因为它的资源也是有限的，生产 B 商品的机会成本太高（少生产的 A 商品）。

在投资上也是一样，基金经理大概率比普通投资者专业（当然我们也不否定有些普通投资者非常专业），在这方面我们没有绝对优势。即便我们运气爆棚，偶尔能打败基金经理，但是我们真正拥有比较优势的，还是我们的主业。在投资上花费太多心力的话，可能会耽误我们在主业上精进，导致机会成本过大。

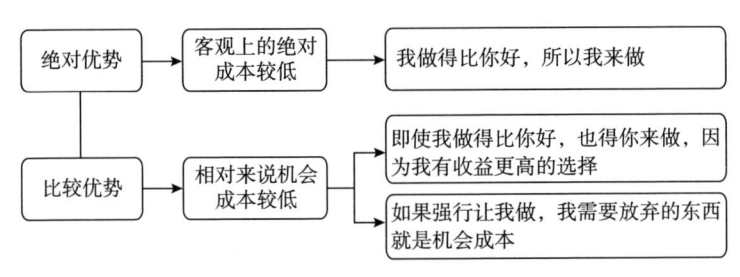

图 1.20　绝对优势与比较优势

以上就是我反复强调的 7 条军规,当大家投资有困惑时,不妨时常翻开看看,一定会常读常新。

接下来,我们将从入门、选基、策略、组合配置等方面为大家一一拆解基金投资。

第 2 章

基础篇：
基金入门大作战

基金到底是什么？它真的能赚钱吗？它赚的是什么钱？选择基金作为投资工具，我们需要掌握哪些基础知识？基金有多少种类型？每种类型有什么特点？投资时需要注意哪些事情？基金如何交易、如何收费、效率如何？这些关于公募基金基础又重要的问题，我将在本章深入浅出地为你一一解答。

投资品种这么多，为什么基金更适合普通投资者？

基金到底是什么？

证券投资基金，是指通过发售基金份额，募集资金形成独立的基金财产，由基金管理人管理、基金托管人托管，以资产组合方式进行证券投资，基金份额持有人按其所持份额享受收益和承担风险的投资工具。

初次接触基金的投资者可能会对这段有很多专业术语的文字感到困惑。接下来，我对关键术语逐一进行解析。

- 此处的**证券投资基金**，不是政府建设基金，不是社会公益基金，不是社会保险基金，也不是投资于非上市公司股权的股权投资基金、风险投资基金、产业投资基金。这里指的是专门投资于证券市场的基金。

- **募集资金**的形式，有公开募集和非公开募集两种，对应地，证券投资基金可以分为公募基金和私募基金。本书探讨的基金，如果不特指，都是指公募基金。在海外，公募基金主要定位于获取相对收益，也被称为"共同基金"（Mutual Fund），而私募基金大多定位于获取绝对收益，也被称为"对冲基金"（Hedge Fund）。

- 基金财产具有很强的**独立性**，基金的财产和基金管理人、托管人的自有财产之间是完全独立的，需要独立设置托管账户，即使基金公司倒闭，也不会影响基金财产。换句话说，投资者不用担心基金公司卷款"跑路"。

- **基金管理人**一般指的就是基金公司，或者是取得公募基金牌照的券商资产管理公司、保险资产管理公司等机构。基金管理人承担运作管理基金的角色，赚的是管理费。

- **基金托管人**一般指的是托管银行或者券商。基金管理人是没有权利直接触碰基金财产的，它必须把募集来的资金放在托管人的托管账户中，通过向托管人下达指令来完成操作。托管人还承担着基金交易的清算、净值计算、投资运作监督等工作，是投资者资产的"看门人"，它赚的是托管费。基金管理人、托管人、投资人之间的关系如图2.1所示。

- **资产组合**的投资方式，是基金的另一大特点。基金相关法律法规要求基金的投向必须分散，其中最著名的是"双十规定"，下文会详细讲解。

- 基金主要进行**证券投资**，这里的证券主要是指在境内依法发行和上市的证券，也常被称为"标准资产"（与"非标资产"相对应）。一般标准资产都会在主流的交易所上市，比如上海证券交易所（包括沪市主板、科创板）、深圳证券交易所（包括深市主板、创业板）、北京证券交易所（原新三板精选层）、银行间市场（债券为主）、郑州商品交易所、大连商品交易所、上海期货交易所、广州期货交易所、中国金融期货交易所（股指期货期权）、上海黄金交易所等。注意，这里不包括一些地方区域性交易所。当然，公募基金也可以通过合格境内机构投资者（Qualified Domestic Institutional Investor，简写为 QDII）、港股通等方式，投资境外的证券市场。

- **基金份额持有人**，主要指两类投资者：一类是个人，另一类是机构。个人投资者一般在银行、券商、互联网平台等来投资基金，而机构投资者（如保险公司、银行理财等）更倾向以直销等方式来投资。

- **基金不具有法人地位**，我国以契约型基金为主（国外还有公司型基金），投资者买了基金实际上就是签署了一份基金合同，与基金公司形成了一种信托关系，是委托人和受托人的关系。我们常常看到基金公司的经营理念以"信任""托付"为关键词，也是这个原因。

- 基金要点可以简单总结为：**共同投资、专家管理、利益共享、风险共担**。这里要强调，基金投资秉承"买者自负"的原则，基金公司不会承诺收益，也不会因为投资者亏损就进行刚性兑付，这和存款及以前大众印象中的理财产品、信托是不同的。2018 年《关于规范金融机构资产管理业务的指导意见》（简称《资管新规》）发布以后，理财产品、信托逐渐打破刚性兑付，变为浮动收益了。

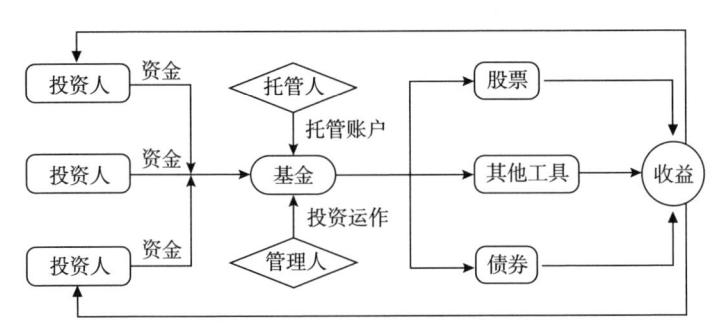

图 2.1　基金管理人、托管人和投资人之间的关系

基金能赚钱吗？

虽然专业投资者已经达成一个共识——在我国资本市场，公募基金有着比较明显的超额收益水平，但在 2020 年前后入市的投资者，可能会有完全不同的感受。由于权益基金在 A 股波动的影响下持续回撤，有些甚至跑输大盘，主动基金获取超额收益的能力受到了不少投资者的质疑。那么国内基金经理的实力到底如何呢？我们将时间拉长，看看更长周期下的数据。中证指数公司作为中国最权威的指数公司之一，为公募基金编制了各种各样的指数。我们选取其中的中证股票型基金指数和中证债券型基金指数进行对比，它们分别代表着两类基金的平均水平，实际表现如图 2.2 所示。

从图 2.2 可以看出，2005—2022 年，中证股票型基金指数取得了 13.00% 的年化收益率，远远超过沪深 300 指数 8.02% 的年化收益率，在复利的作用下，这种每年约 5% 的收益率差距，使 18 年后的实际收益率分别为 748.43% 和 285.62%，令人惊异！更有意思的是，在最大回撤上，中证股票型基金指数的-59.26%也显著低于沪深300指数的-72.73%（都发生于2008年全球金融危机期间）。中证股票型基金指数在收益和回撤上的绝对优势，就是过去18年公募基金经理给出的答卷。无独有偶，中证债券型基金指数和中债—总财富（总值）指数，在收益率上也给出了类似的结果。不过在最大回撤上，由于早期的债券型基金大多含有一定比例股票资产，所以债券型基金的回撤相比中债—总财富（总值）指数更大一些。

	年化收益率（%）	最大回撤（%）	区间总收益（%）
中证股票型基金指数	13.00	-59.26	748.43
沪深300指数	8.02	-72.73	285.62
中证债券型基金指数	6.26	-7.74	189.33
中债—总财富（总值）指数	4.31	-3.55	113.79

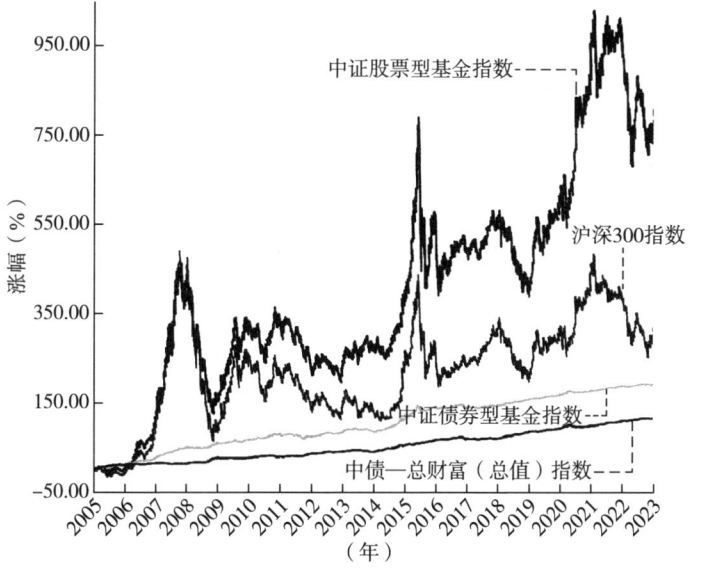

注：统计周期为2004年12月31日到2022年12月31日。
资料来源：万得资讯、韭圈儿App。

图2.2　公募基金与对应指数的涨幅比较

任何投资，如果长期能获得 10%~15% 的年化收益率，其实是非常优秀的水平。毕竟"股神"巴菲特的年化收益率也只有 20% 左右，只不过这一水平他保持了半个世纪，因而成为世界上最富有的人之一。因此，我们不要去盲目追求 3 年 5 倍（年化收益率为 44%）、10 年 10 倍（年化收益率为 26%），只要能保持 13% 的年化收益率，根据著名的"72 法则"（72 除以年化收益率等于资产翻倍的时间），只需 5 年半时间我们的资产就能翻一番（72/13 = 5.5），11 年就能变成原来的 4 倍左右，这已经是非常了不起的事情。但是，大部分个人投资者都赚不到这样的收益。很多投资者低点割肉、不敢加仓，高点贪婪、使劲追涨，来回折腾，还不如老老实实地不为涨跌所动。当然，还有一点很重要——努力工作，积累本金，否则一切投资都是"无源之水"。

基金有什么优势？

拳击比赛分为专业和业余两类，专业级比赛，也分重量级、中量级、轻量级，不同级别的选手几乎不会同台竞技。足球、篮球、羽毛球、乒乓球等大多数竞技活动，都是类似。而投资这件事，却是个人投资者和机构投资者在同一个市场里竞技，你猜猜谁的赢面更大呢？当然，某位散户抄底茅台拿了 20 年成为"股神"这样的故事真实存在，但这毕竟是小概率事件。要想长期获得较好的投资收益，必须投入较多的时间精力。

如果要说公募基金的优势，我觉得以下四点最为显著，具体如图 2.3 所示。

研究优势	行业研究 个券研究 行业门槛较高 需要专业背景	信息优势	信息获取 信息处理 想掌握食物链 需把控信息链
心态优势	止盈止损 淡定应对 只有深入研究 才能坚定执行	团队优势	合理分工 精密协作 投研交易风控 大家各司其职

图 2.3　公募基金的四大优势

研究优势

每一只股票背后都是一家"鲜活"的企业，每一家企业的背后实则是一个行业的生意经。要想做好投资，必须搞懂这个行业的生意经，而这并非易事。国家政策有什么影响？商业模式是否清晰？上下游是否景气？竞争对手情况如何？管理层有何特质？海外需求怎么样？尤其是科技、医药领域，最新前沿技术如何？这些都必须投入较多时间精力去研究。而基金公司的基金经理，就是专门来研究这些的。

信息优势

在投资领域，"**信息链就是食物链**"，信息快人一步，离机会就比别人近十步。所以大型基金公司都有庞大的信息技术团队，来维护公司的投研系统，如果自研不够，它们还会花大价钱从外面采购系统和研究报告服务。我们在公开场合看到的免费券商研究报告，几乎都会提前发给机构客户。不过，随着互联网的发展，信息传播速度之快，一个信息，可能上午机构知道，下午散户也就知道了，这时候比的就从"信息获取能力"转化为"信息处理能力"。面对同一个信息，专业机构可能立刻请来行业专家进行解读，而大多数散户先看到的往往是一些财经媒体吸引眼球的标题。

心态优势

面对突发危机事件，散户往往会慌了神。而大多数基金经理的心态还是比较稳的，如果判断是基本面出了问题，他们斩仓绝对不会手软。而大多数散户可能会犹犹豫豫，盼望解套，期待奇迹。而现实是，大多数奇迹不会发生。心态方面的区别也说明，**投资的核心不是预测，是应对**。

团队优势

在资本市场，我们不否认个别人优秀的个人能力，但是随着机构化程度越来越高，团队的分工协作显得更为重要。很多人常问："基金经理投资那么厉害，怎么不自己干，还来募集我的钱？"因为离开了机构的投研支持和信息资源，单靠基金经理个人在这个有四五千只股票的市场里"挖金子"，是有难度的。如果有人提供工具，有人勘探，有人挖掘，有人验成色，大家互相配合，就能更容易找到金子。

当然，公募基金领域也存在一些问题，比如老鼠仓、抬轿子等，不过基于监管的完善，这些违规的现象正逐渐减少。未来5~

10年，主动基金的超额收益能力仍然会非常明显。而指数基金作为重要配置工具，也会越来越丰富。你如果没有太多时间精力去学习和研究股票，不妨选择基金。

为什么基金更适合普通投资者？

对普通投资者来说，公募基金是性价比最高的金融产品之一。它具备靠谱、亲民、齐全、透明四大特点（见图2.4）。

靠谱	发展较久 运作规范	基金行业经过20多年发展，已形成一套比较规范的运作管理制度，是各类资管产品中运作最为成熟、监管最为严格的品种
亲民	门槛最低 进出方便	大部分公募基金起投门槛较低，有的低至1元，甚至0.01元，并且绝大部分产品可在几天内到账，相较其他投资品种来说流动性好
齐全	品种繁多 风格各异	从早期的股票型、债券型、混合型、货币型基金，到近两年的指数型、主题型、QDII型基金，公募基金投资范围越来越广。投资于大宗商品、不动产REITs等领域的产品，也开始崭露头角
透明	信披完善 更新及时	除了定期发布的季报、半年报、年报，还有不定期发布的各类公告对重大投资、申购赎回等情况跟踪说明

图2.4 基金的四大特点

靠谱

近几年投资产品接连"爆雷"，一些老百姓原本的目标是"保本保息"，结果却落得个寝食难安，夜不能寐。除了存款、国债等，大多数的金融产品都不允许"保本保息""刚性兑付"，即便是存款，对于那些资质差、利率高的银行，我们也必须高度谨慎。但公募基金是最早打破刚性兑付，并且被老百姓接受认可的一种金融产品。大多数基金投资者知道它可能赚钱也可能亏钱，而且不会"跑路"，不会"挤兑"。公募基金经过20多年的发展，已逐渐形成一套相对完善的监管制度。

亲民

这一点上，公募基金也在逐步优化。早期的公募基金都是封闭式基金，10年、15年的封闭期都是正常的，而且投资者还需要抢购，每次发行都是"万人空巷"。开放式基金的出现，使投资者每天都可以申赎，赎回后资金几天就能到账，极大地提高了流动性，买入门槛也降低至1 000元。余额宝等货币基金的出现使基金实现实时到账，买入门槛也降低至1元，甚至0.01元。

齐全

如今，基金投资的资产范围越来越广，基金种类也越来越丰富。除了大家熟悉的股债等资产，黄金、原油、不动产海外资产，也都可以通过基金来投资了。

透明

公募基金在信息披露方面做得相对完善，投资者可以清楚知道基金投资了什么。而且有托管机构对基金进行跟踪复核，每日监督。如果基金违反规定，造成了风险事件，托管机构便会发布警示函。让人放心的金融产品，完善的信息披露是必不可少的，大家一定要关注。

| 延伸阅读 |

公募基金运作过程中需要根据监管要求及时披露公告，以华夏大盘精选混合A基金为例，其信息披露情况如图2.5所示。可以看出，监管要求及时披露的公告既有和发行运作有关的基金合同、招募说明书、托管协议等，还包括和分红、人事调整、基金销售相关的公示通知，更重要的是还要包括基金定期披露的季报、半年报和年报。

华夏大盘精选混合A
000011

概况　　交易信息　　费率　　**公告**

全部公告　发行运作　分红送配　定期报告

华夏大盘精选证券投资基金(华夏大盘精选混合B)基金产品资料概要更新(2023-07-11)
2023-07-11 00:00:00

华夏大盘精选证券投资基金招募说明书更新(2023年7月11日公告)
2023-07-11 00:00:00

华夏大盘精选证券投资基金(华夏大盘精选混合A)基金产品资料概要更新(2023-07-11)
2023-07-11 00:00:00

华夏大盘精选证券投资基金基金合同
2023-07-08 00:00:00

华夏大盘精选证券投资基金托管协议
2023-07-08 00:00:00

华夏大盘精选证券投资基金(华夏大盘精选混合B)基金产品资料概要更新(2023-05-31)
2023-05-31 00:00:00

```
                华夏大盘精选混合A
                      000011
    概况         交易信息         费率         公告

   定期报告    人事调整    基金销售    其他公告

   华夏大盘精选证券投资基金2023年第二季度报告
   2023-07-20 00:00:00

   华夏大盘精选证券投资基金2023年第一季度报告
   2023-04-21 00:00:00

   华夏大盘精选证券投资基金2022年年度报告
   2023-03-30 00:00:00

   华夏大盘精选证券投资基金2022年第四季度报告
   2023-01-20 00:00:00

   华夏大盘精选证券投资基金2022年第三季度报告
   2022-10-25 00:00:00

   华夏大盘精选证券投资基金2022年中期报告
   2022-08-30 00:00:00

   华夏大盘精选证券投资基金2022年第二季度报告
   2022-07-20 00:00:00
```

注：数据截至2023年8月17日，相关标的仅作示例不作推荐。
资料来源：韭圈儿App。

图2.5 基金信息披露情况

基金和其他常见金融产品有何异同？

除了公募基金，我们在实际投资时还可能经常接触到理财产品、私募基金、信托，接下来我们对它们进行对比和解析，帮助大家更好地选到适合自己的产品，简单对比如图2.6所示。

	公募基金	理财产品	私募基金	信托
起投金额	低	中低	高	高
申赎方式	随时申赎居多	定期申赎居多	定期申赎	定期申赎
交易渠道	多	特定渠道	特定渠道	特定渠道
后期管理	需要管理	很少管理	需要管理	很少管理
风险等级	全覆盖	中低居多	中高居多	中低居多

图2.6 常见金融产品的对比

公募基金

公募基金的起投金额最低，许多低至1元。而且大多数开放式基金可以每日申赎，流动性极佳，即使有时候会出现限购的情况，但赎回通常都是通畅的。当然，一些公募基金会注明封闭期、定开期、持有期，我们买之前要"擦亮眼睛"。公募基金的购买渠道较多，包括银行、券商、互联网平台、第三方销售机构等，哪里服务好、哪里费率便宜、哪里交易系统好用，投资者就会去哪里，完全可以自由选择。由于公募基金是完全净值化的产品，有可能产生较大的波动，所以在后期管理上还是需要择时的。从风险等级上看，各类基金品种十分齐全，几乎任何类型的投资者都可以找到适合的基金进行投资。

理财产品

这里主要指的是银行、券商销售的理财产品，此类产品早期的起投金额都要 5 万元，最近几年有所下降，但通常仍高于公募基金。大部分理财产品，都是有明确期限的，少则一个月，多则半年、一年，不过目前推出了一些类似货币基金的活期理财产品，就是额度会有一定限制，投资者有时需要抢购。理财产品大多是由银行的资产管理部门或者理财子公司发行管理的，主要发行渠道都是自己银行，不过现在也有部分银行开始代销其他银行理财子公司的产品了。总体而言，理财产品的购买渠道还是比较有限的，信息披露也不甚透明。由于理财产品大都有期限，所以买后投资者几乎不需要后期管理，等到期就行了。在风险等级上，大多数理财产品还是以中低风险为主，但近年来随着净值化的推行，理财产品也开始有波动，会亏损，投资者也需要关注是否要补仓或者止损。

私募基金

私募基金的起投金额相对较高，为 100 万元，同时要求投资者是合格投资者（简单理解为，个人金融资产不低于 300 万元，个人最近 3 年平均年收入不低于 50 万元）才能买私募基金。大多数私募基金是有期限的，不会让投资者每日申赎，交易渠道也有限制。某只私募基金能在哪里买到，取决于这家私募基金公司和哪些机构进行代销合作，由于各家机构的准入门槛、合作条件都不同，所以私募基金不像公募基金一样可以随处买到。在后期管理上，择时也很重要，因为私募基金的波动和公募基金一样都不小。从风险等级上看，大部分私募基金是投资权益资产的，风险等级比较高。

信托

信托的起投金额也比较高，少则几十万元，多则上百万元。在申赎方式和交易渠道上，和私募基金很类似。唯一不同的是，很多信托公司有自己的财富管理部门，会销售自己公司的信托产品，有时还会销售其他金融产品，比如私募基金。信托产品通常都有比较明确的预期收益和投资期限，所以投资者几乎不用后期管理。总体而言，信托产品的风险等级偏中低，固定收益产品居多。但是随着这几年打破刚性兑付，信托产品也要加入净值化的"大军"，非标资产的投资会越来越少。信托向公募基金、私募基金看齐，成为一种趋势。早先以"刚性兑付"为卖点的信托产品，投向多是地产、城投的运作模式，其风险也越来越大。投资者切不可贪图高收益，而去投资风险极高的项目。目标是收益，但亏的很可能是本金。

总体而言，公募基金是市场上最早打破刚性兑付且被老百姓普遍接受的投资品种，在净值化的大趋势下，各类理财产品都有"公募化"倾向，投资者也应该用新眼光看待它们。**接受波动，势在必行。**

基民赚的是什么钱？

俗话说"凭运气赚来的钱，早晚会凭实力亏掉"，这种情况在基金投资时也常常出现。要保护投资收益，基民必须了解自己赚的是什么钱。图 2.7 完美诠释了基民的收益来源，主要有以下三个部分。

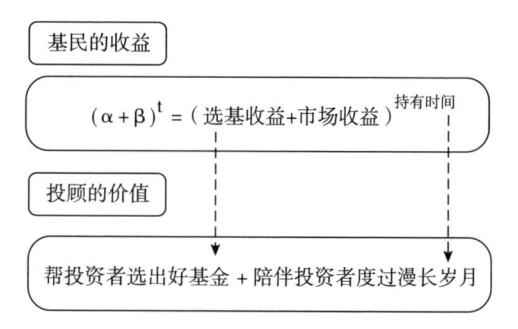

```
基民的收益
(α+β)^t = (选基收益+市场收益)^持有时间
投顾的价值
帮投资者选出好基金 + 陪伴投资者度过漫长岁月
```

图 2.7　基民的收益来源

- **市场收益**。可以理解为沪深 300 指数、中证 800 指数这样的全市场指数的收益，也可以理解为全体投资者的平均水平。我们买对应的 ETF（Exchange Traded Fund，中文名为交易所交易基金）就可以获得这个收益，不需要任何专家的帮忙，换句话说，这是我们承担 A 股波动风险后应得的收益。一些投资者认为 A 股收益不高，指数常在 3 000 点上下，但如果我们看沪深 300 指数，从 2004 年基期算起，它的收益其实是显著高于标普 500 指数的。只不过由于 A 股的各大指数波动较大，因而给投资者造成了这样的印象。

- **选基收益**。市场上有一批基金是能够显著超越沪深 300 指数等市场主流指数的，但问题是这种超额收益的稳定性不太高。"一年三倍者如过江之鲫，三年一倍者寥若晨星"，所以简单追逐明星基金经理的方式并不可行。不过可以肯定的是，这些基金经理的平均水平还是大概率会超越股市平均水平的，只要能够选到长期位于中上游的基金经理，哪怕有个别年份会跑输，我们也不必担心。如果能精选出一批风格各异的基金构建组合，则获得超额收益的概率会更大。

- **持有时间**。有了市场收益的贝塔，又有了选基收益的阿尔法，剩下的就需要交给时间了。很多基民赔钱，是因为投资的标的和资金的期限不匹配，但凡拉长时间，所有的"回首向来萧瑟处"，都会"也无风雨也无晴"。

无论你是投资顾问，还是你需要一位投资顾问，都要搞清楚，投资顾问的价值来自哪里？一是，通过专业能力选出能够长期超越市场的基金产品；二是，用有温度的顾问服务，陪伴投资者熬过"至暗时刻"，度过"漫长岁月"。要说这两项哪项更有价值呢，我个人倾向于后者。

为什么"基金赚钱基民不赚钱"？

既然 A 股指数收益不低，基金经理又能获得超额收益，很多基民也是持有很多年，为什么还有这么多投资者抱怨投资基金不赚钱呢？我们可以看看图 2.8。

从图 2.8 可以看出，市场高点时往往伴随着大量基金的发行，而基金业绩的低谷期通常是基金销量较差的时候。很多投资者可能会指着图中最低的时点说"哎呀，那个时候我怎么没有大笔加仓呢"，也可能会在牛市顶峰时畅想着很快实现财富自由。当我们回看历史，我们都知道应该怎么做，但当真的身处其中，又有几个人能够有稳定的心态和清晰的认知呢？

很难说是基金的发行量推高了市场的疯狂，还是市场的"赚钱效应"带来了基金的爆卖，又或者两者互为因果。从结果上看，大部分基金投资者的仓位呈现"市场高点仓位高，市场低点仓位低"的特点，这种"倒金字塔"式的仓位结构，是大多数人赚不到钱的

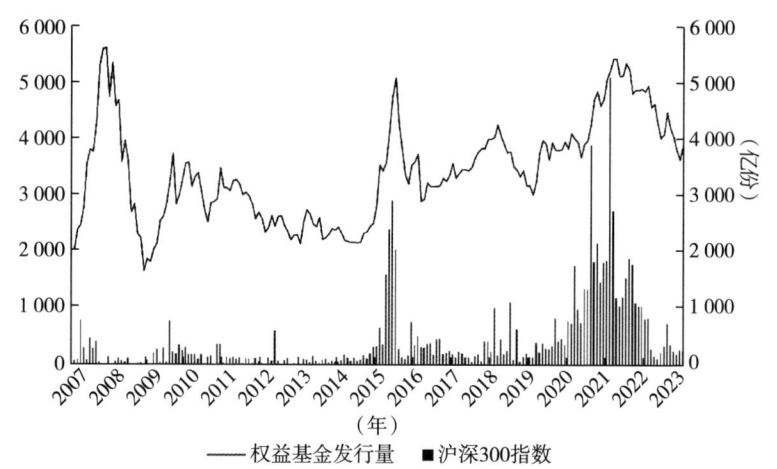

注：统计周期为2006年12月31日到2022年12月31日。发行量统计范围为股票型基金、混合型基金。
资料来源：万得资讯、韭圈儿App。

图2.8 权益基金发行量对应的沪深300指数点位

原因。所以才有那句俗语"股市七亏二平一赚"。每位投资者都想"众人皆醉我独醒"，但现实中往往会表现出"别人贪婪我更贪，别人恐惧我更怕"的心理特征。

如何打破"基金赚钱基民不赚钱"的怪圈呢？第1章提到的7条军规，就是适合大多数普通投资者的解决方案。适当的预期、合理的配置、均衡的组合、定期去复盘、保持好心态、持续的投入、做好主业，这7个步骤，环环相扣，层层递进，帮助你在正确的投资之路上，走得稳，走得久。

买基金时，我们买的到底是什么？

基金的底层是什么资产？

买基金，说到底是买基金所持有的一揽子资产。那么，常见的可投资产都有哪些类型呢？图 2.9 进行了系统性的梳理，我们把资产分为四大类，分别是权益类、固收类、现金和另类，下面就一一解读。

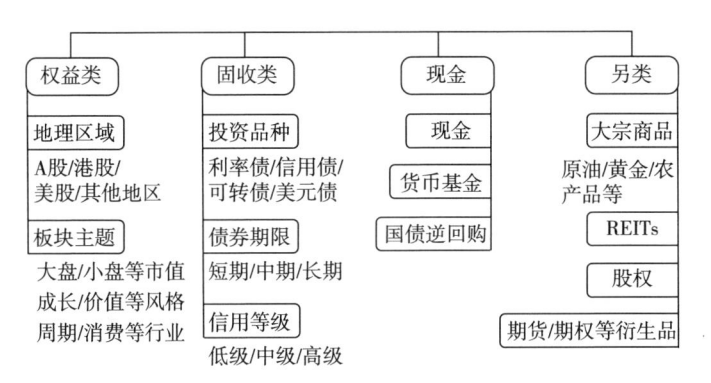

```
                    ┌──────────┬──────────┬──────────┬──────────┐
                    权益类      固收类      现金        另类
                    ├──────┤   ├──────┤   ├──────┤   ├──────┤
                    地理区域    投资品种    现金        大宗商品
                    A股/港股/   利率债/信用债/          原油/黄金/农
                    美股/其他地区 可转债/美元债  货币基金  产品等
                    ├──────┤   ├──────┤   ├──────┤   ├──────┤
                    板块主题    债券期限    国债逆回购   REITs
                    大盘/小盘等市值 短期/中期/长期
                    成长/价值等风格                     ├──────┤
                    周期/消费等行业 ├──────┤            股权
                                信用等级
                                低级/中级/高级           期货/期权等衍生品
```

图 2.9　按资产类别的基金分类

权益类

权益类资产主要指股票，这里不包括非上市公司股权，只包括已经在二级市场上市的公司股票。从地域上看，在中国大陆地区，上海、深圳、北京证券交易所的 A 股是我们主要的投向，但随着 QDII 和港股通制度的推行，投资者现在也可以很方便地借助公募基金来投资中国香港、中国台湾股市，甚至美国、德国、英国、法国、印度、日本、韩国等国家和地区的股市。从板块主题上看，股票又可以根据市值分为大盘、中盘、小盘，根据风格分为成长、均衡、价值，根据行业分为周期、消费、医药、科技等。

固收类

固收类资产主要指债券，这里不包括一些非标准化的债券，只包括在沪深交易所、中国银行间市场或者海外主流交易所可交易的标准化债券。根据债券的投资品种，可以分为以国债、国开债等几乎没有违约风险的利率债、企业发行的以信用风险为主的信用债、上市公司在沪深交易所发行的兼具股性和债性的可转债，还有在境外以美元发行的美元债。根据债券的期限，可以分为短期债券（3年以内）、中期债券（3~5年为主）和长期债券（5~10年及以上）。根据信用等级，可以分为低级（AA以下）、中级（AA、AA+）、高级（AAA），不过要注意的是，我国债券评级机构的评级通常会比国际标准要虚高一些。

现金

现金资产主要指银行存款这一类的现金等价物，以及货币基金和国债逆回购。它们共同的特点是高流动性、低风险，以及较低的收益。如果能替代现金，随时可支取，货币基金这种只有1%~3%收益率的资产，也是很有价值的。

另类

以上三类之外的资产，都可以归为另类资产。其中，最常见的莫过于大宗商品了，原油、黄金、农产品等资产，都可以通过公募基金投资。近几年大力创新发展的REITs，即房地产投资信托基金，也成为越来越主流的另类资产，如写字楼、高速公路、产业园区等，都可以通过公募REITs来间接投资了。股权资产在这里主要是指非上市公司股权，它是很多私募股权基金、风险投资的投向。期货/期权等衍生品则是这几年国内蓬勃发展的领域，可以大大丰富投资者的投资范围，它在对冲风险方面提供了各种各样的工具。

不同类型的资产,收益风险如何?

不同类型的资产收益风险各异,在投资组合中的定位也不相同。图2.10所示为各类资产对应指数的收益风险特征,越靠上代表收益越高,越靠右代表波动越大。

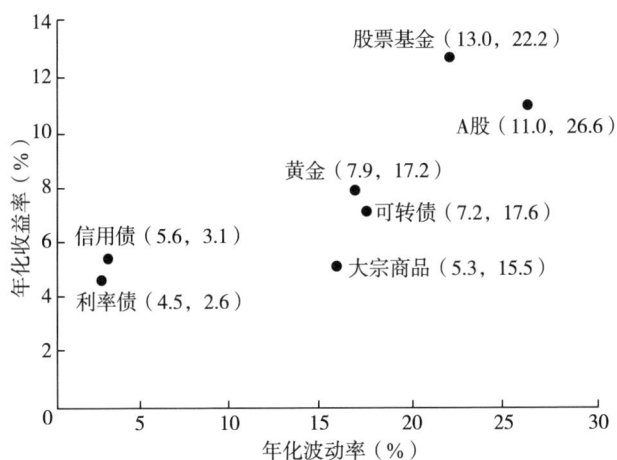

注:数据截取区间为2006年12月31日到2022年12月31日。
资料来源:万得资讯、韭圈儿App。

图2.10 大类资产的风险收益特征

年化收益率是把一段时期的总收益反推到每年的收益,一个简单的算法是:

$$年化收益率 = 投资期内收益 / 本金 / 投资天数 \times 365 \times 100\%$$

年化波动率是衡量一段时期内资产收益的平均波动,一个简单的算法是:

$$年化波动率 = 日收益率标准差 \times \sqrt{250} \times 100\%$$

其中，收益率标准差是某一投资品种的收益率在一段时间内变化的幅度。波动率不是回撤，一般而言，波动率的数值要小于最大回撤。

1. 对大多数资产而言，收益和风险成正比。历史年化收益率越高，其历史年化波动率也越高。如果没有一个稳定的心态，那么对高风险标的我们一定要谨慎选择。

2. 在债券资产中，信用债的长期收益是更高的，而利率债（国债、国开债等）的背后是国家信用，波动率低，收益率自然也稍低。由于信用债存在个别债券违约"爆雷"的风险，所以我们必须仔细甄别。债券资产由于整体波动率较低，可以在资产组合中，担当熨平波动的基石资产。

3. 大宗商品长期来看并不是一个太好的资产。它虽然可以在通胀高企的一两年一飞冲天，但拉长时间来看却不能带来较高的收益，而且波动幅度巨大，风险收益比一般，更适合作为波段武器，而不适合长期核心持仓。

4. 可转债的收益和波动介于股债之间。它的波动率告诉我们，它可不只具有债券的属性，当股票属性更明显的时候，其波动幅度也会令人坐立不安。

5. 常被当作避险资产的黄金，波动幅度也是不小的。我个人认为，黄金可以作为组合中的特殊配置品种，但没必要重仓。

6. A股和股票基金的对比告诉我们，基金可以让投资者获得更高收益的同时，承担更低的波动。毕竟，长期的超额收益就是稳定的绝对收益，在战胜市场这一点上，大部分公募基金经理还是有把握的。

常见类型的基金，分别赚的什么钱？

基金只是一个金融产品，它本身没有产生现金流的能力。真正让基金净值变化的，是其底层所投资的证券，如股票、债券、大宗商品、期货合约、不动产等。其中投资者最熟悉，也最具备内生增长力的是，股票（有股息和自由现金流）和债券（有票息）。如图2.11所示，即使股票不分红，只要持续赚取自由现金流，就会有人买入从而把股票价格推上去，甚至有人直接收购私有化；而债券在发行时就有票面利息，只要不违约，它就是"固定收益"。

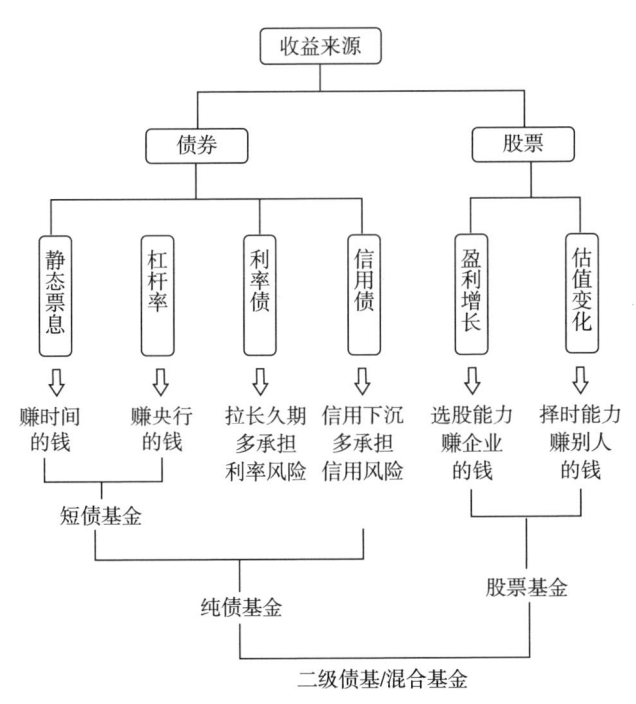

```
                        收益来源
                    ┌──────┴──────┐
                   债券           股票
          ┌────┬────┬────┐    ┌────┬────┐
        静态  杠杆  利率  信用  盈利  估值
        票息  率    债    债   增长  变化
          ↓    ↓    ↓    ↓    ↓    ↓
        赚时间 赚央行 拉长久期 信用下沉 选股能力 择时能力
        的钱  的钱  多承担  多承担  赚企业  赚别人
                   利率风险 信用风险 的钱    的钱
          └────┬────┘
            短债基金
               └─────┬─────┘           └─────┬─────┘
                  纯债基金                  股票基金
                        └──────┬──────┘
                          二级债基/混合基金
```

图 2.11 常见类型基金的收益来源

债券基金的收益来源

债券基金的收益来源主要有以下四个。

- 如果只赚静态票息，那就是赚按时还本付息的时间价值。
- 如果央行放水，回购利率低于债券收益率，还可以通过加杠杆，借钱来提高收益。以上两项是短债基金的收益来源。
- 如果资金期限更长，那就可以买更长期限的债券，多承担一些利率风险（期限长的债券价格受利率负面影响大）甚至波段操作，来获取更高的收益。
- 买一些资质略低的债券，也被称为信用下沉，比如某些区域的城投、民营企业，来获得高票息。

股票基金的收益来源

股票基金的收益来源主要有以下两个。

- 盈利增长，也就是赚企业经营的钱，靠盈利增长带动股价增长，这考验基金经理的选股能力。
- 靠在估值变化中低买高卖赚别人的钱，这考验基金经理的择时能力。

有的人会补充说，还可以赚央行的钱，毕竟货币增发通货膨胀，资产价格水涨船高，但这属于所有投资者都受益；还有人说赚分红的钱，但如果收入利润增长，股价也涨了，投资者也获益。所以真正考验基金经理的，主要是前两个部分。

| 延伸阅读 |

持股时间较长的易方达蓝筹精选混合基金希望赚企业的钱，我们看它持股的重仓季度数（见图2.12），大多在10个季度以上，有的甚至高达19个季度，长达将近5年的时间。而持仓季度短的东方区域发展混合基金希望赚择时的钱，它在2023年第一季度时还持有了很多人工智能相关的股票，但是到了第二季度，所有持仓全部换成了酒类公司，做了一次大幅度的行业轮动。

易方达蓝筹精选混合
005827

| 行情 | 速读 | 档案 | **持仓** | 规模 |

重仓股票（前10占比79.78%）　　持仓回顾 >

PE 14.2　　PB 2.9　　ROE 20.7%　　市值 10072.9亿

股票名称	今日收盘价	持仓占比	行业▼ 申万(31)	较上期 重仓季度
腾讯控股 00700	325.00 -2.34%	9.94%	传媒	↑0.03% 19个季度
贵州茅台 600519	1802.59 -1.39%	9.93%	食品饮料	↓0.04% 19个季度
泸州老窖 000568	229.70 -2.28%	9.29%	食品饮料	↓0.64% 19个季度
五粮液 000858	163.53 -2.91%	9.21%	食品饮料	↓0.5% 19个季度
洋河股份 002304	134.05 -2.54%	8.77%	食品饮料	↑0.9% 12个季度
招商银行 600036	31.88 0.28%	7.66%	银行	↑0.65% 10个季度
伊利股份 600887	26.95 -1.32%	6.68%	食品饮料	↑0.67% 8个季度
中国海洋石油 00883	12.76 0.16%	6.40%	石油石化	↑0.86% 2个季度
香港交易所 00388	292.40 -1.62%	6.17%	非银金融	↑0.12% 18个季度

```
东方区域发展混合
       001614
行情   速读   档案   持仓   规模
                          ——
重仓股票(前10占比72.44%)        持仓回顾 >

PE 29.5  PB 7.7  ROE 26.2%  市值 4330.9亿 ⓘ

股票名称   今日收盘价   持仓占比   行业▼      较上期
                              申万(31)    重仓季度

山西汾酒   225.76    9.70%   食品饮料    新增
600809   -1.72%                     1个季度

泸州老窖   229.70    8.97%   食品饮料    新增
000568   -2.28%                     1个季度

洋河股份   134.05    8.95%   食品饮料    新增
002304   -2.54%                     1个季度

青岛啤酒   94.28     8.52%   食品饮料    新增
600600   -2.39%                     1个季度

贵州茅台   1802.59   7.18%   食品饮料    新增
600519   -1.39%                     1个季度

五 粮 液   163.53    6.86%   食品饮料    新增
000858   -2.91%                     1个季度

古井贡酒   265.79    6.46%   食品饮料    新增
000596   -2.56%                     1个季度

重庆啤酒   92.32     5.59%   食品饮料    新增
600132   0.65%                      1个季度

百润股份   33.55     5.23%   食品饮料    新增
002568   -2.50%                     1个季度
```

注：数据截至2023年8月17日，相关标的仅作示例不作推荐。
资料来源：韭圈儿App。

图2.12　基金重仓股票情况示例

这里补充一点，如果把股票和债券混在一起投资，股票比例低于20%的被称为二级债基；股票比例低于30%~40%的，被称为偏债混合基金；股票比例处于30%~70%的，被称为平衡混合基金；股票比例高于60%的，被称为偏股混合基金；股票比例高于80%的，被称为股票基金。

基金运作分为哪几步？

一只基金是如何诞生的呢？从诞生到开始运作，甚至到最后清盘，又会经历些什么呢？基金运作的步骤，如图2.13所示。

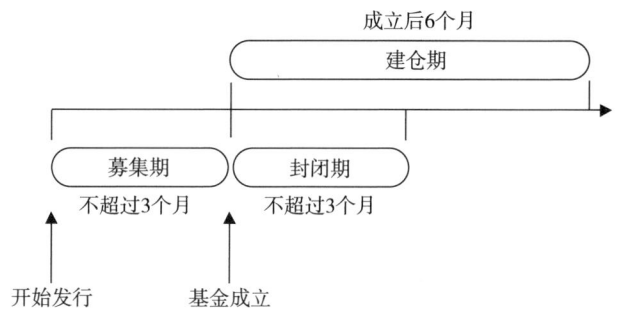

```
                        成立后6个月
                    ┌─────建仓期─────┐
        ┌──募集期──┬──封闭期──┐
         不超过3个月  不超过3个月
            ↑          ↑
         开始发行    基金成立
```

图 2.13　基金运作的步骤

一只基金在诞生之前，要先在基金公司内部经历一个酝酿的过程。一般提出产品需求的，通常是三个部门：一是产品部，它们会提出一些创新想法，让市场部和销售渠道来一起论证；二是市场部，它们会收集客户的需求或者根据市场的热度来发起需求，然后询问投资部是否能运作这笔资金或者实行某种投资策略，再询问产品部是否符合法规要求；三是投资部，它们会根据自己对市场的判断，提出发行什么特点的产品，以及给哪位基金经理发产品。除此以外，还会有一些特殊情形，比如监管部门推动发起的，某类重大创新品种，这些都要集全公司之力来配合。

一旦决定要发行这只产品，产品部就开始拟《基金合同》和《募集说明书》了，写好之后再报送给中国证券监督管理委员会（简称证监会）。证监会决定受理之后，就会将相应的信息（包含产品名称、上报时间等）放在证监会官方网站上进行公示，这时候投资者就可以看到哪些基金未来有可能问世了。

一旦证监会发放了核准批文，这只产品就可以准备发行了。其实在产品论证阶段，基金公司就已经开始就产品未来的发行销售渠道进行摸排了。通常产品托管在哪家银行或者券商，这家机构也会成为主力的代销渠道，因为这只产品卖得越多，托管规模也就越大，对托管机构来说，这是除了销售佣金的另一笔收入来源，且有一定的杠杆效应（其他机构卖的份额也会成为自己的托管规模）。当然，基金公司也不会寄全部希望于托管机构，多找几家渠道也是常事。与托管制度类似的还有券商结算制度，一些新成立的中小基金公司都会选择和券商合作发行产品。

拿到了批文，谈妥了销售渠道，这只产品就可以进入发行期了，也被称为募集期。募集期短则1天，长则3个月，这取决于这只产品或者其基金经理的号召力。最常见的是1个月左右，实在募集不到资金也有可能延期，这也从侧面说明市场遇冷的现象。募集成立的条件通常是"2亿元+200个以上的投资者"，如果是需要上市的基金，还需要1 000个以上的投资者。有的基金公司担心基金无法成立，也可以采取"发起式"的方式，即基金管理人股东、高级管理人员及拟任基金经理投资1 000万元，锁定3年，基金就可以成立。如果3年之后基金规模做不到2亿元以上，则必须清盘。

一旦达到了募集成立的条件，这只基金就相当于正式诞生了。此时，开放式基金会进入一段时间的封闭期，这期间基金是不能够申购和赎回的，封闭期短则1周，长则3个月。而封闭式基金、持有期基金则需要根据合同来定，多久都是有可能的。

与此同时，基金就进入建仓期，它的最长期限是6个月，也就是说，基金经理必须在6个月内完成对投资标的的建仓，使它符合

《基金合同》的要求。比如一只医药主题股票基金就必须把股票仓位建到80%以上，并且其中至少80%是医药股。在建仓期内，基金的风格是有可能漂移的。有的基金经理雷厉风行，一上来就满仓，有的基金经理小心谨慎，慢慢择时建仓。历史上出现过连续5个多月不建仓，直到最后一刻一把完成建仓的基金。

开放期是和封闭期对应的，这个很好理解，此处不再赘述。开放式基金封闭期结束后就会每天开放申购赎回，偶尔会有基金限购，比如限制申购额度或者暂停申购，但赎回是必须每天开放的。封闭式基金则只有在特定的时间才可以申购赎回。最近几年创新的持有期基金，则是在投资者持有时间满足以后就可以随时赎回，而申购则每天开放。

"双十规定"是如何保护基民的？

面对琳琅满目的资产类别和各种各样的基金产品，监管机构也适时出台了众多措施来保护投资者的权益。

大名鼎鼎的"双十规定"就是保护基民权益的重要法规之一（见图2.14），它的诞生也是来自基金行业早期的惨痛教训——在基金行业创立初期，一些基金通过押注某几只股票来博取高收益，在牛市这样的操作可以让基金净值快速蹿升。但如果遇到熊市，过高的集中度会反噬基金净值，成为大幅回撤的元凶。另外，如果不对基金的持仓数量加以限制，还可能会让股价操纵变得更容易，毕竟早期基金行业也有过"坐庄"的负面历史。

在这样的背景下，"双十规定"应运而生，它分为以下两个版本。

初代版本：第一个"十"是指，一只基金持有一家上市公司的股票，其市值不能超过基金资产净值的10%；另一个"十"是指，

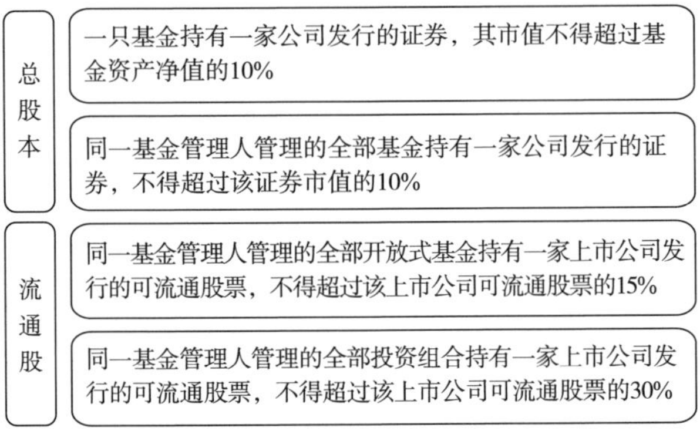

总股本	一只基金持有一家公司发行的证券，其市值不得超过基金资产净值的10%
	同一基金管理人管理的全部基金持有一家公司发行的证券，不得超过该证券市值的10%
流通股	同一基金管理人管理的全部开放式基金持有一家上市公司发行的可流通股票，不得超过该上市公司可流通股票的15%
	同一基金管理人管理的全部投资组合持有一家上市公司发行的可流通股票，不得超过该上市公司可流通股票的30%

资料来源：《公开募集开放式证券投资基金流动性风险管理规定》。

图2.14 著名的"双十规定"

同一基金管理人管理的全部基金持有一家公司发行的证券，不得超过该证券市值的10%。这两个10%，就是"双十"的由来。

这样规定可以起到两个作用：

第一，控制基金投资的风险。通过限制基金对单只股票和单家公司股票的投资比例，防止基金经理过度集中投资于某只股票或某家公司，从而降低投资风险。如果持仓过重，一旦重仓的股票出问题，对基金带来的打击将是毁灭性的。这在一定程度上维护了市场公平性，防止坐庄，防止基金公司操纵股票价格。

但是这个规定运行到了2015年前后，开始出现了一些漏洞。影响股价的其实是边际资金的力量，也就是说，就算一家上市公司的市值很大，股本很多，但是影响股价的，其实只有那部分流通股，而且是流通股里面活跃交易的部分。在2015年中小股票的炒作行情中，出现了个别基金公司大量买入小盘股票，拉抬股价的现象，股票价格涨，基金净值就涨，基金净值涨，基民蜂拥买入，基金经理用新增的"弹药"，继续买入原来的小盘股票，继续拉升股价。虽然有的基金产品并没有达到初代"双十规定"的上限，但是它们对于流通股的持仓，却达到了控盘的程度。有的公司不只一只产品买入这只股票，它的很多其他基金，甚至专户产品也一起买入，造成巨大的风险。

基于这些现象，监管政策进一步完善。

加强版"双十规定"出炉，就是《公开募集开放式证券投资基金流动性风险管理规定》，其中对基金的持仓要求做了非常详细的规定。在持仓方面，主要包括三点：一是提出流通股投资比例限制，在原有基金"双十比例"投资限制的基础上，提出了同一管理人管理的全部公募基金持有单一上市公司流通股的比例不能超过15%，且同一管理人管理的全部投资组合（含公募基金和专户等组合）持有单一上市公司流通股的比例不能超过30%。二是对基金持有的流动性受限资产（如上市公司定增股票）比例做出15%的限制。三是强调逆回购交易管理，包括交易的流动性风险、交易对手风险以及质押品的管理。

我认为，公募基金可以说是目前在投资者保护方面做得最完善的金融产品之一，随着时间和环境的变化，监管也会持续不断地调整完善。

| 延伸阅读 |

指数基金可以豁免10%持仓比例的限制，如图2.15所示，以方正富邦中证保险A指数基金为例，由于A股的保险公司数量较少，它的前三大持仓占比均超过10%，而且持仓中还有一些非保险公司股票。

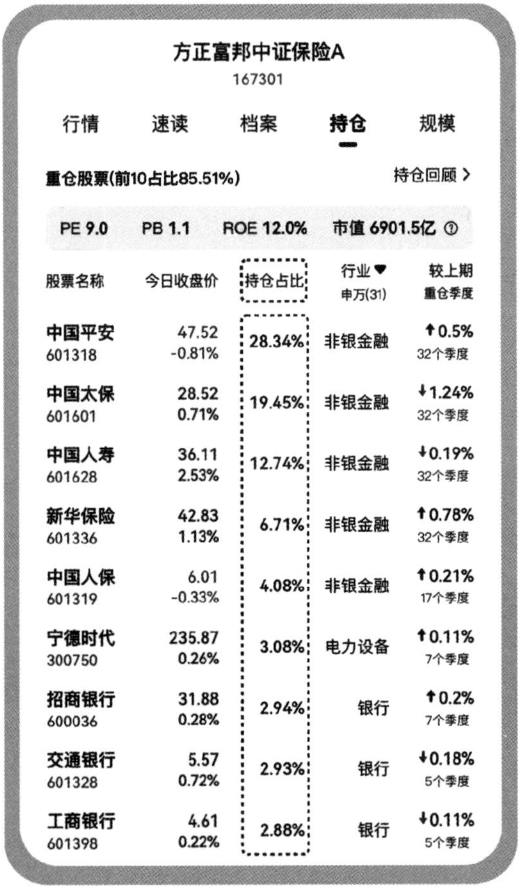

```
方正富邦中证保险A
         167301

行情    速读   档案    持仓    规模

重仓股票(前10占比85.51%)              持仓回顾 >

PE 9.0    PB 1.1    ROE 12.0%    市值 6901.5亿

股票名称    今日收盘价   持仓占比    行业▼        较上期
                                申万(31)      重仓季度

中国平安    47.52      28.34%    非银金融      ↑0.5%
601318     -0.81%                             32个季度

中国太保    28.52      19.45%    非银金融      ↓1.24%
601601     0.71%                              32个季度

中国人寿    36.11      12.74%    非银金融      ↓0.19%
601628     2.53%                              32个季度

新华保险    42.83      6.71%     非银金融      ↑0.78%
601336     1.13%                              32个季度

中国人保    6.01       4.08%     非银金融      ↑0.21%
601319     -0.33%                             17个季度

宁德时代    235.87     3.08%     电力设备      ↑0.11%
300750     0.26%                              7个季度

招商银行    31.88      2.94%     银行         ↑0.2%
600036     0.28%                              7个季度

交通银行    5.57       2.93%     银行         ↓0.18%
601328     0.72%                              5个季度

工商银行    4.61       2.88%     银行         ↓0.11%
601398     0.22%                              5个季度
```

注：数据截至2023年8月17日。相关标的仅作示例不作推荐。
资料来源：韭圈儿App。

图2.15　指数基金豁免10%持仓示例

分类大作战：了解强大的武器库

公募基金的分类方式

常见的基金分类方式有以下5种，如图2.16所示。

- 按投资范围分：股票基金、混合基金、FOF、债券基金、货币基金
- 按投资方式分：主动基金、被动基金、指数增强基金
- 按交易渠道分：场外基金、场内基金
- 按运作方式分：开放式基金、封闭式基金、LOF、定开式基金、持有期基金
- 按投资区域分：沪深京市场、港股通、QDII

图 2.16　公募基金的常见分类方式

按投资范围分

80% 以上资产投资于股票的，叫股票基金；80% 以上资产投资于债券的，叫债券基金；80% 以上资产投资于其他基金的，叫 FOF；80% 以上资产投资于货币市场的，叫货币基金；以上哪种都不属于的，叫混合基金。这种分类方法主要是看投资标的的特点，基金名称中带有什么标的名称，80% 以上的非现金资产就必须投资于该类标的。比如股票基金，名称中带有"医药行业"，那么该基金 80% 以上的非现金资产就必须投资于医药行业。由于资产的分类方式可以更细致，所以基金的分类也可以更细致，比如名称中有"创新药"，那么基金 80% 以上的非现金资产就投资于创新药。

| 延伸阅读 |

以工银前沿医疗股票基金为例，如图 2.17 所示，其投资范围中，就很明确地说明投资于该基金界定的前沿医疗领域的股票不低于非现金资产的 80%。这确保了该基金至少有 64%（80%×80%）

的比例会投资于医疗领域。不过对于"前沿"的定义,就比较宽泛了,主要由基金公司自己来界定。

> 二、投资范围
>
> 本基金的投资范围为具有良好流动性的金融工具,包括国内依法发行上市交易的股票(包括中小板、创业板及其他中国证监会允许基金投资的股票)、权证、股指期货、债券(包括但不限于国债、金融债、企业债、公司债、次级债、可转换债券、可交换债券、分离交易可转债、央行票据、<u>中期票据</u>、<u>短期融资券</u>、超短期融资券等)、<u>资产支持证券</u>、债券回购、银行存款以及现金,以及法律法规或中国证监会允许基金投资的其他金融工具(但须符合中国证监会的相关规定)。
>
> 如法律法规或监管机构以后允许基金投资其他品种,基金管理人在履行适当程序后,可以将其纳入投资范围。
>
> **本基金的投资组合比例为:股票资产占基金资产的比例为80%~95%,其中投资于本基金界定的前沿医疗领域范围内股票不低于非现金资产的80%。**每个交易日终在扣除股指期货合约需缴纳的交易保证金后,应当保持不低于基金资产净值的5%的现金或到期日在一年以内的<u>政府债券</u>,其中现金不包括结算备付金、存出保证金和应收申购款等。

图2.17 工银前沿医疗股票基金合同示例

资料来源:《工银前沿医疗股票基金合同》。

按投资方式分

由基金经理主动选股选债的,叫主动基金;由基金经理被动跟踪某一个指数的,叫被动基金或者指数基金;基金经理一边跟踪某个指数,一边希望通过主动调整指数中的证券权重来获得超额收益战胜指数的,叫指数增强基金。这种分类方式主要是看基金经理的投资目标。做个比喻,主动基金经理都想考进班里前十名,指数基金经理想维持在班里的平均水平,而指数增强基金经理则想着比平均水平的同学多考几分。

| 延伸阅读 |

以万家基金的指数增强为例，虽然在过去3年都跑赢了对应指数，但是我们在图2.18中可以明显看出，万家沪深300指数增强A跑赢沪深300指数约12个百分点，但是万家中证500指数增强A跑赢中证500指数约20个百分点。

这不是个例，很多基金公司的指数增强产品，都有这个现象，即小市值指数的增强基金更容易跑出超额收益。这是因为公司市值越小，研究覆盖的人就越少，定价就越不充分，量化模型可以发挥的空间就越大。

万家沪深300指数增强A
002670 股票增强指数型 沪深300
开放申购 开放赎回

+1.14% −3.28% −3.16% 1.2948
日涨跌幅 08-29　今年以来　近3年年化　最新净值

业绩走势　牛熊大爆炸⑦　基金回撤　实时估值

- 近3年 −9.18%
- 沪深300 −21.76% ▼　　• 超额收益 +12.58%

注：数据截至 2023 年 8 月 29 日，相关标的仅作示例不作推荐。
资料来源：韭圈儿 App。

图 2.18　万家指数增强基金收益示例

按交易渠道分

大家知道，我们买基金买的是份额，当我们说"卖"基金的时候，你有没有想过，把份额"卖"给了谁呢？答案是，大多数情况下我们并没有卖给谁，而是赎回了基金份额，基金公司看到你赎回的指令，就把对应的股票或者债券卖掉，换成钱给你。只有一种情况例外，就是如果我们买的基金在交易所上市交易，我们则可以把它转让给别人，这时候基金公司不需要做什么，只是登记这个份额持有人的变化情况。我们在银行、券商（场外渠道）、互联网、第三方销售机构购买的基金，几乎都只能申购和赎回，不能够买卖，这类基金被称为场外基金。而我们在券商的场内渠道购买的基金，是可以上市交易的，这类基金被称为场内基金，比如ETF（实物申赎）、LOF（正常申赎）、上市的封闭式基金（开放期才能申赎），REITs（封闭期有几十年，短期没机会申赎）等。这些基金有时候也可以在银行、券商、互联网、第三方销售机构等场外渠道申购，但是想要交易，就需要把它们"转托管"到场内，这时候它们就变成了场内基金。

按运作方式分

运作方式是指这只基金对于开放期的安排。1998年中国第一批公募基金上市时，全部是10~15年的封闭式基金。这批基金当时都是挂牌上市，供投资者交易。2002年，开放式基金诞生，实现了基金可以每天申购赎回，按真实净值交易大受市场欢迎。LOF的出现，实现了基金既可以每日申购赎回，又可以上市交易。每日申赎导致投资者总是在市场高点的时候大量申购，下跌时又纷纷赎回，很难坚持持有，不但收益率低，还浪费了不少交易费用，所以定期开放式基金应运而生。最近几年，市场不断创新，出现了持有期基金，它要求投资者买入以后必须持有一段时间才能赎回，比如1年滚动持有期，今年1月1日买入，明年1月1日以后的任何一天，都可以赎回，这比定期开放式基金更灵活，同时帮助投资者减少非必要的赎回。

按投资区域分

这种划分方式比较容易理解,大部分基金都是投资沪深京市场的,股票交易市场包括上交所、深交所、北交所,债券交易市场包括银行间市场、上交所、深交所,期货期权交易市场包括中金所、上交所、深交所。当我们想投资港股时,可以通过港股通来参与,也可以通过 QDII 通道来参与。QDII 是我们投资境外市场的主要通道,但基金公司的 QDII 外汇额度有限,它就会把额度留给非港股市场,比如美股、原油等。

除了以上 5 种分类方式,韭圈儿 App 根据投资者的需求,进行了更详细的划分。比如权益基金,包括股票基金、偏股混合基金和仓位稳定在较高比例的灵活配置混合基金,这些基金在风险收益特征上是类似的,都是投资股票为主。

不同类型的基金,长期收益有何区别?

我们对基金分类有了了解之后,再来看看不同类型基金的长期收益率和最大回撤,以便投资者快速找到适合自己的基金。万得的公募基金指数系列,是根据投资范围来进行的划分,我们以它的数据为参考,见表 2.1。

表 2.1 公募基金分类与风险收益特征统计

	年化收益率(%)	最大回撤(%)
沪深 300 指数	6.49	−72.73
普通股票基金	14.96	−58.76
偏股混合基金	13.30	−56.63

（续表）

	年化收益率（%）	最大回撤（%）
平衡混合基金	10.83	−52.34
偏债混合基金	8.52	−22.09
混合债券二级基金	8.66	−12.02
混合债券一级基金	6.32	−7.23
中长期纯债基金	4.64	−5.96
短期纯债基金	3.47	−1.32
货币市场基金	2.69	−0.11

注：统计周期为2003年12月31日到2022年12月31日。
资料来源：万得公募基金指数系列，韭圈儿App。

如果我们把表2.1做成一个纵轴是年化收益率、横轴是最大回撤的散点图（见图2.19），则可以得出一些有意思的结论。

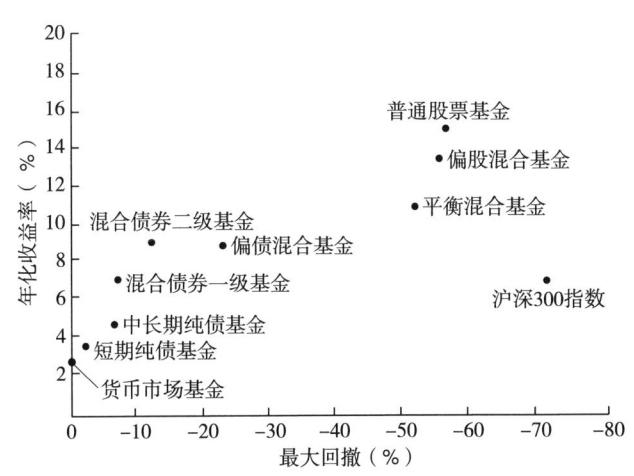

注：统计周期为2003年12月31日到2022年12月31日。
资料来源：万得公募基金指数系列，韭圈儿App。

图2.19　公募基金分类与风险收益特征散点图

1. 随着投资范围中权益仓位逐渐提高，基金的收益和风险都在逐渐提高。如果我们画一条相关性曲线的话，一定是从左下向右上倾斜的，说明风险和收益基本成正比，再次印证了我们常说的那句话，收益是风险的对价。

2. 和基金相比，沪深 300 指数处在散点图中的右下角，说明它的性价比不及基金。比如和同样满仓的股票基金比，沪深 300 指数的回撤更大，收益却更低，这说明基金经理的平均水平，还是有超额的。

3. 混合债券二级基金，也就是二级债基在图中显得很出挑。它的回撤比平衡混合基金和偏债混合基金小得多，但是收益水平差得并不多。还记得我们之前提到过的资产配置的成效吗？股二债八在 A 股市场尤其有效。

4. 虽然收益和回撤基本成正比，但是它的斜率却不是 45 度的，而是向下偏的。什么意思呢？就是说在收益比较低的时候，我们每付出一定的回撤成本，收益就会向上抬升一些，但是**当收益越来越高，我们需要付出更大的回撤成本，收益才能抬升那么一点点**。比如，我们要把年化收益率从短期纯债基金的 3.47% 提高到中长期纯债基金的 4.64%，就需要把回撤从 -1.32% 提高到 -5.69%；但是如果要把年化收益率再往上提高到股票基金的 14.96%，回撤要提高到 -58.75%，是原来的 50 多倍。

5. 虽然图中的收益率是一个长达 19 年的统计，但是过去不能完全代表未来。这些不同类型基金的长期收益，有可能会发生绝对值上的变化，但是其中的相对关系变化概率应该不大。比如，图 2.19 中的货币基金长期年化收益率是 2.69%，但未来随着利率持续下行，债券基金、货币基金的收益很可能会越来越低。无论怎么变化，货币基金大概率仍旧是这些基金类型中收益最低的。

| 延伸阅读 |

天弘余额宝货币基金的收益率，自问世以来，呈不断下降趋势（见图 2.20）。余额宝问世于 2013 年，正值当年"钱荒"，市场的

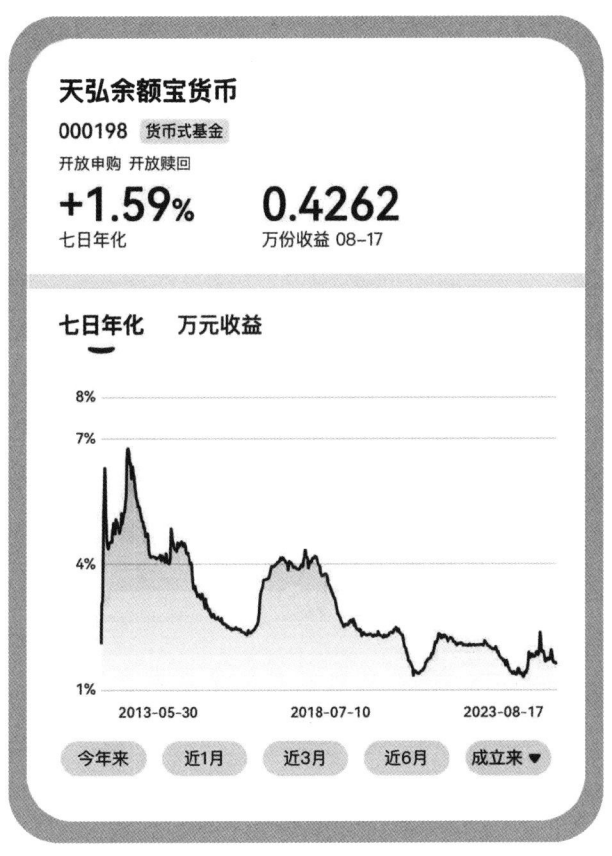

注：数据截至 2023 年 8 月 17 日，相关标的仅作示例不作推荐。
资料来源：韭圈儿 App。

图 2.20　天弘余额宝货币基金收益示例

利率水平非常高，所以它在当年可以轻松取得较高的收益率，但是随着经济体量不断扩大，利率下行趋势越来越明显，与之关系紧密的货币基金的收益率，也会不断下行。

权益基金：充当前锋，博取收益

介绍完各类基金的风险收益情况后，我们再看看不同细分领域基金的异同点。先来看最常见的权益基金，也就是主要投资于股票的基金。

对于股票基金，无论是主动股票基金，还是指数基金或者指数增强基金，监管是有明确规定的，其80%以上的资产必须投资于股票。在2014年之前，这一规定的下限是60%，但是为了解决基金风格不稳定，容易漂移等问题，2014年8月8日，《公开募集证券投资基金运作管理办法》正式施行。自此以后，80%成为股票基金的仓位下限，而且任何在名称中有方向性表述的基金，也必须遵守股票部分的80%必须投资于相应方向资产的要求。权益基金满仓运作，换票不换仓，作为相对收益的工具属性十分明显。

那么新规前的60%仓位的股票基金，怎么办呢？有两个选择：一是修改基金合同，将股票投资下限的60%提升到80%；二是修改基金名称，将股票基金修改为混合基金。因为前者需要开持有人大会来修改合同，简单行事，大部分基金公司选择了后者，将名称中的股票基金改成混合基金，通常我们将这些仓位不低于60%的基金称为偏股混合基金。它们构成权益基金的另一个部分，毕竟这些基金的前身本是股票基金。

混合基金当中还有一类特殊的品种，叫灵活配置混合基金，股票仓位为0~95%，既可以做高仓位的股票基金，也可以做低仓位的固收+基金，甚至打新基金。其中有一些基金的仓位会变来变去，而有的仓位会十分稳定。其中一部分基金经理风格稳定且仓位比较高的，我们也可以将其归为权益基金。举个例子，2015 年的冠军基金——易方达新兴成长基金，就是灵活配置混合基金，因其高仓位投资股票，且十分激进，成为当年冠军。

还有一种平衡混合基金，其股票仓位在 40%~70%，风险和收益都会更平滑一些，不过这个比例的股票也不算少了，有的甚至是一直贴着 60%~70% 的仓位在运作，故而也可以归为权益基金。

韭圈儿 App 中的分类是把上述类型的基金放在一起，统称为权益基金，这样互相之间对比的时候，就更具可比性了，如图 2.21 所示。

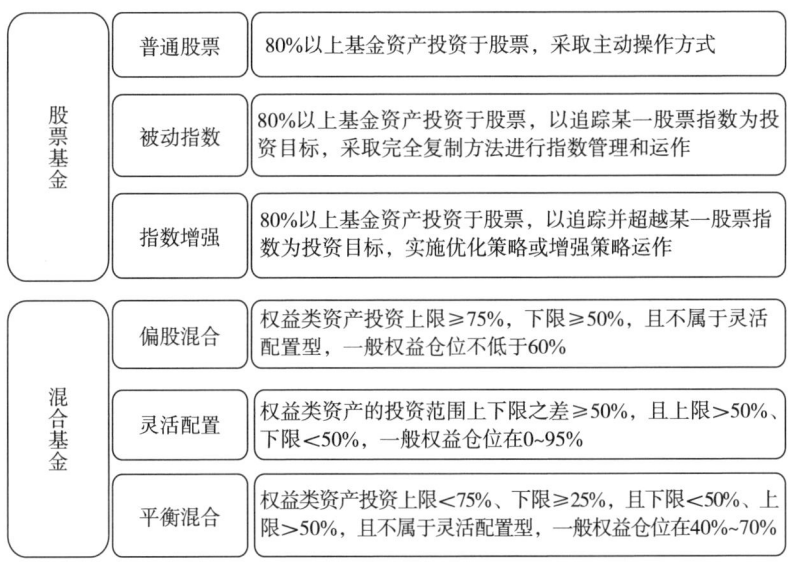

股票基金	普通股票	80%以上基金资产投资于股票，采取主动操作方式
	被动指数	80%以上基金资产投资于股票，以追踪某一股票指数为投资目标，采取完全复制方法进行指数管理和运作
	指数增强	80%以上基金资产投资于股票，以追踪并超越某一股票指数为投资目标，实施优化策略或增强策略运作
混合基金	偏股混合	权益类资产投资上限≥75%，下限≥50%，且不属于灵活配置型，一般权益仓位不低于60%
	灵活配置	权益类资产的投资范围上下限之差≥50%，且上限>50%、下限<50%，一般权益仓位在0~95%
	平衡混合	权益类资产投资上限<75%、下限≥25%，且下限<50%、上限>50%，且不属于灵活配置型，一般权益仓位在40%~70%

图 2.21 权益基金定义：股票基金和混合基金

接下来我们讨论权益基金赚的是什么钱？或者直接一点：炒股赚的是什么钱？

回答这个问题之前，大家琢磨一下，"股票价格"到底意味着什么？股票代表的是一家企业的所有权，而股票价格对应的是这种所有权资产的标价；股票价格也代表了股票买家对背后企业价值的判断，投资者觉得企业发展好、分红多，才会买入，所以股票价格也离不开实体企业的发展；同时股票又是可以在二级市场交易的证券，当投资者对企业未来价值的判断产生分歧时，该证券的价格就会出现波动。

所以对于"炒股赚的是什么钱"这个问题的回答，如图2.22所示，可以分为以下三个部分。

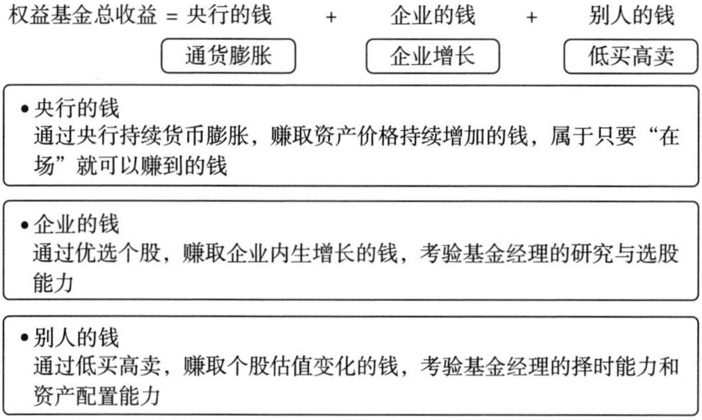

权益基金总收益 = 央行的钱 + 企业的钱 + 别人的钱
　　　　　　　　通货膨胀　　企业增长　　低买高卖

- 央行的钱
  通过央行持续货币膨胀，赚取资产价格持续增加的钱，属于只要"在场"就可以赚到的钱

- 企业的钱
  通过优选个股，赚取企业内生增长的钱，考验基金经理的研究与选股能力

- 别人的钱
  通过低买高卖，赚取个股估值变化的钱，考验基金经理的择时能力和资产配置能力

图2.22　主动权益基金的收益来源

1. 央行的钱。经济学家弗里德曼说，所有的通货膨胀都是货币现象，即央行只要持续印钞，大部分的资产价格都会水涨船高。企业所有权资产作为一种资产，也不例外。想象一下我们小时候的物价水平，无论是一根冰棍、一瓶茅台，还是一套房子，都会在通货膨胀的影响下，持续涨价。所以从某种意义上说，长期持有现金不是很好的策略，持有优质资产才是王道。这个优质资产，有人觉得是茅台酒，有人觉得是优质

房，也有人觉得是好基金，但总的来说都是受益于经济发展。
2. 企业的钱。尽管所有资产的价格都会受益于通货膨胀，但我们也发现，它们的涨幅并不一致，比如你所在城市的学区房和郊区房在过去20年的价格变化。股票也是一样，因为每一只股票背后都是一家真实的企业，企业发展得好，收入利润高，现金流充裕，股票的分红就会多。这样愿意买该股票的投资者就会多，股票价格自然就会上涨。所以，对基金经理而言，赚企业成长的钱，才是真正的"金刚钻"，考验的是其研究能力、选股能力。
3. 别人的钱。低买高卖，这是大部分股民、基民的理想。格雷厄姆说，股票价格长期是称重机，短期是投票器。股价在短期的影响因素实在太多，甚至有很多因素是和企业长期发展没有关系的。A股市场个人投资者非常多，有些人沉迷于分析这些短期刺激消息，非理性的波动也很大。虽然确实有一些高频交易的高手，基金经理当中也有高换手率的专业人才，但这对普通投资者来说未免要求太高。赚别人的钱，考验的是基金经理的择时能力，同样并非易事。

想好自己希望赚哪种钱，想好自己的能力所在，然后出发吧。

固收基金：充当后卫，稳固防守

说起固收基金，几乎可以和债券基金画等号。固收是"固定收益"的意思，而债券就是这样一种约定利息高低，约定还本付息时间的"欠条"，只要不违约，它的现金流分布是"固定"的。

理财产品底层主要买债券，债券基金底层主要也是买债券，保险产品底层主要还是买债券，就连我们存在银行的存款，除了放贷，很多也被自营部门投资债券。几乎所有的低风险产品，都和债券息息相关，而它们也正是我们家庭资产的主要组成，也是资产配置的基石。

那么债券基金都包括哪些类型呢？在相关法规中，只要基金名称中带有"债券"，它投资于债券资产的比例就不得低于80%，这一点和股票基金是一样的。在实践中，债券基金也常常会投资一些权益资产甚至其他资产，如同比萨上的配料（见图2.23）。

纯债基金	中长期纯债基金	80%以上基金资产投资于债券及现金，且组合久期大于3年，可在一级市场申购可转债，一般不在二级市场投资股票、可转债等含权资产，且不参与一级市场新股申购
	短期纯债基金	80%以上基金资产投资于债券及现金，且组合久期小于等于3年，可在一级市场申购可转债，一般不在二级市场投资股票、可转债等含权资产，且不参与一级市场新股申购
指数债券基金	被动指数基金	被动追踪投资于债券指数的基金，比如国债ETF、国开债ETF
	增强指数基金	以追踪某一债券指数为投资目标的债券基金，通过优化策略或增强策略进行运作
混合债券基金	混合债券一级债基金	80%以上基金资产投资于债券及现金，可在二级市场投资可转债，以及持有可转债转股所形成的股票和股票派发或可分离交易可转债分离交易的权证等资产，政策允许时，可参与一级市场新股申购，但不可在二级市场投资股票以及权证等其他金融工具
	混合债券二级债券基金	80%以上基金资产投资于债券及现金，可在二级市场投资股票以及权证等其他金融工具的基金，一般权益仓位不超过20%
可转债基金		80%以上基金资产投资于可转债
混合基金	偏债混合基金	权益类资产投资下限<25%，或上限≤50%，一般权益仓位不超过40%

图2.23 固收基金定义

先说纯债基金，之所以说"纯"，就是因为它完全不掺杂任何其他资产，除了现金部分，全部投资于债券资产。如果对投资的债券期限没有要求，基金经理大部分会选择投资于期限长一些、票息高一些的债券（毕竟期限越长，利率才会越高，就像银行存款一样），这种一般被称为中长期纯债基金。但是也有的基金会说明投资于短债，这类短债基金的风险和收益都更低，毕竟债券快要到期，其不确定性已经很小了。有时候短债基金还被称为"货币基金加强版"，来形容其风险低、流动性好。实际上，这类基金的收益确实更高，但波动也要远大于货币基金，其每天都有净值涨跌；而货币基金由于使用摊余成本法估值，几乎是不波动的。买短债基金，投资者要设定好波动预期。

| 延伸阅读 |

城投债基金（中长期纯债基金的一种）比短债基金收益更高，波动也更大。如图 2.24 所示，从海富通上证城投债 ETF 的持仓看，它的持仓主要是各地方的城投债，风险比国债、金融债都要大一些。

股票有对应的指数，债券自然也有，不过两者之间仍有不小的差别。首先，是成分数量的差别，股票指数的成分通常在几十到几百只，而债券指数的成分动辄就是上千只，同一家公司还可能发行不同期限的债券，所以债券的种类品种比股票要多。其次，是成交活跃度，大部分股票的活跃度要远大于债券，一些小众债券可能连续一周都没法成交一笔。所以债券指数基金想要紧跟对应的债券指数是相当不容易的，不但要考验基金经理的抽样模拟方法，还要考验债券交易员能否在市场上找到对应的债券。从这一点上讲，固收

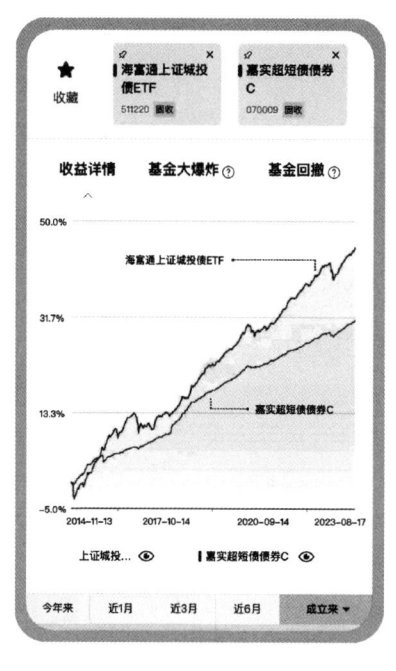

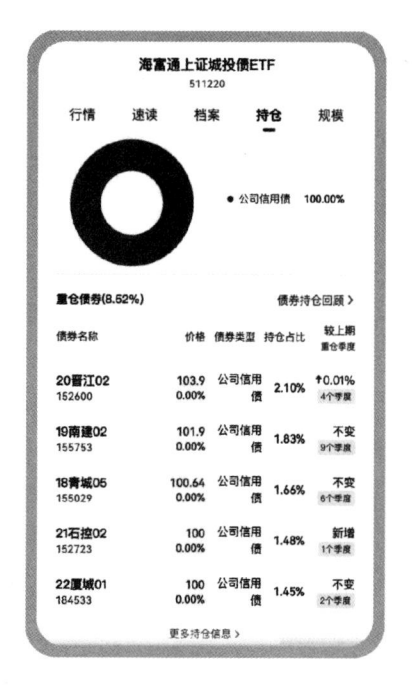

注：数据截至 2023 年 8 月 17 日，相关标的仅作示例不作推荐。
资料来源：韭圈儿 App。

图 2.24　海富通上证城投债 ETF 持仓示例

管理规模大、实力强的基金公司会更有优势。

早期的债券基金都是可以投股票的。其中有一类可以参与一级市场新股申购，所以被称为一级债基。现在，所有债券基金都不能参与打新。而二级债基是可以直接到二级市场上买卖股票的债券基金。这两类基金投资股票的上限都是 20%。

我们在讲纯债基金时，还有一类是主投可转债的基金。这类基金虽然也被称为纯债基金，但是其可以大比例地投资可转债（有的合同明确了 80% 以上投资可转债，有的虽然没有明确注明，但实际投资可转债的比例也较大）。可转债是由上市公司发行的，在一定条件下可以转换为上市公司股票的债券。它既是债券，又可以转换为股票，所以具备股债两种特性。在熊市期间，可转债的股性基本消失，以债性为主，比较抗跌，还可以贡献一定的票息收入；在牛市期间，可转债以股性为主，波动较大。整体而言，它是一种进可攻、退可守的投资品种。

除了前文这些债券基金，混合基金中有一类股票仓位低于30%或40%的，被称为偏债混合基金。它可以变身为纯债基金，也可以变身为二级债基，基金经理只要降低仓位就可以了，因为该类基金对权益下限没有要求，所以零股票仓位也是可以的。它有一个很大的优势，就是因为它属于混合基金，是可以参与打新股的。所以一般做"固收+"策略的基金经理，无论股票仓位比例如何，都会更倾向于用偏债混合基金做"壳子"。

接下来我们说说，债券基金主要赚的是哪些钱？它的收益来源，主要有票息收益、杠杆收益和价差收益3种（见图2.25）。

票息收益	债券票息是债券基金首要的，也是最为确定的收益来源，获得更高票息的一种方法是采用信用下沉，也就是买信用评级低一点的债券；另一种方法是买期限更长的债券，但这两种行为都会增加风险
杠杆收益	基金经理将手中的存量债券质押，融入新资金后再次购买其他债券，从而能够获得更多的票息收益，通常在融资利率水平较低时，使用杠杆是有利可图的
价差收益	利用债券价格的波动，低买高卖产生的收益，债券票息虽然一经发行就不能更改，但其价格会相对市场利率反向变动，通常经济过热、央行加息会引发存量债券价格下跌，反之亦然

图2.25　债券基金收益来源

在这 3 个收益来源中，短期影响最大的当数价差收益，也就是债券价格涨跌带来的收益。以下列举 8 个影响债券价格涨跌的因素，如图 2.26 所示。

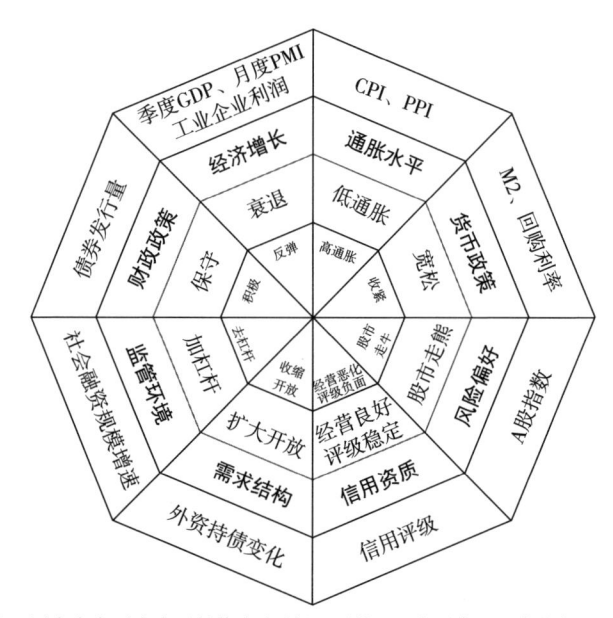

注：图中内容项由内及外依次为利空、利好、8 个因素、观察指标。

图 2.26　影响债券市场的 8 个因素

1. 经济增长。经济越差，买债券的人就越多，债市就越好。毕竟投资股权风险较高，当个"债主"熬过冬天，多少省点儿心。反之亦然。所以债券基金经理聊起经济，总是忧心忡忡，因为衰退期是他们的收获期。

2. 通胀水平。通胀越低，买债券的人就越多，债市就越好。通胀无牛市，无论对股还是债，这一点都是适用的。通胀高，央行一般会采取货币紧缩政策，调高利率，债券价格就涨不上去。要知道，利率水平和债券价格成反比，而且这种关系比股市还要敏感。

3. 货币政策。货币政策越宽松,利率下降的预期就越高,债市就越好。核心还是看投资者对利率走势的预期。

4. 财政政策。财政政策越保守,发行的债券就越少,供给量越少,存量债券的价格就越上涨。相反,如果财政政策积极,大量发行债券,供给充裕,那么债市就不容乐观。

5. 风险偏好。股市越好,债市就越差,反之亦然,这就是股债的"跷跷板"关系,核心是资金的风险偏好。股市暴跌,资金就会去债市避险,后者就变好。历史上,股债同涨同跌的时候非常少。

6. 信用资质。信用环境越稳定,债市就越好。一旦发债主体有风险可能(如曾经出现过的地方债危机、城投债危机等),相关的主体就会跟着暴跌。投资机构随即从债券市场竞相出逃,所以买债基最好不要买机构占比太高的,一旦遭遇风险,机构撤资很快。

7. 监管环境。监管环境越宽松,社会融资增速越快,投资者越愿意加杠杆,债券市场就越好。杠杆加得越多,买债券的资金就越多,债券利率就会越低,债券价格就会上涨。一旦杠杆加到极致,监管政策就会收紧去杠杆,债券价格就会随之下跌。

8. 需求结构。债市越开放,买债的外资就越多,债市就越好。尤其是在全球负利率环境下,我国债市收益率还是有吸引力的。当然,这也需要紧盯其他国家央行的利率政策,一旦加息,外资跑得也非常快。

最后送给大家一张速查表（见表 2.2），可以帮助大家快速找到适合自己的债券基金。当然，适度的分散配置在债券基金投资中同样适用。

表 2.2 不同类型债券基金特征对比

	利率市场影响	信用环境影响	股票市场影响	产品流动性	快速识别技巧
利率债基金	很大	无	无	好	产品名称中含有"国债""国开债""农发债""进出口债""金融债"等字样
中短债基金	较大	较小	无	好	产品名称中含有"中短债"或"短债"字样
纯债基金	较大	较大	较小	视合同	合同中不允许投资股票、可转债等权益资产，未明确约定债券投资期限
二级债基	中等	较大	中等	视合同	合同中股票投资上限为20%
偏债混合基金	较小	中等	较大	视合同	合同中股票投资上限为30%~45%
可转债基金	很小	中等	很大	很大	产品名称中含有"可转债"字样

指数基金：充当工具，八面玲珑

在 2008 年伯克希尔-哈撒韦公司股东大会问答环节，有一位名叫蒂莫西·费里斯（Timothy Ferriss）的投资者向巴菲特和芒格提了这样一个问题："我想问你们两位（巴菲特和芒格），假设回到 30 岁，在银行里有了第一个 100 万美元；同时假设你们不是职业的投资家，有一份全职工作，且储蓄够花 18 个月，也没有孩子，请问你们会如何投资这 100 万美元？"

巴菲特的回答是这样的："非常简单。在你说的情况下，我会拿这些钱全部买入一只低成本指数基金。长期而言，股票指数基金会取得比债券更好的投资回报。然后我会忘了这件事，继续回去工作。"巴菲特自己是一位主动投资大师，却如此推崇指数基金。

在海外成熟市场，近 20 年的数据证明，大部分主动基金跑不赢标普 500 指数，更不要说纳斯达克指数。在 A 股市场，主动基金的优势犹存，但是指数基金，尤其是 ETF，也凭借其费率低廉、策略透明、择强汰弱等特点，赢得了一批"忠粉"。

指数基金的优势有哪些呢？

费率低廉

指数基金的管理费、托管费都要比主动基金低，加在一起甚至能便宜 1% 以上。主动基金的费率之所以高，部分原因是主动基金经理的薪水更高，背后还有一个研究团队。而指数基金经理用计算机程序解决大部分问题。

策略透明

买主动基金最担心的就是基金风格漂移，所以我常说"**风格不稳定，则配置无意义**"。这种变化，可能是因为更换了基金经理（这是最常被基民诟病的），也可能是基金经理自己改弦更张。而指数基金就不存在这个问题，所有持仓公开透明，选股策略公开透明，每天涨跌也可以实时估算。

择强汰弱

根据现在主流的指数编制规则，长期下来，市场基本上会将有问题的公司慢慢淘汰，而剩者为王的就是做大做强的优质公司。大多数指数是根据市值、流动性、成长性、基本面等因素进行编制的，并且会剔除一些有问题的公司，还会定期更新指数名单，保持活力。当然，我们也不能确定所有的指数都是好指数，每一个因子都能够持续有效，但至少在相同的赛道，主流指数的公司质地还是相对不错的。

指数的体系又是怎样的呢？

跨市场指数

最常见的，也是大家最早熟悉的指数，基本都是根据市值加权的规模指数，它们的特点是名称后面有一串数字，来代表对应成分股的数量和某种意义上的市值区间。虽然沪深交易所都有自己的指数体系，但中证指数公司和深交所旗下的国证指数公司，也会编制许多跨沪深两家交易所的指数，图 2.27 展示了跨市场指数中，规模指数之间的市值关系。

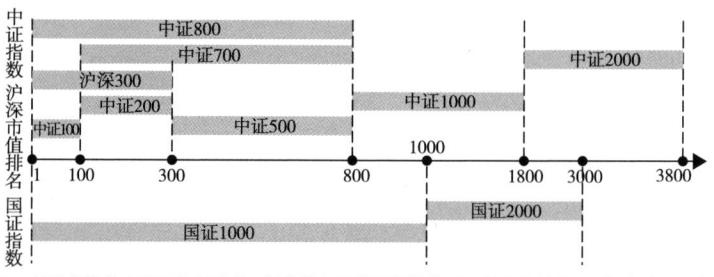

注：虽然市值是主要的考察因素，但实际在规模指数编制时，考虑的因素要更加复杂，比如某些指数会剔除ST、*ST股票，或者剔除上市时间小于3个月的股票等，具体以指数公司实际公布的成分股为准。

图 2.27　股票指数体系——规模指数

大盘指数：沪深两市市值最大的 100 只股票组成中证 100 指数，排在后面的 200 只构成中证 200 指数，两者相加构成沪深 300 指数。一般而言，这个范畴会被认为是大盘蓝筹股，市值动辄都是上千亿元、上万亿元。

中盘指数：排在沪深 300 指数后面的 500 只股票构成中证 500 指数，排在中证 100 指数后面的 700 只股票构成中证 700 指数，它们当中有大量的市值在几百亿元的公司，所以也被认为是中盘指数。

小盘指数：中证 1000 指数，大多数公司的市值在百亿元左右，可以说是地道的小盘股了。

微盘股指数：国证 2000 指数、中证 2000 指数，大多数公司的市值在几十亿元，所以也被称为微盘股。

全市场指数：中证 800 指数和国证 1000 指数，基本涵盖了市场上大部分市值，大中小公司都不少，可以代表整个 A 股市场的走势情况。

沪深交易所指数

了解了跨市场指数，我们再来看看沪深交易所各自的指数体系（见图 2.28）。

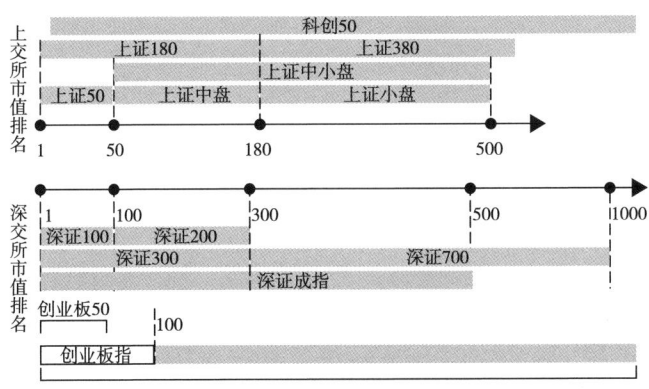

注：虽然市值是主要的考察因素，但实际在规模指数编制时，考虑的因素要更加复杂，比如某些指数会剔除ST、*ST股票，或者剔除上市时间小于3个月的股票等，具体以指数公司实际公布的成分股为准。

图 2.28　股票指数体系——规模指数（沪深交易所指数）

上证体系最主要的就是上证 50 指数，动辄都是万亿元市值的巨头公司。紧跟着就是上证 180 指数这样的大盘蓝筹指数。而上证 380 指数基本就是中盘股了。而科创板的代表指数科创 50 指数，其市值的范围特别广，大的有中芯国际这样大几千亿元市值的公司，比肩上证 50 指数中的一众巨头，小的也有一两百亿元市值的小公司。

深证体系大家最熟悉的是深证成指，经常和上证综合指数（上证所有股票总市值加权）一起作为两市的代表指数。深证成指原来只有 40 只股票，后来扩充到 500 只，使其更具有代表性。而深市最大的 100 只股票，构成了深市核心的深证 100 指数。不得不提的是创业板，创业板综合指数、创业板指数（创业板 100 指数）、创业板 50 指数，是逐渐层次递进的。

值得注意的是，相对而言，上证主板的公司里大中型国企居多，而深市和创业板中的中小型民营企业更多。

指数编制公司

最后，我们来看一看这些编制、发布和管理指数的机构——指数公司（见图 2.29）。

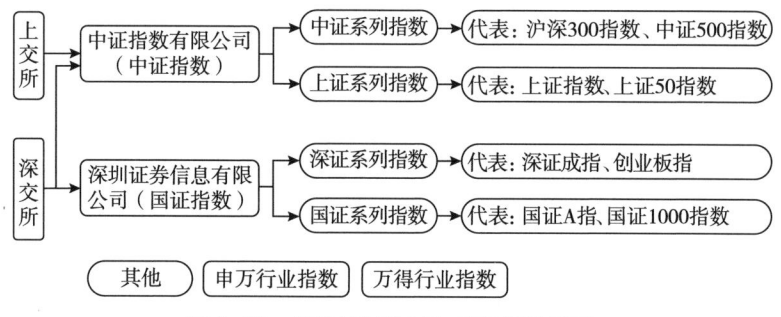

```
上交所 ─┬─ 中证指数有限公司 ─┬─ 中证系列指数 → 代表：沪深300指数、中证500指数
        │  （中证指数）       └─ 上证系列指数 → 代表：上证指数、上证50指数
深交所 ─┴─ 深圳证券信息有限 ─┬─ 深证系列指数 → 代表：深证成指、创业板指
           公司（国证指数）   └─ 国证系列指数 → 代表：国证A指、国证1000指数

其他    申万行业指数    万得行业指数
```

图 2.29　指数编制公司与对应指数系列

中证指数有限公司成立于 2005 年 8 月，是由沪深证券交易所

共同出资成立的金融市场指数提供商。它不仅编制股票指数，还有很多债券指数，甚至基金指数，我们经常拿来做比较基准的中证偏股型基金指数（930950.CSI）就是由它编制的。其后缀是 CSI（China Securities Index，中文译为中证指数）。毫无疑问，它是目前中国最大的指数编制公司。

而在深交所旗下的深圳证券信息有限公司下面，还保留了国证指数体系，其中既包括传统的深证系列指数、创业板系列指数，也包括国证系列指数。

其他大家比较常见的还有申万行业指数，主要是申万证券的一二三级行业指数，在市场上深入人心，是由申万宏源证券公司研究所编制的。从 2003 年发布至今，申万行业指数的数据非常全面，其指数后缀通常是 SW。

而万得行业指数则是由万得公司编制，这家公司是国内最大的金融数据服务商之一，它编制了各种各样的指数，一些比较新奇的指数也会出现在它的软件上，比如茅指数。其指数后缀通常是 WI。

还有很多境外的指数公司，如 MSCI（摩根士丹利国际资本公司，也被称为明晟）是全球最大的指数公司，被大家熟知是因为 2018 年它正式将 A 股纳入其一系列主流指数，从而带动外资指数基金增持 A 股。富时指数则是由英国富时集团编制管理的，其中最著名的是富时 A50 指数，其期货合约在新加坡交易所上市，由于交易时间提前，近些年它也成为投资者跟踪 A 股的重要领先指标。

指数增强和聪明贝塔又是怎么回事？

指数增强基金

指数投资虽具优势，但是仍有一些基金经理认为，他们有能力

在原有指数上,通过各种各样的方式获得增强的超额收益,从而给投资者提供一个风格特征与原指数类似,收益却更高的投资标的。从实践上看,确实有很多指数增强基金能够取得超额收益,尤其是在中证500指数、中证1000指数等中小型宽基指数上,但也确实有指数增强基金最后变成"增弱",还跑输了原来的指数。那么指数增强基金到底是怎么增强的呢?我列出了5个主流的方法,如图2.30所示。

阿尔法收益	利用基本面、技术面、资金面等指标对股票进行分析,通过增配、减配相应股票获取超额收益
股指期货增强	如果股指期货合约相对于指数是贴水状态,可以通过投资股指期货来模拟部分指数仓位,同时获得贴水收敛的增强收益
打新增强	指数基金基本是满仓运作的,市值满足网下打新门槛后,即可参与打新,获得增强收益
融券增强	在原有持仓基础上,出借证券获得利息收益
分红收益	通常指数不包含分红,但指数基金包含分红后的收益,所以天然地指数基金会跑赢指数

图 2.30　指数增强的 5 种方式

1. 阿尔法收益

用一个简单公式解释就是:

预期收益 = α(阿尔法,超额收益)+ β(贝塔,指数收益)

而获取阿尔法收益是最主要的增强方式,也是基金经理最自信,却让投资者摸不着头脑的地方。

这一增强方式,是将某些验证有效的因子加以运用,在按目标指数结构进行部分资产分配的基础上，将基金剩余资产对特定个股、行业、板块进行适当比例的增减仓。

简单来讲，就是对原指数的结构进行调整，有的股票买得多一点，有的股票买得少一点，甚至干脆不买。调整的根据就是一些所谓的因子，比如小市值、基本面、风格理论等。

那么，基金经理依据什么认为这些因子是有效的，以前有效是否代表未来有效？确实，某些因子的有效性是一直变化的，比如2014年上半年，小市值股票一直表现很好，到了年底蓝筹股暴动，小市值股纷纷下跌，导致量化史上的第一次危机。2024年年初，小微盘股的危机再次爆发，量化基金损失惨重。

不过，如果把时间拉得长一点，某些规律还是有用的，比如价值因子、红利因子，长期来看是有效的。但是中短期，各种因子有效性的变化比较快，基金经理必须非常努力地挖掘，需要研究基本面，挖掘更另类的数据，甚至使用AI等工具，才能找到一些超额收益来源。总之，这个赛道竞争越来越激烈，参与的人越多，难度就越大。

| 延伸阅读 |

以华泰柏瑞上证红利ETF为例，如图2.31所示，它近10年表现出穿越牛熊的特点，这跟红利策略以股息率高的公司为权重股关系很大。这种策略不太可能有较强的市场弹性，但是由于分红稳定，股价往往表现出慢慢上涨的特点。

2. 股指期货增强

公募基金可以投资股指期货，但是有仓位限制。如果股指期货

注：数据截至 2023 年 8 月 17 日，相关标的仅作示例不作推荐。
资料来源：韭圈儿 App。

图 2.31　华泰柏瑞上证红利 ETF 业绩示例

合约相对于指数是贴水状态，那么可以通过投资股指期货来模拟部分指数仓位，同时获得贴水收敛的增强收益。简单来说，期货合约的点位如果比指数真实点位要低，就买期货合约，等到合约到期的时候，两者的点位一定是极其接近的（否则会有套利空间），那么这段时间持有期货合约的多头一定是比指数要多赚一点。

根据《证券投资基金参与股指期货交易指引》的规定，每日日终持有的买入股指期货合约价值，不得超过基金资产净值的 10%。因此投资范围中含有股指期货的基金，可以买净资产 10% 以下的期货合约，而指数增强基金可以以此达到增强效果。

对于个人投资者，也可以用这种方法。在2015年股市大跌以后，股指期货大幅度贴水，如果用股指期货多头代替沪深300指数持仓，并把省下的资金用作固定收益管理，这个策略的胜率还是比较高的。

| 延伸阅读 |

建信中证500指数增强基金在季报中提到多次运用股指期货工具。如图2.32所示，其中IC2307指中证500股指期货2023年7月到期的合约，IM2307是中证1000股指期货2023年7月到期的合约。可见，指数基金经理不仅会买对标指数的期货，还会偏离至一些其他股指期货来进行增强。

代码	名称	持仓量（买/卖）	合约市值（元）	公允价值变动（元）	风险说明
IC2307	IC2307	279	331 286 640.00	4 513 560.00	-
IM2307	IM2307	147	193 299 120.00	3 838 480.00	-
公允价值变动总额合计（元）				8 382 040.00	
股指期货投资本期收益（元）				549 074.50	
股指期货投资本期公允价值变动（元）				27 720.00	

5.9.2 本基金投资股指期货的投资政策

本基金投资股指期货将根据风险管理的原则，以套期保值为主要目的，选择流动性好、交易活跃的标的指数对应的股指期货合约。本基金力争利用股指期货的杠杆作用，降低股票仓位频繁调整的交易成本和跟踪误差，同时兼顾基差的变化，以达到有效跟踪并力争超越标的指数的目的。

本基金投资于股指期货，对基金总体风险的影响很小，并符合既定的投资政策和投资目标。

注：相关标的仅作示例不作推荐。

图2.32 建信中证500指数增强2023年第二季度报告（节选）

3. 打新增强

指数基金基本是满仓运作的，当整个产品的总市值满足网下打新门槛后，就可以开始进行网下打新了。新股上市后破发概率较小，所以这部分收益在早期一直较为稳定。

公募基金属于 A 类打新账户，获配比例是最高的。假设 A 类账户打新一年能赚 2 000 万元，2 亿元规模的基金就可以在原有收益的基础上增强 10%。规模越大，打新收益稀释越多；规模越小，增厚的收益也越多。当然，这一切的前提都是指数基金满仓运作，底仓的波动，投资者都是要承受的。

随着注册制的实施，新股发行价格逐渐市场化，新股上市以后的收益也会分化，盲目打新策略会面临挑战。这时候就比较考验专业机构对新股的定价能力了。

4. 融券增强

2015 年 4 月，中国证券业协会、中国证券投资基金业协会、上交所、深交所联合发布《关于促进融券业务发展有关事项的通知》，规定封闭式股票基金、开放式指数基金（含增强型）以及 ETF，可以开展转融通证券出借业务。某些指数基金的规模比较大，成分股的市值比例也不低，按照一定的利率借给券商，券商再转借给融券的投资者，也是较好的收益来源。但这一条争议较大。

5. 分红收益

大部分指数的编制规则中都有这样一条："凡有成分股除息（分红派息），指数不予修正，任其自然回落。"举例来说，假如 A 银行股是某指数的成分股，权重为 5%，现价为每股 10 元。今天 A 银行股要大比例分红，每股分 1 元。分红完成后，股价为每股 9 元，1 元的红利则会计入指数基金的资产中。对指数基金投资者而言，相当于从左口袋到右口袋，没有任何损失。但该指数却会因为这次分红而下跌。参照指数编制规则，A 银行股的股价从每股 10 元降为每股 9 元，跌幅为 10%，乘以 5% 的权重，若假设其他成分股价格不变，指数的跌幅为 0.5%。不过沪深 300 指数的分红率一般在 2%~3%，并不高。当然，这些分红已经可以覆盖掉基金的管理费了。

聪明贝塔

除了指数增强，近年来还有很多聪明贝塔（Smart Beta）的指数基金进入投资者的视野。聪明贝塔是指，在传统的指数投资基础上，通过系统性的方法，对指数中选股方法和权重进行优化，增加指数在特定因子上的暴露度，使指数能够获取该因子带来的超额收益。简单来说，就是通过增配指数成分股中的"优等生"，来获取超额收益。我们以沪深 300 指数为例，顺着递进关系来看，指数基金是纯被动投资；指数增强是被动+主动，在指数的基础上，加入一定的主动选股；而聪明贝塔则是将主动选股中一些看起来长期有效的因子固定下来，试图超越对应的指数，可以说是被动+被动。下面我们来分析经常被聪明贝塔采用的 7 个因子，如图 2.33 所示。

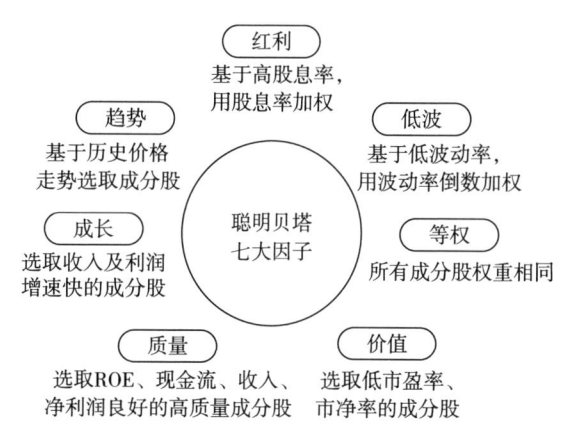

图 2.33 聪明贝塔七大因子

1. 红利因子

红利因子就是股息率（股息/股价）。加权方式是用股息率作为权重因子，这样股息率高的股票，权重就会更大。比如 A 股票的股息率为 8%，B 股票的股息率为 4%，那么 A 股票的权重就应该是 B 股票的 2 倍。红利因子背后的含义是，长期来看，只有真正赚到真金白银的公司才会分股息给投资者，这些公司通常质地都不错。当然，投资者需要注意的是，某些公司的分红是否能够持续，稳定性是否强。

2. 低波因子

低波因子就是波动率，加权方式是用波动率的倒数作为权重，这样波动率越低的股票，权重就会越大。比如 A 股票的波动率为 2%，B 股票的波动率为 5%，那么 A 股票的权重因子就是 50（1/2%），B 股票就是 20（1/5%），A 股票在指数中的权重就是 B 股票的 2.5 倍。你可能会纳闷：波动率越低，预期收益会越高？这与"收益和风险成正比"的常识是相悖的，但这就是所谓的"低波异象"，即波动率较低的股票，在历史经验上被证明收益反而越高。

3. 等权因子

等权因子就是把指数中所有的成分股，按照相同的权重来配置。假如指数有 50 只成分股，那就每只股票的权重都是 2%，有 100 只成分股，每只的权重就是 1%。这么做的意义有两个：一是摒弃大市值公司好，权重就应该大的思想，而是平均配置，也给小公司机会；二是定期需要再平衡，股价表现好市值增长快的公司，权重会很快超过初始比例，那就要卖掉一部分，买入其他公司，自动实现低买高卖。除非是单边大市值风格占优的市场，通常情况下等权重因子都会有一定效果。

4. 价值因子

价值因子就是看市盈率、市净率这些偏价值类的估值指标，这些指标越低，就代表股价越被低估，其倒数也就越大，在成分股的权重也就越大。价值因子在长期是大概率有效的，但是在短期很可能完全无用。这主要是因为"价值陷阱"的存在，即一旦某些公司的基本面走坏，被低估之后还可能更加低估。所以在使用这些价值指标时，还要综合分析，确保这些股票基本面良好。

5. 质量因子

质量因子也就是我们所说的基本面。ROE（净资产收益率）高，说明公司资产质量高，能赚钱；现金流好，说明公司赚的是真金白银，不是应收账款，在行业中有地位；收入、净利润好，说明企业增长良好，股价直接受益。这样的公司是不是会更受投资者青睐呢？所以其股价可能也不便宜。单单就质量因子而言，它保证了我们买的是好公司，如果股价很高，则只能寄希望于时间来"消化"。所以投资者常常把质量因子和价值因子结合使用，找到交集，作为"好公司+好价格"的备选池。

6. 成长因子

成长因子紧盯收入增速和利润增速，因为这是资本市场最为关注的两个指标。这两个指标在短期是非常有效的，可以说立竿见影，只要年报、季报预喜，股价就会有所反应。但它们也是非常不稳定的，毕竟能够长期维持高增速的公司，是非常少的。

7. 趋势因子

趋势因子是一个纯量价、纯技术层面的指标。它的内核是，股价是所有因素最终的表现形式，只要跟踪好股价即可，而股价的趋势一旦形成，则说明基本面已经开始好转，这种趋势具备持续性，可以进行"追高"。简单来说，这是一种右侧追涨的因子，在短期内比较有效。趋势因子的缺点是，可能受到市场波动和突发事件的影响，导致趋势反转或中断，从而造成损失。

以上 7 种因子，只是聪明贝塔中常用的几类，投资者有时候单独使用某因子，有时候交叉使用，更多时候则是投身到新的因子挖掘当中。**资本市场永远不缺聪明玩家，当你发现了别人没有发现的东西，市场就会奖赏你。**

| 延伸阅读 |

我们来看图 2.34，结合两种因子的红利低波指数基金近 10 年的收益水平是沪深 300 指数的一倍，且波动要小得多。虽然算不上收益特别突出，但主打稳步向上。如果去看它的成分股，银行、钢铁、石化等大蓝筹是其核心持仓。

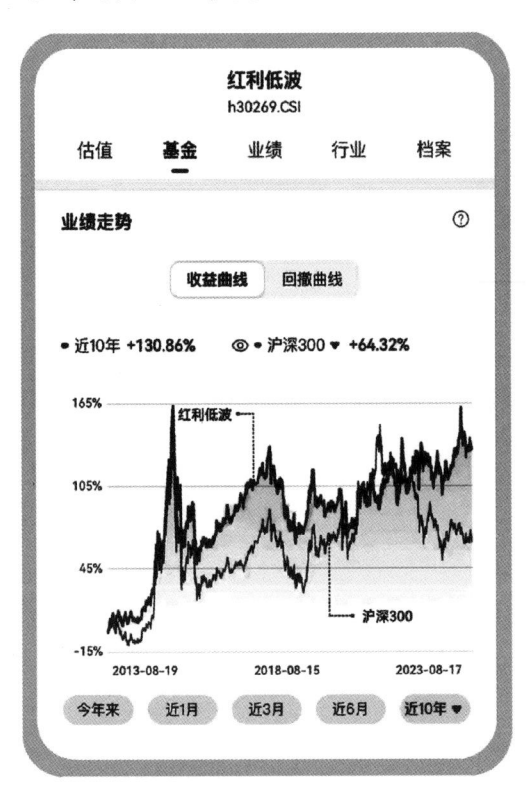

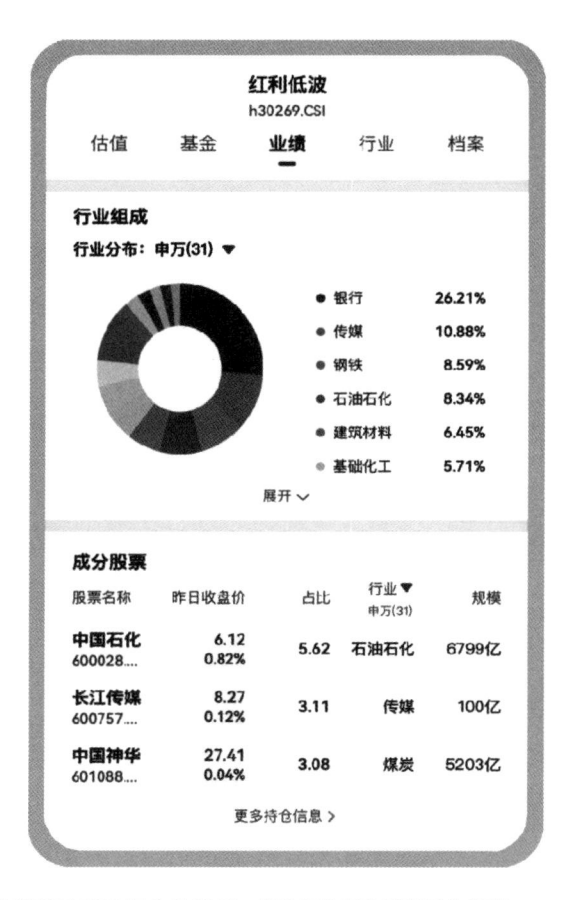

注：数据截至 2023 年 8 月 17 日，相关标的仅作示例不作推荐。
资料来源：韭圈儿 App。

图 2.34　红利低波指数基金业绩示例

实操交易的秘诀在于细节

基金申购赎回的成交价

虽然基金是虚拟的金融产品，但是它的买卖，和实物交易是一样的。比如我们在菜市场买菜，我们会问摊主："这个萝卜多少钱一斤？给我称10元的！"或者问："这个萝卜多少钱一斤？给我来2斤！"而在基金的申购赎回环节，也存在类似的两种交易方式，即"金额申购和份额赎回"。

首先，我们要像买菜一样，明确自己想买多少钱的基金。比如，你决定买10万元的A基金，系统就会自动帮你算出按照当前基金净值和费率，你可以得到多少份额。这就好比你去菜市场买萝卜，告诉摊主你要买10元的萝卜，摊主给你称出对应的斤两，顺道收个塑料袋的钱（相当于申购费），凑出10元的东西来。

然后，当你决定赎回基金时，就要看看账户里有多少份额。这个过程有点像卖萝卜。假设你是摊主，你心里盘算的是今天一共卖出了5斤萝卜，每斤萝卜2元，那么你到手就应该是10元，如果再送客户两根葱（相当于赎回费），实际到手的价值可能是9.9元。如果你有买卖股票的经验，那么你应该知道，无论是买入还是卖出，你填的都是股数，而基金的申赎，只有赎回时填的是份额，申购时填的是金额（见图2.35）。

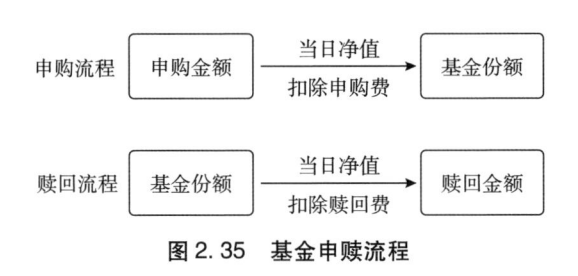

申购流程　申购金额　——当日净值扣除申购费——→　基金份额

赎回流程　基金份额　——当日净值扣除赎回费——→　赎回金额

图2.35　基金申赎流程

你肯定会想，为什么基金要这么麻烦呢，都跟股票一样填写股数，或者都填写金额不就行了？这就涉及另外一个知识点——未知价申赎。

在申购赎回基金时，成交价格是当天的净值，但净值是在晚上8至9点才公布的（需要托管机构清算复核等一系列流程）。而申购赎回下单必须在当天下午3点以前完成。所以，在进行申赎操作时，你只能根据当时的盘面情况对当晚的基金净值进行大致的预估，而无法知道准确的成交价格。这一点和股票交易是不一样的，股票的成交价格就是投资者挂单的价格，成本在交易时是确定的。如果我们在下单时连精准的成交价格都不知道，那么就只能用"金额申购"这种方式，就好像对水产店老板说："给我来100元的皮皮虾，等晚上渔船靠岸后再确定每斤虾的价格，但不管几斤几两，反正我兜里只有这100元。"而当我们赎回基金的时候，同样不知道当天晚上的净值，但是我们知道手里有多少份额。这种情况下我们就只能用"份额赎回"这种方式，因为下午3点前赎回时我们也不知道根据晚上的净值持有的基金值多少金额，这就好像你是渔夫，当晚渔船收获了100斤皮皮虾，船还没靠岸就跟水产店老板约定好了到时候全部卖给他，具体价格届时根据港口的真实价格来确定。

这里需要强调一点，一些基金数据提供商软件有基金的实时估值功能，这里务必要注意几点：第一，这些实时的估值，并不是基金的真实净值，只不过是根据持仓或者其他算法预测的基金净值；第二，一些权益基金，如果某一段时间，净值估算的准确度大幅偏离，则很有可能是基金经理调仓了，这可以辅助我们进行决策；第三，债券基金的净值估算通常不准确，因为债券持仓只披露前五大证券且债券价格信息透明度不高，一般只能以国债期货的涨跌来辅助参考。

| 延伸阅读 |

如图 2.36 所示,在盘中利用净值估算来辅助对单只基金的决策,也可以通过对整个基金组合进行估算来预估整个持仓的涨跌。一个有意思的现象是,虽然单只基金的估算时常与真实净值出现偏差,但是组合在一起之后,有时候反而会更准确。

基金 组合
3151.04 -0.40%
上证指数

| 场外 | 场内 | 医药基金 | 最锋利的茅 | 测试 | ≡ |

基金名称	估算净值 08-18	最新净值 08-17
方正富邦中证保险A 167301	0.8363 +0.76%	0.8300 -0.95%
工银金融地产混合A 000251	2.3891 +0.68%	2.3730 -0.59%
天弘中证银行ETF联接C 001595	1.2107 +0.66%	1.2028 -0.77%
易方达信用债债券A 000032 跌本	1.1257 +0.06%	1.1250 +0.01%
华夏鼎茂债券A 004042 跌本	1.2628 +0.06%	1.2620 -0.02%
中邮稳定收益债券C 590010	1.1005 +0.05%	1.1000 +0.09%

注：数据截至 2023 年 8 月 17 日，相关标的仅作示例不作推荐。
资料来源：韭圈儿 App。

图 2.36　单只基金和基金组合估算示例

基金投资的费用

和股票交易有佣金费用一样，基金申赎也是有费用的，但是基金的申购费和赎回费的计算方式是完全不同的。图 2.37 所示是一个常见的基金申赎费率表。

申购费用

申购费用的计算，使用的是"价外扣除法"。假使投资者申购

申购费率

买入金额	费率
买入金额＜100万元	1.50%
100万元≤买入金额＜500万元	1.00%
500万元≤买入金额＜1 000万元	0.30%
买入金额≥1 000万元	1 000元/笔

赎回费率

持有期限	费率
持有期限＜7天	1.50%
7天≤持有期限＜1年	0.50%
1年≤持有期限＜2年	0.25%
持有期限≥2年 卖出费率的持有天数按自然日计算	0.00%

运作费率

管理费率	0.60%（每年）
托管费率	0.15%（每年）
销售服务费率	0.80%（每年）

图 2.37　基金费率常见种类

10万元的基金，申购当天净值是1元，那么申购费用是多少，又能得到多少份额呢？计算方法如下：

$$净申购金额 = 申购金额 / (1+申购费率)$$
$$= 100\,000 / (1+1.5\%) \approx 98\,522\ 元$$
$$申购费用 = 申购金额 - 净申购金额$$
$$= 100\,000 - 98\,522 = 1\,478\ 元$$

可见，申购费用比直接用 100 000 元乘以 1.5% 计算出的 1 500 元要低一些。

$$申购份额 = 净申购金额 / 申购日基金净值$$
$$= 98\ 522\ 元 / 1\ 元 = 98\ 522\ 份$$

认购费用的计算方法和申购费用相同（认购费用是指基金首次公开募集时申购的费用，它通常会比申购费用要低一些），只不过在认购的时候，认购当日到基金成立之前的这段时间，还可以得到一些认购期利息，一般比活期利息高一点点（参考金融机构同存利率），会在计算份额的时候加到净认购金额中去，从而转化为份额。所以等基金成立时，到手的份额可能比 98 522 份多一些。

之所以申购的时候使用价外扣除法，是因为投资者在申购基金的时候，如果申购费用用价内法另算，那么投资者想买 100 万元金额的基金，则可能要准备 101 万元，计算起来非常麻烦，操作也不便利，所以干脆用价外法，投资者只管申购金额就好，其他的交给系统。

赎回费用

赎回费用的计算，使用的是"价内扣除法"，这是比较常见的费用计算方法，也容易理解。比如投资者申购的基金，过了 1.5 年，基金净值涨到了 2 元，这时候投资者要把该基金全部赎回，能够得到多少钱呢？以前文基金为例，计算方法如下：

$$赎回费用 = 赎回份额 \times 赎回日基金净值 \times 赎回费率$$
$$= 98\ 522 \times 2 \times 0.25\% \approx 493\ 元$$

$$赎回金额 = 赎回份额 \times 赎回日基金净值 - 赎回费用$$
$$= 98\ 522 \times 2 - 493 = 19\ 6551 \text{元}$$

当然，赎回金额的算法也可以直接用"赎回份额×赎回日基金净值×（1-赎回费率）"得到，答案是一样的。

需要注意的是，一般申购费用都是在前端收取，即申购时一次性扣除。早期有一些基金的申购费用允许后端收取，也就是赎回时再收，是为了鼓励投资者长期持有，持有越久，申购费用就越低，现在这种基金很少了。而赎回费用一般都是在后端赎回时收取，并且持有越久，赎回费用越低。

另外，申购费用一般是由基金的代销渠道收取的，比如投资者在银行买基金，申购费用就是银行的中间业务收入，在互联网买基金，申购费用就归互联网销售机构所有，在基金公司官网买基金，申购费用就归基金公司所有。而赎回费用在相关法规中一般是有规定的，至少要有25%的比例需要归入基金资产，持有期限越短，归入基金资产的比例就越高，最高可以全部归入基金资产。剩余部分则可以作为手续费被基金公司和销售机构收取。

运作费用

运作费用一般包括管理费、托管费和销售服务费。

申赎费用是一次性费用，而基金的运作费用则是根据资金资产和持有期限来收取的。前者是投资者交易越频繁，费用越高；后者是投资者持有期限越长，资产管理规模（AUM）越大，费用越高。一个健康的财富管理市场，从业者赚得更多的应该是后者，因为机构服务越好，客户收益稳定，也越信任机构，资产管理规模就会越大，持有期限也就越长；而如果从业者都去赚申赎费用，那么很可能会刺激投资者频繁交易，显然不符合长期投资、价值投资的理念，也不符合以客户利益为中心的理念。

运作费用一般是按年列示，按日计提，投资者持有多长时间就交多少。由于均摊到每天的费用特别少，而且基金净值和收益都是扣除运作费用之后的（不像申赎费用是显性的），投资者对这些费用的感觉不明显。

管理费：基金公司的主要收入来源。如果是通过直销方式增加的份额，该费用全部由基金公司收取；如果是通过代销方式销售的份额，一般会以客户维护费（也叫尾随佣金）的形式来和销售机构分成，根据监管规定，销售机构分成比例不能超过50%。

托管费：托管机构的主要收入来源。托管机构保证基金的资产与基金公司资产的独立性和安全性，提供账户托管、交易清算、净值核算、持仓限制监督等一系列服务。托管机构以银行、券商为主，所以各大银行、券商在销售自己托管的基金时，在收取申购费用和管理费分成的同时，还能收取托管费。

销售服务费：基金管理人可以从开放式基金财产中计提一定比例的销售服务费，用于基金的持续销售和为基金份额持有人提供服务。这个费用一般是给销售渠道的，如果是直销产生的，则归基金公司所有。但并非所有的基金都会有这项费用。一般C类份额的销售服务费会高一些，因为C类份额基本不收申购费用和赎回费用（持有7天或1个月以上），而A类份额通常收取比较高的申购费用和赎回费用，但是不收销售服务费。

申购赎回的钱多久有收益，多快能到账？

我们先来看申赎效率。各类开放式基金的申购流程类似，具体如下。

- T 日申购，T 日晚上查询申购净值，即成本。
- T+1 日基金公司确认申购份额。
- T+2 日份额到账，在这之后随时可以进行赎回操作。
- 基金的收益波动从 T+1 日开始起算。

投资者 T 日申购的资金，要经过销售机构的账户再划转到基金产品的托管账户，等到基金经理能用这笔钱来进行投资，通常要到 T+1 日或者 T+2 日。但是另一方面，投资者的成本是 T 日的净值，所以如果发生大量申购，第二天基金的仓位是有可能被稀释的。

而开放式基金赎回效率则和基金类型有关，具体如下。

- 货币基金：T+1 日到账。
- 股票基金：T+3 到 4 日到账。
- 债券基金：T+2 到 4 日到账。
- QDII 基金：T+7 到 10 日到账。

因为当投资者发出基金赎回申请之后，基金资产中通常有 5% 以上的现金资产用于应对赎回，同时基金经理要先卖出一部分资产来维持原来的持仓比例。变现的资金到产品托管账户后，基金公司向托管行发出划款指令，后者将这部分现金划给直销客户或者代销机构（代销机构再去划给客户）。所以越复杂的产品，流程就会越多，像 QDII 基金，还涉及从海外把钱兑换划转回来的过程，所以时间也更长。

接下来，我们再看以下几个申购赎回时的注意事项。

1. T 日申购指的是 T 日下午 3 点以前（认购时可能延长至下午 5 点），如果投资者在 T 日下午 3 点以后申购，那么申购申请会自动顺延至下一个交易日。所以切记，不要在周五或者假期前一个交易日的下午 3 点以后申购基金，因为这一申请要到周一或假期后第一个交易日才会被系统录入，同时投资者还放弃了假期的收益。

2. 如果想要获得假期收益，投资者务必在周四或者假期前的倒数第二天申购基金，尤其是货币基金和纯债基金，由于收益大概率是稳步累加的，所以假期收益，特别是长假收益，是一笔可观的收益。

3. 我们如果在假期前最后一个交易日赎回货币基金，有假期收益吗？答案是有的。所以如果我们周五赎回货币基金，是可以享受周五、周六、周日 3 天的收益的，周一即可到账使用。如果遇到小长假，原理也是类似的。

4. 现在有些销售平台支持货币基金 T+0 快速赎回，这是通过销售机构和基金公司垫资实现的，通常会有额度限制。如果你进行了快速赎回，那么从当天起的所有收益，都和你无关了（当然是谁垫资归谁）。比如你在周五快速赎回到账，那么周五、周六、周日 3 天的收益就都没有了。

5. 对于大部分基金，投资者申赎基金的成本价格就是申赎日当天晚上的净值。而有些 QDII 基金的净值发布日期会延迟 1 天，投资者在 T 日下午 3 点前发出申赎指令，实际成本则是 T+1 日晚上公布的净值，而这一净值的对应日期，仍旧是 T 日。举个例子，你在 6 月 1 日下午 3 点前申购了一笔纳斯达克指数 QDII 基金，6 月 1 日晚上公布基金净值是 5 月 31 日的基金净值（不是你的申购成本），等到晚上美股开盘，并到第二天凌晨收盘，你申购的这笔基金的成本，才可以估算出来，即 5 月 31 日的净值加上隔夜纳斯达克指数的涨跌幅。什么时候才公布真正的成本呢？要到 6 月 2 日晚上，看公布的 6 月 1 日的纳斯达克指数 QDII 基金的净值。所以对于这种跨多时区的 QDII 基金，投资者在申购的时候像"开盲盒"，不像申购其他基金还能参考当日的涨跌情况。当然，如果是投资港股市场、日本市场的 QDII 基金，收盘时间和 A 股接近甚至提前，则不会如此复杂。

6. 除了开放式基金，还有一些封闭式基金和持有期基金。在申购这个环节，它们的效率是没有差别的。在赎回时则要注意：（1）封闭式基金只能在特定的开放期内才能赎回，平时是不可申购赎回的；（2）持有期基金只能在基金持有一定时间后才可以赎回，每天都可以赎回，比如 6 个月持有期基金，你随时可以买入，但是每一笔买入的份额，都要等到 6 个月之后才能赎回。当然，你也可以不赎回，这是你的权利，但持有期之后，想赎回的时候随时能赎。

7. 最后是 T 日。T 日是指交易日（Trade Day），周末和节假日不属于 T 日，T 日以交易所收市时间为界，每天下午 3 点前提交的交易按照当天收市后公布的净值成交（净值公布时间一般是当天晚上 8 点左右），下午 3 点之后提交的交易将按照下一个交易日的净值成交，比如周五下午 3 点之后提交的交易将视为下周一的交易，T 日为下周一，以 T 日的净值成交，T+1（下周二）确认交易。T+n 日指 T 日后（不包括 T 日）第 n 个工作日。

场内基金的申赎交易有何不同？

我们常说的场内基金，通常是指在交易所交易的基金。这个"场"，指的就是交易所。那么，哪些基金可以在交易所交易呢？我们总结为 3 类：封闭式基金、LOF、ETF。

封闭式基金

封闭式基金和定期开放基金在封闭期内都是不允许申购赎回的，但是为了给投资者一个变现的方式，它们可以选择在交易所上市，有变现需求的投资者，就可以通过交易所把份额卖给其他投资者。通常情况下，封闭式基金的交易价格比基金净值更低，也就是所谓"折价"，毕竟牺牲了流动性。但是有时候，如果基金的表现特别好，也可能遭到哄抢，反而出现"溢价"的情况。封闭期最长的基金是 REITs，动不动几十年，投资者基本上只能在场内进行交易。

| 延伸阅读 |

图 2.38 中的产品是一只 3 年定开上市基金，在前 3 年业绩突出，当时场内份额出现溢价，但随着市场调整，其业绩也有所回

落，这时场内份额又出现了折价。但是随着距离下次开放日越来越近，这种折价又开始逐渐收敛回归。

注：数据截至 2023 年 8 月 17 日，相关标的仅作示例不作推荐。
资料来源：韭圈儿 App。

图 2.38　某 3 年定开基金业绩趋势示例

LOF

LOF 的全称是 Listed Open-Ended Fund，Listed 是上市，Open-Ended 是开放式，所以顾名思义，LOF 是既可以上市交易，又能像开放式基金一样申购赎回的基金。LOF 也会常常发生折价、溢价，尤其是如果场外的份额被限制申购（如一些 QDII 基金限额），那么投资者会去抢购场内份额导致溢价。

ETF

ETF 的全称是 Exchange Traded Fund，即交易所交易基金。它和 LOF 最大的不同是，ETF 基本都是指数基金，且满仓运作，投资者申购和赎回都是"实物申赎"，即对价都是一揽子股票（部分现金替代）。它们只有场内份额，申购只能在场内，在银行、互联网等平台目前是不能申购赎回的。

而在申赎和交易方面，场内基金和开放式基金比，有其自己独有的特点。

- 可以通过股票账户交易。投资者只要拥有股票账户，就可以直接挂单买卖场内基金，成交价就是投资成本。一般而言，ETF 的交易更活跃一些，LOF 和封闭式基金的流动性稍差。
- 交易费率更便宜。场内基金的交易费率就是券商设置的交易佣金，通常只有万分之几，甚至比股票的交易佣金还低。在交易过程中，是没有申购费和赎回费的，能省不少钱。
- 部分可以实现 T+0 交易。对于投资港股、美股等境外市场以及货币基金市场的 ETF 和 LOF，它们可以进行 T+0 交易，一天可以买卖很多次。而不像普通股票只能进行 T+1 交易，今天买明天才能卖。
- 涨跌幅限制有特色。场内基金的涨跌幅限制与其投资标的紧密相关，专注投资科创板、创业板的场内基金，比如科创 50ETF、创业板 ETF、双创 ETF，涨跌幅限制都是 20%，其他 ETF 则还是遵循 10% 的涨跌幅限制。LOF、封闭式基金大多是主动基金，还是以 10% 涨跌幅限制为主。

- 申购有两种模式。对于 LOF，投资者可以在场外申购，申购获得的份额是托管在场外机构的，不能够直接交易，也可以选择在场内申购（券商 App 有专属的场内基金申购页面，注意要和券商的场外申购页面区分），申购得到的份额是可以直接进行交易的。而 ETF，根本没有场外申购的渠道，只能场内申购，且申购的对价只能是一揽子股票或者部分现金替代，主要是机构参与。封闭式基金，一旦上市就没有机会申购了，除非基金公司扩募（REITs 通常采用这种方式）。

为了帮助大家快速理解场内基金和场外基金的区别，避免将几组相似的概念混淆，表 2.3 和表 2.4 帮助大家分清 ETF、ETF 联接基金、指数增强 ETF 的不同点。

表 2.3 ETF 和 ETF 联接基金的区别

对比要素	ETF	ETF联接基金
上市状态	交易所上市	非上市
交易方式	场内交易+场内申赎	场外申赎
申购费率	一般不设置申购赎回费，在交易所买卖仅收取交易佣金	较低，通常在 0.1%~0.5%
赎回费率		较低，通常在 0.1%~0.5%
如何申赎	实物申购，实物赎回	现金申购,现金赎回
适合对象	有证券账户，尤其适合短线交易者	无证券账户,想跟踪某类ETF的投资者
交易渠道	券商	银行、券商、三方、直销等

表2.4 ETF 和指数增强 ETF 的区别

对比要素	ETF	指数增强ETF
投资目标	紧密跟踪标的指数表现，追求跟踪偏离度和跟踪误差的最小化	在控制跟踪误差的情况下，争取获得相对于标的指数的超额收益
投资策略	完全复制	指数增强
日均跟踪偏离度目标	一般为0.2%左右	一般为0.35%左右
跟踪误差目标（年化）	低（0%~5%）	中高（5%~10%）
申赎方式	实物申购、现金赎回	实物申购、现金赎回
申赎申报方式	份额申赎	份额申赎
是否上市交易	是	是
持仓披露频率	每日通过申购赎回清单披露持仓	每日通过申购赎回清单披露持仓

第 3 章

选基篇：
如何选出赚钱好基金

公募基金行业规范发展已经超过 25 年，基金数量也已经突破万只，比上市公司的数量还要多出几倍。一方面基金数量众多，同质化严重，另一方面基金经理数量众多，能力良莠不齐，投资者选基金的难度也越来越大。有句话说，"弱水三千，只取一瓢饮"，选基金也是一样，就算它不是业绩最好的，不是名气最大的，只要是适合自己的，长期能为自己赚钱的，就是好基金。如果你已经越过了追逐排行榜和明星基金的阶段，那我们就一起来看看，那些真正为你赚钱的好基金，到底藏在什么地方？

基金筛选有哪些方法技巧？

基金筛选的三个维度

我小时候经常坐在奶奶家门口的小凳子上，用一个竹筛盘晃来晃去，帮大人筛豆子。阳光洒下来，那些长虫子的豆子，那些混在豆子里的石子儿，都会被我火眼金睛挑出来。而基金筛选，其实也是一个细活儿，需要投资者睁大眼睛，以防问题产品进入自己的基金池。在多年调研过程中，我逐渐总结出一套筛选优秀基金的方法，这里我"直给"一个负面清单，仅供大家参考。

1. 基金公司的公司治理有问题、股东有风险的，再好的产品都不看。

2. 基金公司团队实力较差，单打独斗的，靠运气的概率大，不碰。

3. 基金产品规模小于5 000万元的，担心清盘，回避（所有基金适用）。

4. 基金经理管理规模太大，超过100亿~200亿元的，谨慎（主动权益为主）。

5. 基金机构占比超过90%的，有机构定制可能，回避（债券基金为主）。

6. 基金经理踩过大雷的，谨慎（所有基金适用）。

7. 基金经理风格不稳定的，回避（主动权益为主）。

8. 基金经理喜欢"梭哈"一个板块的，谨慎（主动权益为主）。

9. 基金经理言行不一致的，说一套做一套，"拉黑"（所有基金适用）。

10. 基金经理跳槽频繁的，大多不把投资者利益放在心上，谨慎（所有基金适用）。

11. 基金经理一点儿持仓都没有的，自己都不买，谨慎（所有基金适用）。

我们做基金筛选的目的，就是要找出产品定位清晰、产品设计合理、风格鲜明、业绩优异、风控完善、团队经验丰富、投资理念成熟、屡次获奖、基金经理言行一致、规模策略匹配的基金（见图3.1)，而不是简简单单筛选一下收益率就得了。如果只看收益率，那选基金就太简单了，也不会这么多人买基金亏钱了。

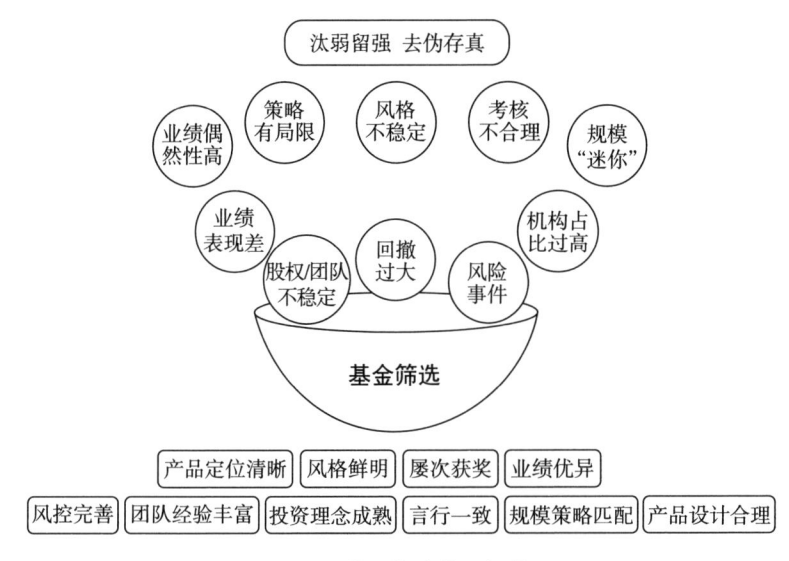

```
                    汰弱留强 去伪存真

         业绩偶    策略    风格    考核    规模
         然性高   有局限  不稳定  不合理  "迷你"

            业绩                        机构占
            表现差    回撤              比过高
                    过大
              股权/团队        风险
              不稳定          事件

                        基金筛选

    产品定位清晰  风格鲜明  屡次获奖  业绩优异
  风控完善  团队经验丰富  投资理念成熟  言行一致  规模策略匹配  产品设计合理
```

图 3.1　基金筛选的目标效果

选基金的三个维度是：公司、产品、人！具体如图 3.2 所示。

基金公司

很多人说买基金就是买基金经理，但是作为一个从业十多年的基金行业老兵，我会把基金公司放在和基金经理并重的位置。我说几个现象你可能就明白了：有的中小公司好不容易培养出一位优秀的基金经理，但大公司出两三倍的薪水，就会把人挖走；有的中小公司进不去主流代销渠道，为了上规模会采取非常激进的投资策略，在互联网平台疯狂销售，最后出问题大多是一群不明真相的新手基民买单；有的老牌基金公司，也会因为股东之间相互不睦，导致管理层动荡，基金经理无法安心做投资；还有的基金公司，即便

基金公司	● 公司实力：团队实力、擅长领域 ● 公司治理：股权、管理层、投研团队 ● 规模业绩：管理规模、整体业绩 ● 市场口碑：金牛、社保等评奖 ● 考核激励：考核方式、激励制度
基金产品	● 业绩：近期回报、单年回报、牛熊回报 ● 风险：波动率、最大回撤 ● 风险调整：夏普比率、索提诺比率、卡玛比率 ● 超额指标：超额回报、风险 ● 胜率：月季年胜率、滚动胜率 ● 规模：规模上限、与策略适配度 ● 机构占比：机构占比上限、内部持有 ● 产品：成立年限、投资范围、开放与封闭、特殊设计
基金经理	● 年限：从业、投研、管理年限 ● 规模：管理规模、产品类型 ● 业绩：个人业绩、回撤、策略 ● 理念：投资观、方法论 ● 策略：配置、选股、择时、集中度风控、容量、纪律、换手仓位、信用、杠杆、品种敞口、因子、久期 ● 风格：成长、价值、平衡、漂移、行业市值 ● 口碑：金牛、晨星、三方评价

图 3.2　基金筛选三维度

规模已经很大，但由于机制僵化，很多优秀的人才也留不住。近年来，我明显感觉到，公司价值观、文化、投研实力，在基金业绩上的烙印会越来越深。**完全依靠基金经理单打独斗的时代过去了，且一去不复返了。**

| 延伸阅读 |

图 3.3 中的这只某中短债 A 基金曾经是一只网红基金，它采取了较为激进的投资策略，同时取得了远超市场的投资业绩，从而在互联网渠道吸引了大量的申购。但是在 2022 年 11 月的债市波动中，由于它持有的品种信用风险较高，产品遭遇赎回挤兑，基金净

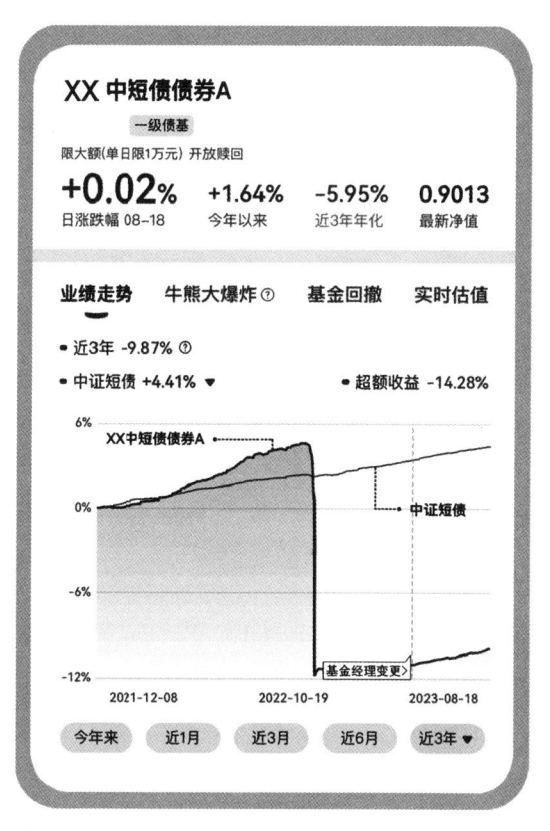

注：数据截至 2023 年 8 月 18 日，相关标的仅作示例不作推荐。
资料来源：韭圈儿 App。

图 3.3　某基金业绩走势突发情况示例

值一天暴跌12%。尽管基金公司发布公告称持仓并未踩雷违约，但基金净值恢复几无可能。

基金产品

接下来，我们来看产品，毕竟产品的净值表现才是所有因素的最终结果，产品的设计方式也会对我们的投资安排产生重大影响。我们在分析产品过往业绩的时候，一定不要只看业绩指标，还要关注风险指标及风险收益比。

另外还有一个非常有趣的视角，就是观察这只基金的持有人结构。比如持有这只基金的FOF（尤其是其他基金公司的FOF）越多越好，而机构持有人的比例在30%~70%是最佳的。另外还有基金公司自有资金持有多少、基金公司内部人员持有多少、基金经理自己持有多少。而且还可以和上个季度去对比，看看基金经理自己是增持还是减持了自己的基金。当然，这只基金本身的设计也很重要。它的类型决定了它的风险收益特征，它的持有期决定了适合什么样的资金，这些都是必不可少的。

| 延伸阅读 |

FOF青睐排行榜可以帮助我们发现那些被其他基金经理认可的基金，尤其是透明度较低的债券基金，看FOF的持有数量是一个非常有用的办法（见图3.4）。

基金经理

这是投资者最为关注的，也是变数最大的因素。在投资年限上，年轻基金经理确实会更激进一些，毕竟年轻人更有冲劲儿。而

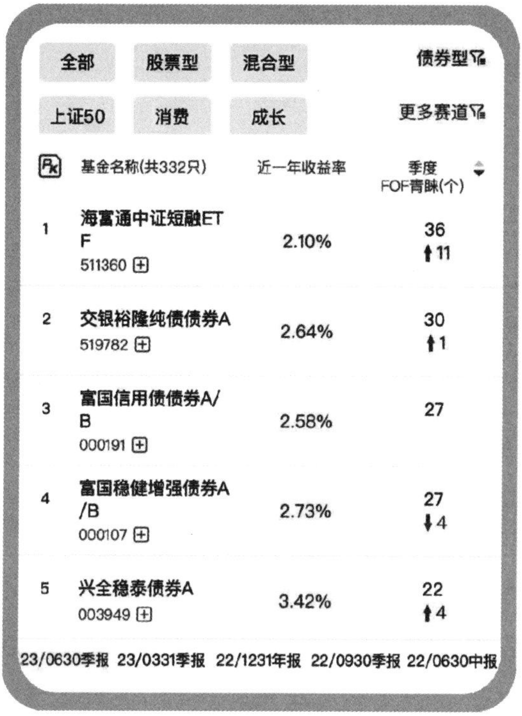

				债券型
全部	股票型	混合型		
上证50	消费	成长		更多赛道

Rk	基金名称(共332只)	近一年收益率	季度FOF青睐(个)
1	海富通中证短融ETF 511360	2.10%	36 ↑11
2	交银裕隆纯债债券A 519782	2.64%	30 ↑1
3	富国信用债债券A/B 000191	2.58%	27
4	富国稳健增强债券A/B 000107	2.73%	27 ↓4
5	兴全稳泰债券A 003949	3.42%	22 ↑4

23/0630季报 23/0331季报 22/1231年报 22/0930季报 22/0630中报

注：数据截至2023年8月18日，相关标的仅作示例不作推荐。
资料来源：韭圈儿App。

图3.4　基金的持有人结构示例

从业时间较长的基金经理，尤其是已经功成名就的老将，则相对更加保守均衡。在规模上，权益基金10亿~50亿元其实是常见的范畴，而债券基金则可以适当放宽一些规模，但无论哪种基金，规模一旦过大，基金经理都只能降低换手率，被动提高集中度。在业绩上，我们需要把基金经理不同时期不同的产品一个一个看，有时候也可以综合为一条曲线，即"基金经理职业生涯曲线"。除了定量指标，定性的方法论、理念、价值观、风格偏好等因素，也不可忽视。当然，如果能有几个行业评奖，则更完美，不过有一些基金经理在获奖之后的第二年，往往会因为规模暴涨而遇到业绩挑战。这里还有一个很重要的事，就是基金经理的稳定性，近几年基金经理跳槽现象不少，能够长期在一家公司管理一只产品，也越来越难得了。

| 延伸阅读 |

"基金经理职业生涯曲线"将基金经理类型相同的产品净值拟合为一条曲线，从而帮助投资者来整体判断基金经理的业绩表现。图 3.5 中这位基金经理作为投资经验最久、业绩最优秀的基金经理之一，其职业生涯曲线相对指数超额收益明显，但同时波动性也不小。

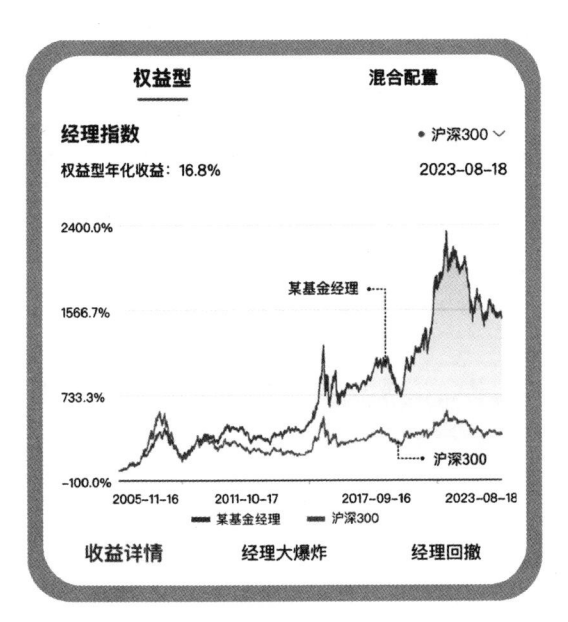

注：数据截至 2023 年 8 月 18 日，相关标的仅作示例不作推荐。
资料来源：韭圈儿 App。

图 3.5 基金经理职业生涯曲线示例

基金筛选的定量和定性方法

我们在进行基金筛选的时候,其实是在解答 3 个问题,如图 3.6 所示。

```
它过去是不是              它未来能否持续
一只好基金?              成为一只好基金?
业绩优秀、风格稳定        定性调研、定量验证
 •定量为主                •定性为主
        ①      ②
          产品
         公司 人
            ③

        我的判断有没有错?
        持续跟踪、修正判断
         •定量+定性
```

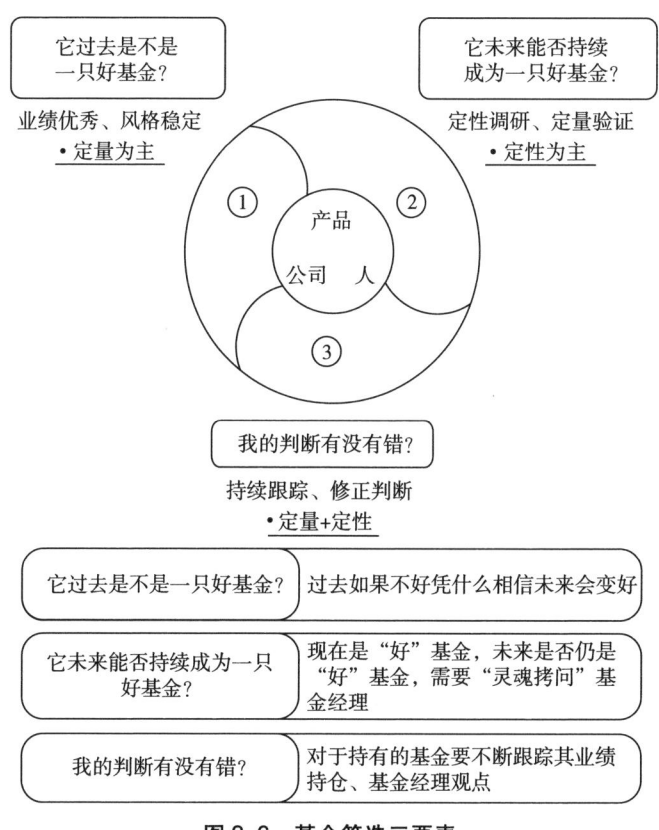

它过去是不是一只好基金?	过去如果不好凭什么相信未来会变好
它未来能否持续成为一只好基金?	现在是"好"基金,未来是否仍是"好"基金,需要"灵魂拷问"基金经理
我的判断有没有错?	对于持有的基金要不断跟踪其业绩持仓、基金经理观点

图 3.6　基金筛选三要素

1. 它过去是不是一只好基金?如果一只基金的过去业绩一直很差,你为什么要对它未来的涨幅抱有信心呢?在中学成绩长期垫底的同学,真的都会突然在高考时逆袭吗?
2. 它未来能否持续成为一只好基金?这是一个概率问题,毕竟

未来谁也说不准，学霸也可能发挥失常，但我们只需要找出概率上支持它继续优秀的理由就可以了。
3. 我的判断有没有错？毕竟基金投资不是一次考试，而是持续地长跑，需要经历上坡下坡、逆境顺境、风雨雷电。而基金经理也在持续进化和成长，我们需要一直跟踪环境和投资人的变化。

想要回答好这 3 个问题，还是需要从我们之前讲过的 3 个维度——公司、产品、人——出发。而思考这 3 个维度的时候，针对不同的问题，侧重点有所不同：定量还是定性，这是一个问题。从而引发出基金筛选过程中的 3 个步骤（见图 3.7）。

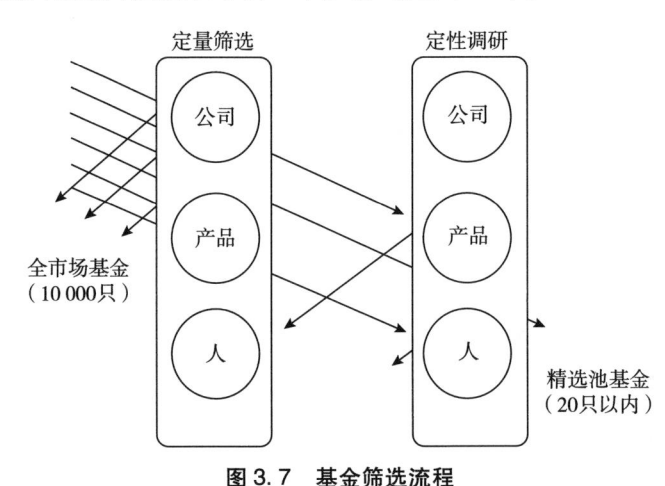

图 3.7　基金筛选流程

定量筛选

通过历史业绩、持仓分析、风格变化等历史数据，来判断基金经理历史上是不是一个"好学生"，是偏科生还是各科均衡，成绩稳不稳定。由于历史指标数据非常多，不同的人有不同的筛选目标和方法，但如果要给出一个最简单的方法，就是两点：**超额收益居前且稳定性高**。前者可以看每个单独年度/季度基金的超额收益（超越对标指数或业绩基准的部分）是不是排在前 1/2 或 1/3，后者则是观察它排在前 1/2 或 1/3 的频率有多高，比如 5 年 20 个季度中，是不是有 15 个季度都排在前面。总之，定量筛选虽然是"后视镜"，但是它可以把历史上证明过自己的基金挑出来。毕竟，好学生继续是好学生的概率，要比差学生突然变好的概率更大。

定性调研

当把历史上的好学生找出来以后，我们就需要去探究一下，它的成绩好到底是为什么？有的基金经理可能只是运气好，上任之后的几年正好赶上适合他的风格；有的基金经理可能是交易高手，规模小时管用，规模大了就难以为继；有的基金经理可能是择时蒙对了，想继续蒙对是很难的。总之，不是所有历史业绩好的基金，未来都会成为好基金，这是一个幸存者的游戏，但我们只要找到更有可能剩下的那些人就可以了。这时候我们做的主要工作就是基金经理调研，面对面地去聊，抽丝剥茧地去问。一般大型财富管理机构在引入产品时都会有这个流程，所以能进入重点池的基金大概率不差。而普通散户现在也可以通过基金经理直播来听其言，观其行。只有逻辑自洽、框架清晰的基金经理，未来持续业绩好的概率才会更大。

持续跟踪（定量+定性）

当千辛万苦挑出一批基金之后，我们要么将其加入自选池进行观察，要么就是真金白银投资了。无论是哪种方式，我们都和基金、基金经理之间建立了某种"亲密关系",在一定程度上我们的喜怒哀乐已经绑在了一起。这时候我们就需要持续跟踪产品的业绩和基金经理的观点,看看是否和自己的预期是一致的,是否需要修正,尤其是业绩不好的时候,这种跟踪和互动更为重要。所以我们一直希望基金经理能够多和投资者交流,尤其是至暗时刻,千万不能退缩。大胆地站出来讲出自己的信念和思路,甚至自己加仓自己的基金,都是增强投资者信心的手段。

不同类型基金的选基指标

随着买基金不断走入"深水区",你时不时就会碰到这些拗口的名词——夏普比率、卡玛比率、索提诺比率、胜率、最长套牢时间等。我们来梳理一下。

夏普比率

"夏普"这个词,对大多数投资者来说很熟悉,很多人的第一反应是日本的一个家电品牌。但在资本市场上,夏普比率是最重要的基金评价指标之一,它反映的是风险调整后的收益率。它最早是由诺贝尔经济学奖获得者威廉·夏普于1966年提出的,它的计算公式为:

$$夏普比率 = \frac{(预期收益率 - 无风险利率)}{投资组合标准差}$$

它表现的是,该基金每承担一单位风险,可以获得多少超额收益。换句话讲,夏普比率是衡量投资性价比的指标。在使用夏普比率进行基金比较时,一般是数值为正,越大越好。不过要注意,我们在使用夏普比率的时候,一定要在同类型基金汇总的基础上做比较，且统计的业绩周期要一致。比如，用日收益率数据计算的夏普比率和用月收益率数据计算的夏普比率之间，是没有可比性的，所以**夏普比率的绝对值并不重要，重要的是其间的大小关系**。

卡玛比率

卡玛比率也是评价基金的重要指标，它的计算公式是：

$$卡玛比率 = \frac{区间年化收益率}{区间最大回撤}$$

从形式上看，卡玛比率与夏普比率很像，分母衡量投资组合的波动，分子衡量投资组合的收益。不同于夏普比率，卡玛比率的分母选用了区间最大回撤，表示的是投资组合向下波动的极限风险；而分子选取了投资组合的年化收益率，表示的是投资组合的绝对收益率。卡玛比率越高，基金每一单位回撤能获得的收益水平也就越高。所以从实际应用上，卡玛比率更适用于债券、固收+、量化对冲等绝对收益目标产品，毕竟最大回撤作为分母也更贴合投资者追求上涨及厌恶下跌的心理。卡玛比率的绝对值是很有意义的，一般超过2就意味着基金有不错的表现。

索提诺比率

相较于卡玛比率，索提诺比率与夏普比率更为相似，有人认为它是夏普比率的升级版，它的计算公式如下：

$$索提诺比率 = \frac{（预期收益率 - 无风险利率）}{投资组合下行标准差}$$

我们发现，夏普比率关注的是同时包括上行和下行的整个资产的波动，而索提诺比率只关注资产的下行波动。简单来说，索提诺比率区分了波动的好坏，它认为资产的上行波动表示收益的上涨，是投资者期望看到的，是好的波动，并不应该归为风险调整。所以在计算风险调整后收益时，只考虑属于风险部分的资产下行波动。同样，索提诺比率越大，表明基金每一单位下行风险获得的收益越大。

在挑选基金的时候，选择对的指标，用好对的工具，才能选出与自己投资目标和风险偏好适配的基金。

| 延伸阅读 |

图3.8中的这只债券基金曾经出现过单日净值暴涨的情况，这可能是因为机构客户大比例赎回导致赎回费计入资产或赎回后小数点精度计算的问题。这次正向的"大波动"会使得基金净值的标准差变大，从而导致夏普比率降低，但是如果看索提诺比率，这次波动是向上的，不会影响下行标准差，所以收益更好的情况下，索提诺比率会更高。当然，对于这种净值异常的基金，尤其是债券基金或者机构占比过高的定制型基金，建议投资者以观望为主。

有人会问，这么多指标好像每一个都有道理，但放在一起怎么用呢？图3.9中列出了三组选基指标，供大家参考。

在用指标进行基金筛选时，有以下几个要点需要提示。

1. 年化收益率10%~15%是过去十几年偏股混合基金经理的平均水平，已经非常不错了。那些动不动年化收益率百分之几十的基金，投资者要慎选。

注：数据截至 2023 年 8 月 18 日，相关标的仅作示例不作推荐。
资料来源：韭圈儿 App。

图 3.8　某基金单日净值暴涨分析示例

2. 回撤水平和年化收益一定是正相关的，但不是简单线性关系。权益基金的回撤，会远远超过收益，能控制在 20% 之内，已经属于卓越。而稳健固收基金的回撤，通常可以控制在 5%~8%。

3. 对于平衡混合型和稳健固收基金，卡玛比率是一个好用的指标。如果卡玛比率大于 2，则说明基金的年化收益率是最大回撤的两倍以上，这是一个非常不错的表现了。

4. 另一个值得观察的就是季度胜率。胜率可以用正收益的比例，也可以用战胜基准的次数的比例来衡量，一般用前者比较简单。对于稳健固收基金，季度胜率超过 80%，是相当不错的表现。和季度胜率类似的滚动 6 个月持有胜率，就是看你在考察期任意时点买这只基金持有 6 个月之后，赚钱的样本点数量和总样本点数量之比。

5. 套牢天数主要衡量的是基金"爬坑"的能力。就是说，假如你不幸买到了最高点，并且不补仓，那么需要多长时间才能够解套。

```
激进投资
❶ 年化收益率10%~15%+
❷ 最大回撤<20%
❸ 夏普比率分位数高于30%同类
❹ 季度胜率>65%
❺ 滚动6个月持有胜率>60%
❻ 权益仓位>80%
❼ 近5年最长套牢时间<600天
```

```
平衡投资
❶ 年化收益率6%~10%
❷ 最大回撤<8%
❸ 卡玛比率>2
❹ 季度胜率>70%
❺ 滚动6个月持有胜率>70%
❻ 权益仓位<60%
❼ 近5年最长套牢时间<500天
```

```
稳健投资
❶ 年化收益率4%~8%
❷ 最大回撤<5%
❸ 卡玛比率>2
❹ 季度胜率>80%
❺ 滚动6个月持有胜率>80%
❻ 权益仓位<40%
❼ 近5年最长套牢时间<250天
```

图 3.9　三组选基指标

基金持仓和净值指标怎么看?

基金持仓

我常说一句话,基金净值只是结果,而基金实际的持仓才是背后的真相。这一部分,我们就来结合基金持仓的各个指标讲一讲,如何判断基金经理或者基金的风格(见图 3.10)。

	指标名称	指标解读
权益基金	持股集中度	前十大重仓股市值占总持仓市值比例,反映了基金经理的投资风格
	行业集中度	第一持仓行业市值占总持仓市值的比例,反映了基金经理的行业偏好
	换手率	交易股票总金额/持股平均市值反映的是基金进行股票买卖操作的频繁程度。较高的换手率是基金操作风格灵活的表现
	含茅量	持有白马龙头公司的市值占前十大重仓股的比例,反映了基金经理对龙头股的偏好
	含电量	持有新能源公司的市值占前十大重仓股中的比例,反映了基金经理对新能源的偏好
	持仓平均PE	前十大持仓股平均市盈率,反映了基金对估值的偏好
	持仓平均PB	前十大持仓股平均市净率,反映了基金对估值的偏好
	持仓平均ROE	前十大持仓股平均净资产收益率,反映了基金对盈利能力的偏好
固收基金	久期	持有资产到期时间的加权平均数,反映了基金的利率风险,久期越长,波动越大
	杠杆	基金总资产/基金净资产,反映了基金用债券回购形成的融资规模,杠杆越大,波动越大
	信用下沉	低等级债券占总债券持仓的比例,反映了基金的信用风险,信用等级越低,波动越大

图 3.10 基金持仓指标怎么看

基金经理是强者思维还是弱者思维?

强者思维的基金经理,会对每只持仓股票做深入的研究,并且抱有比较强的信心,从而满仓持有(最高占比 10%);而弱者思维的基金经理,就算再怎么研究都觉得自己可能有错,所以会更加分散持仓。这就要看持股集中度。

基金经理是押注型还是均衡型？

有些基金经理喜欢自上而下找到景气度高的行业或者赛道，然后重仓押注，比如军工、半导体、白酒等，都是基金经理喜欢单押的领域；有些基金经理则喜欢搭配一些不同的行业，形成一定的对冲，这就是均衡型。这就可以看行业集中度。

基金经理是长线派还是"镰刀手"？

长线投资是正道，频繁交易也不一定有错。换手率如果很低，那不免要经受大起大落。换手率高，则股票的市值必然不能太大，总之各有利弊。这就要看换手率指标，通常可以根据年报和半年报披露的交易数据与基金过去一年的平均规模来计算。

基金经理是否喜欢抱团？

喜欢核心资产白马股的基金经理很多，喜欢新能源赛道的基金经理也很多，我们把他们的持仓和"茅指数"与"新能源指数"进行对比，看看含量有多高，从而形成含茅量和含电量这两个指标。

基金经理对估值和质量的观点

看持仓平均PE（市盈率），可以看出基金经理对持仓的估值容忍度，低于30表示比较在意估值，超过30或40表示容忍度较高，超过50甚至超过100的，那么表示该基金经理追求的是极致成长。看持仓平均PB（市净率）也是类似，3~4倍比较正常，再高可能就是轻资产、成长型。看持仓平均ROE（净资产收益率），代表基金公司对持仓的盈利质量要求，15%以上，说明基金经理特别喜欢高质量公司。通常，如果ROE高并且公司现金流也充裕的话，外资也会倾向于买入。

看债券基金的风险大小

基金经理拉长久期，则代表他看好债券市场，尤其是利率债市场，反之亦然；基金经理加大杠杆，普通债基可以加到140%，定开债基可以加到200%，代表他愿意承担风险，多赚钱；基金经理信用下沉，代表他愿意为了获得更高的票息收入，去冒无法还本付息的风险（当然也代表他对自己信评能力的自信）。

| 延伸阅读 |

我们观察图3.11中基金的持仓特征，就会发现它的持股集中度很高（前十大重仓股占比接近80%）、行业集中度也高（偏好食

```
易方达蓝筹精选混合
         005827
行情    速读   档案   持仓   规模

重仓股票(前10占比79.78%)              持仓回顾 >

PE 14.1   PB 2.9   ROE 20.7%   市值 9889.7亿

股票名称    昨日收盘价   持仓占比   行业▼      较上期
                              申万(31)    重仓季度

腾讯控股    325.00     9.94%    传媒      ↑0.03%
00700      -2.34%                        19个季度

贵州茅台    1802.59    9.93%    食品饮料   ↓0.04%
600519     -1.39%                        19个季度

泸州老窖    229.70     9.29%    食品饮料   ↓0.64%
000568     -2.28%                        19个季度

五 粮 液    163.53     9.21%    食品饮料   ↓0.5%
000858     -2.91%                        19个季度

洋河股份    134.05     8.77%    食品饮料   ↓0.9%
002304     -2.54%                        12个季度

招商银行    31.88      7.66%    银行      ↑0.65%
600036     0.28%                         10个季度

伊利股份    26.95      6.68%    食品饮料   ↑0.67%
600887     -1.32%                        8个季度

中国海洋石   12.76      6.40%    石油石化   ↑0.86%
油         0.16%                         2个季度
00883
```

注：数据截至 2023 年 8 月 18 日，相关标的仅作示例不作推荐。
资料来源：韭圈儿 App。

图 3.11　基金持仓情况及分析示例

品饮料）、换手率很低（最长持股 19 个季度），同时对 ROE 的要求很高（前十大平均 ROE 超过 20%），PE 当前也在中性位置（前十大平均 PE 在 14.1）。这些指标说明基金经理是一位强者思维的长线选手，对持仓股票的盈利质量要求较高，不太会对估值波动进行持仓的高频调整。

基金净值

基金净值和收益率是两个很重要且经常被人搞混的指标，这里我们也简单介绍一下（见图3.12）。

我们在申购和赎回基金时，看的是什么净值？

答案是单位净值。申购基金时，用我们投入的金额，扣除申购费（如申购金额×1%），剩下的钱再除以单位净值，得到的就是我们获得的基金份额。赎回基金时，用基金份额乘以单位净值，得到的就是赎回总金额，用赎回总金额扣除赎回费（如赎回总金额×0.5%），剩下的就是净到手的金额。请注意，和我们真金白银关系最大的，就是单位净值。

我们在交易时间看到的基金净值涨跌，是什么？

如果你是在银行、券商和第三方平台上看到的场外基金实时涨跌，那就是销售机构的估算净值。这个净值不一定准，只是给投资者申购赎回做一个参考。毕竟基金的申赎操作要在9：30—15：00完成，而这时候当天的单位净值还没有出来。监管机构对于销售机构的实时估值功能要求一直在进行调整，很多平台都撤消了相应功能，只保留了针对指数基金的实时估值功能。另外，如果你是在券商的交易软件上看到的场内基金（ETF、LOF等）的实时涨跌，那大概率是基金份额在二级市场的交易价格，和股票是一样的，可以挂单实时买卖。

看基金历史总收益，应该看什么净值？

复权净值会更科学一些。因为基金会分红，而复权净值是假设投资者把这部分分红又重新买入基金再投资，从而享受复利收益的总回报。如果假设投资者把分红都变成现金，不再投资，那么这部分分红就没有复利效应了。把历次分红和基金净值累加在一起，就构成了累计净值。另外，复权净值是各大平台自己计算的，而累计净值是基金公司会公布的。如果一只基金从来不分红，单位净值、复权净值、累计净值，就都没有区别了。

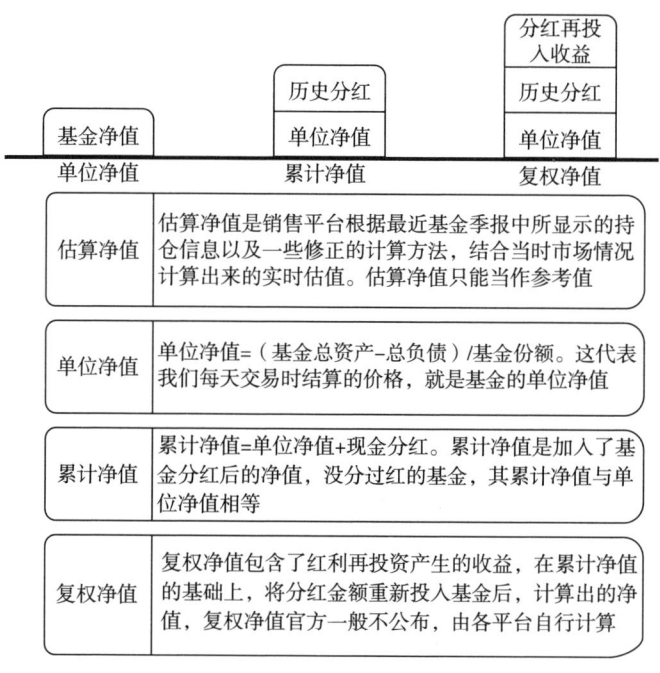

		分红再投入收益
	历史分红	历史分红
基金净值	单位净值	单位净值
单位净值	累计净值	复权净值

估算净值	估算净值是销售平台根据最近基金季报中所显示的持仓信息以及一些修正的计算方法，结合当时市场情况计算出来的实时估值。估算净值只能当作参考值
单位净值	单位净值=（基金总资产-总负债）/基金份额。这代表我们每天交易时结算的价格，就是基金的单位净值
累计净值	累计净值=单位净值+现金分红。累计净值是加入了基金分红后的净值，没分过红的基金，其累计净值与单位净值相等
复权净值	复权净值包含了红利再投资产生的收益，在累计净值的基础上，将分红金额重新投入基金后，计算出的净值，复权净值官方一般不公布，由各平台自行计算

图 3.12　基金净值指标怎么看

如何看持有人指标"抄作业"？

买基金如何"抄作业"？抄谁的作业？怎么抄作业？我们简单介绍一下（见图 3.13）。

规模份额	侧面反映全市场投资者对产品的认可程度，但过大或过小都会产生负面影响，过小可能清盘，过大会导致无法投资小盘股，单只基金相对舒适的范围为5亿~50亿元
机构占比	表示持有人中机构投资者所占的比重，适当比例的机构投资者参与，说明该基金受到机构投资者认可，但该比例过大，可能会承担巨额赎回的风险
基金公司自购	基金半年报、年报中，会披露该基金的发行公司自身认购的情况，比例越高说明越受到自己公司的认可，通常熊市中基金公司会增加自购的规模
基金经理自购	基金半年报、年报中，会披露管理该产品的基金经理自身认购的情况，比例越高说明基金经理对产品的信心越足，但该数值最高只会显示100万份以上，不会显示具体数值
FOF青睐	显示了其他FOF对该产品的投资份额，由于FOF属于市场上的"聪明钱"，不少投资者会拿其持仓来抄作业，所以该数值越高，代表受到FOF基金经理的认可度越高

图3.13 基金持有人指标怎么看

抄机构的作业

这里主要看机构占比指标。机构买得越多，证明这只基金/这位基金经理越被机构所认可。机构都是专业投资者，买一只基金需要调研需要研判，相当于帮我们做了预先的筛选。不过，也有以下几点要关注。

1. 看机构占比一定要把基金的A、C类份额汇总在一起看，才能看出真正的机构占比。
2. 机构买A类居多，代表长期看好（A类短期赎回费高）；机构买C类居多，则代表机构把这只基金当成交易工具，短期操作，随时准备止盈止损（C类短期赎回费低）。
3. 机构占比也不是越高越好，如果超过90%，则很有可能是机构定制产品，散户尽量不要参与，毕竟持仓信息对机构来说更透明。

4. 债券基金机构占比太高也不好，如果能保持在 30%～70%，其实是比较健康的。

抄基金公司作业

基金公司本身也有投资理财的需求。当然，为节省管理费基金公司都会大量持有自己公司内部最为认可的基金，作为管理人持有金额公布出来。和这个指标类似的还有基金公司高管、投研人员和内部员工的持仓金额（在公司半年报/年报中公布），这里不再赘述。

抄基金经理的作业

基金经理买不买自己的基金，是衡量他是否和基民利益捆绑最好的指标。只不过，这个指标只披露到"100 万份以上"，就不再披露具体金额了。而 100 万份对于大部分基金经理，也不是很高的金额。如果有基金经理能够每只产品都买 100 万份，那倒是值得钦佩的。还有一些场内基金（比如 LOF、封闭式基金），如果基金经理买的是场内份额，并且是前十大持有人，也会被披露具体的金额数字。这里尤其要注意的是，如果有基金经理减持了自己的基金，也会被披露出来。这有可能是对市场短期走势悲观的表现，也有可能是离职的前兆。

抄 FOF 的作业

FOF 是市场上最专业的基金买手，并且其持仓信息也是对外披露的，如果能观察它们买了什么基金，就可以知道有哪些基金受欢迎了。要注意的是，FOF 有可能买 A 类，也有可能买 C 类，要合并起来看。

最后提示一下，FOF 的持仓、基金公司的持仓是在其季报中披露的，而机构占比、基金经理的持仓都是在其半年报和年报中才公布。

| 延伸阅读 |

如图 3.14 所示，中庚价值领航混合基金的"其他特征"中显示，机构占比 27%，被 11 只 FOF 持有，同时基金公司高管和基金经理本人也都持有该基金，从经理自购榜也能看出，基金经理个人

全部	股票型	**混合型**	更多类型
上证50	消费	成长	更多赛道

基金名称（共1585只）	近一年收益率	年度经理自购（万份）
50 中信证券红利价值A 900011	−26.52%	>100
51 中庚价值品质一年持有期混合 011174	−2.75%	>100
52 中庚价值灵动灵活配置混合 007497	−6.29%	>100
53 中庚价值领航混合 006551	−0.82%	>100
54 中欧产业前瞻混合A 012390	−27.71%	>100
55 中欧优质企业混合A 016311	--	>100 ↑

注：数据截至 2022 年 12 月 31 日，相关标的仅作示例不作推荐。
资料来源：韭圈儿 App。

图 3.14　某基金持有人指标示例

持有的金额也超过 100 万元。这是一只典型的被机构认可，同时基金公司、基金经理也比较有信心的基金。

业绩归因如何探究基金的收益来源？

要对一只基金进行评价，需要考虑的方面有很多，我们抽丝剥茧，从 5 个维度对其一一进行解读。

首先最直观的，就是看业绩，看回报。注意，这里要看的绝不仅仅是绝对收益，而是要看这只基金和同类型产品相比的相对收益，也就是超额收益。基金分类越细致，这一指标就越有效。如果超额收益还很稳定，那就更加是好上加好的事情。

其次要看的就是风险控制能力。我们常用的指标是波动率和最大回撤，前者衡量的是净值波动的大小（通常用净值收益的标准差来衡量），后者衡量的是历史上最多会亏多少钱（比例）。对于大部分基金，我们都很在乎波动率，而对于绝对收益基金，如量化对冲、固收+、纯债类基金，我们还要特别关注最大回撤。

最后就是收益风险比，衡量的是基金每承担一单位风险，到底能赚到多少收益。常用的指标有夏普比率、卡玛比率、索提诺比率、特雷诺比率。后面的章节，我们会再一一解读。

这三项指标，只能看出基金的总体业绩和收益风险水平，但是不能分析出基金收益的来源。因此，我们还需要对业绩的归因进行进一步拆解。其中选股能力和择时能力评价是最重要的两个部分。选股能力是基金经理经过研究，挖掘出被市场低估的股票（或债券），并因此获得超额收益。择时能力是基金经理对市场未来走势的大致把握，并调整投资组合结构和仓位。基金进行业绩归因，具体如图 3.15 所示。

基金业绩归因分析可以分为基于收益的风格分析（Return-Based Style Analysis，简写为 RBSA）和基于持仓的风格分析（Holding-Based Style Analysis，简写为 HBSA）。基于收益的风格分析属于法玛-弗伦奇（Fama-French）三因子模型的延伸，被大多数基金研究机构、基金数据平台、基金销售机构等采用。毕竟只要有基金收益数据，就能够通过各种回归分析来进行拆解。基于持仓的风格分析，通常是拥有持仓交易数据的基金管理人、FOF 或者托管机构等使用。常用的是布林森（Brinson）模型，将基金收益分解为基准收

业绩评估图

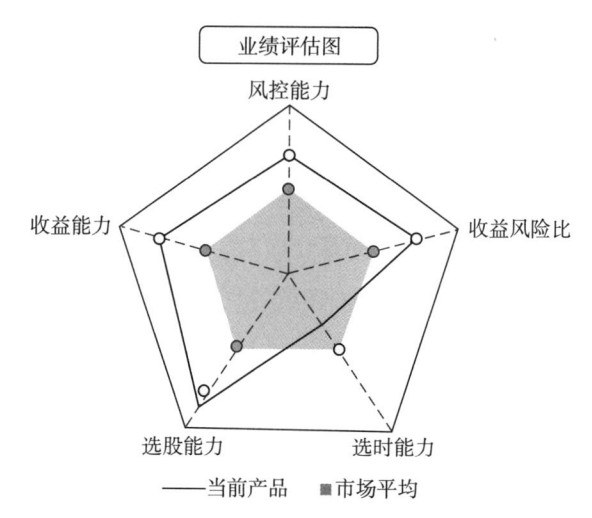

图 3.15　基金如何进行业绩归因

益、资产配置收益、选择收益和交互效应。

对于基于收益的风格分析主要使用法玛-弗伦奇三因子模型，这个模型是由美国经济学家尤金·法玛和肯尼斯·弗伦奇在1992年提出的。

三因子模型的基本原理是，假设股票市场的回报可以分解为三个因子——市场因子、规模因子和价值因子。我们就用这只基金的业绩数据作为因变量，再找几个典型的指数，代表这三个因子作自变量，然后去做计量统计学上的回归检验，最后得出一个线性回归的结果。其中每个因子前面的系数，就是这只基金在每个因子上的暴露（也可以说是这些因子对收益的贡献），而剩下的常数，就是不能被这三个因子解释的部分，就是超额收益（见图3.16）。

这样一来，一只基金的业绩就可以被解释为如下几个方面。

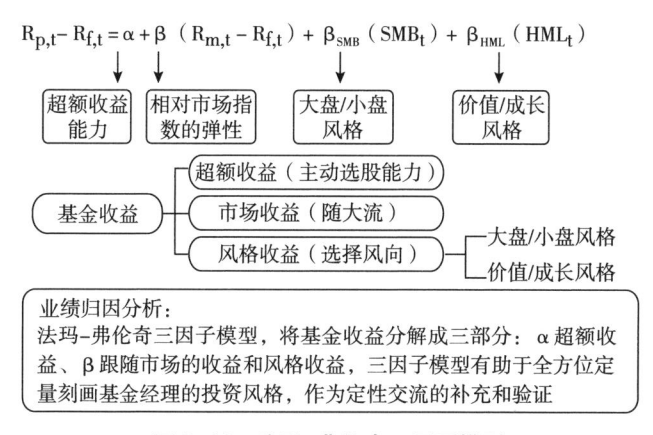

$$R_{p,t} - R_{f,t} = \alpha + \beta(R_{m,t} - R_{f,t}) + \beta_{SMB}(SMB_t) + \beta_{HML}(HML_t)$$

超额收益能力 / 相对市场指数的弹性 / 大盘/小盘风格 / 价值/成长风格

基金收益：
- 超额收益（主动选股能力）
- 市场收益（随大流）
- 风格收益（选择风向）—— 大盘/小盘风格；价值/成长风格

业绩归因分析：
法玛-弗伦奇三因子模型，将基金收益分解成三部分：α 超额收益、β 跟随市场的收益和风格收益，三因子模型有助于全方位定量刻画基金经理的投资风格，作为定性交流的补充和验证

图 3.16　法玛-弗伦奇三因子模型

1. 超额收益。这衡量的是主动选股能力，不能被市场因子、规模因子、价值因子所解释的部分。

2. 市场收益。市场因子代表市场整体的表现，例如沪深 300 指数、中证 800 指数等。市场因子是一个基准，可以用来衡量一只基金的总体市场风险，以及基金表现超越市场的能力。

3. 风格收益之大盘/小盘。这是大盘/小盘风格带来的收益差异。通常认为，小公司风险较大，但回报潜力也更高，而大公司则相反。因此，规模因子可以衡量一只基金是否投资了小公司。

4. 风格收益之价值/成长。这是价值/成长风格带来的收益差异。这种关系通常用市盈率来衡量。前面的系数可以衡量这只基金在不同风格股票上的暴露。

为了帮助投资者快速分辨一只基金的风格，全球著名基金研究机构晨星公司发明了"晨星九宫格"，只要观察每个格子的颜色，就可以迅速判断一只基金是"大盘成长"还是"小盘价值",颜色越深代表基金持仓中对应的风格权重越大,如图 3.17 所示的基金,就是一只典型的大盘价值风格基金。

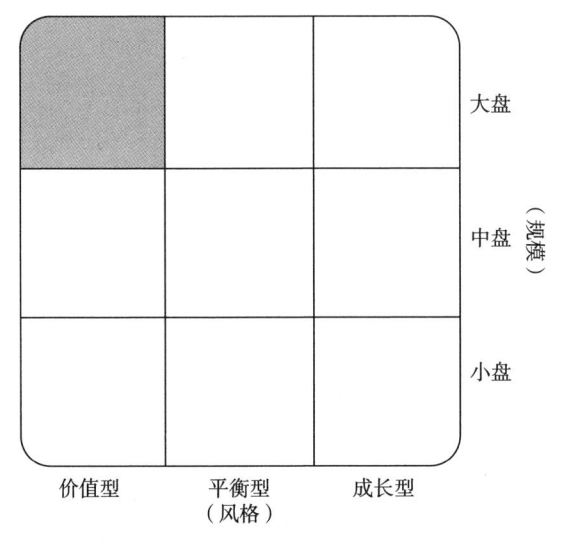

图 3.17 晨星九宫格

三因子模型的优点在于,它不需要持仓数据,只需要净值数据就可以模拟,迅速帮助投资者了解基金的投资策略、市场风险和表现来源,从而更好地进行投资决策。

关于基金业绩归因,接下来我们再看看基于持仓的风格分析常用的布林森模型(见图 3.18)。

我们想象一下基金经理投资的过程。

1. 决定资产配置,也就是配多少股票、多少债券,多少其他资产。
2. 决定每种资产配置什么方向,比如股票部分应该配置什么行业。
3. 在这个行业方向内,具体配置哪些个股。

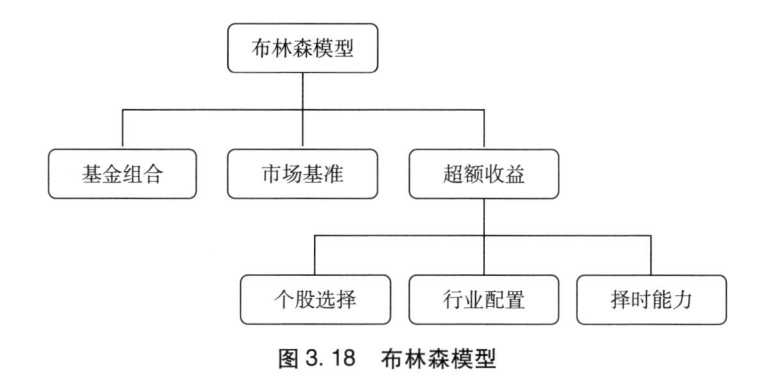

```
                    ┌──────────┐
                    │ 布林森模型 │
                    └─────┬────┘
         ┌────────────────┼────────────────┐
    ┌────┴────┐      ┌────┴────┐      ┌────┴────┐
    │ 基金组合 │      │ 市场基准 │      │ 超额收益 │
    └─────────┘      └─────────┘      └────┬────┘
                              ┌─────────────┼─────────────┐
                         ┌────┴────┐   ┌────┴────┐   ┌────┴────┐
                         │ 个股选择 │   │ 行业配置 │   │ 择时能力 │
                         └─────────┘   └─────────┘   └─────────┘
```

图 3.18　布林森模型

一年后，如果这只基金相较于市场基准有了 10% 的超额收益，那么这 10% 的收益是来自上述 3 步中的哪一步呢？如果我们有这只基金的详细持仓数据，是不是就可以根据实际数据和市场基准去比较，来分析出结论呢？这就是布林森模型的思想框架。

布林森模型最早是布林森和法克勒（Fachler）于 1985 年提出的，它的一个最大优点是简单直观。该模型可用如下公式说明。

投资组合绩效＝市场基准收益＋资产配置收益＋行业配置收益
　　　　　　＋个股选择收益

举个例子，一只偏股混合基金，业绩基准是"70% 的中证 800 指数＋30% 的中债财富指数"。那么这个业绩基准就是市场基准。如果这只基金在实际运作中，把仓位调整为 80% 的股票＋20% 的债券，那么"80% 的中证 800 指数＋20% 的中债财富指数"与原业绩基准之差就是资产配置收益。而在股票仓位中，基金经理对各个行业的配置权重可能与中证 800 指数中的行业权重不同，这种不同配置下的各行业的指数收益之差，就是行业配置收益。而在消费行业内部，如果基金经理不买白酒股，他所持有的消费股与消费行业指数之差，就是个股选择收益。总之，这么一层一层抽丝剥茧下来，就可以把基金经理的持仓风格分析得非常透彻了。

需要注意的是，布林森归因分析通常不包括择时能力。它主要关注投资组合的资产配置、行业配置和个股选择等方面的表现。然而，有些机构可能会将择时能力纳入布林森归因分析中进行考虑。例如，有些投资管理公司可能会采用基于收益的风格分析来对投资组合的择时能力进行评估。毕竟，"配置"这两个字本身，就有择时的意味在里面。这些过于复杂的分析不必深究，对投资者来说，直接看最终结论就可以了。

| 延伸阅读 |

我们观察景顺长城鼎益混合 A 基金的持仓风格（见图 3.19），就会发现它是典型的大盘成长风格基金，成分股市值较高，成长性和盈利性居于市场平均和以上水平。而且从历史来看，这一风格一直保持在较高水平。

基金筛选常见的误区，你"踩雷"了吗？

说到选基的常见误区，那可真是形形色色。这里总结了 7 条，请看看自己是否犯过类似的错误（见图 3.20）。

看短期排名买基金

看排行榜选基，是投资者最为常见的选基方式，因为它简单、直观、吸引人。手机点一点，那些红彤彤的收益率，如同美味的诱饵，吸引着投资者咬钩。我们之前做过两个很有趣的统计：一是回测从 2016 年开始，每年年初买前一年倒数后 10 名的基金，第二年

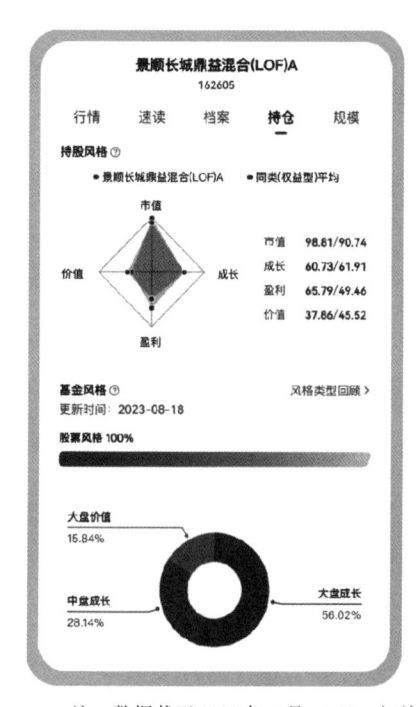

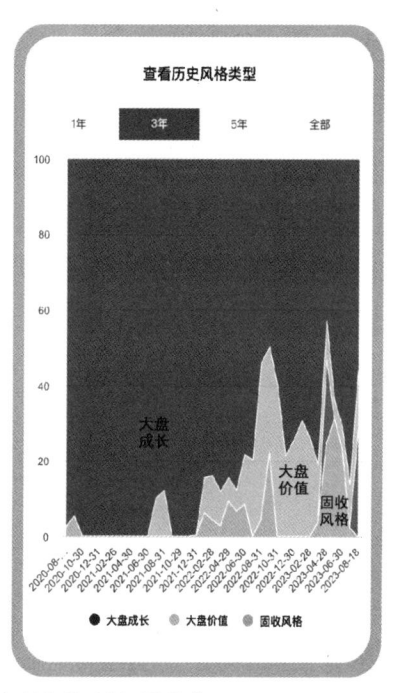

注：数据截至 2023 年 8 月 18 日，相关标的仅作示例不作推荐。
资料来源：韭圈儿 App。

图 3.19　某基金持仓风格分析示例

- 看短期排名买基金
- 追逐热门行业主题
- 追逐明星基金经理
- 看基金净值高低买卖
- 看基金名称不看持仓
- 不考虑自身风险偏好
- 只看收益不看业绩基准

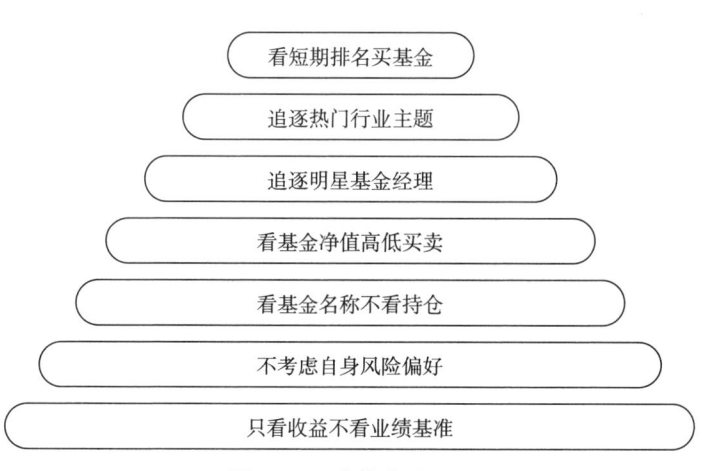

图 3.20　选基常见误区

如此往复，连续5年，结果发现，这样的策略远远比每年买前一年前10名的基金要好得多；二是统计每年排名前20的基金在第二年的排名，发现普遍比较一般，改成统计每年的近3年收益排名前20的基金，发现它们第二年的表现也是随机的。至少从我们的统计来看，看收益率排行榜买基金，不是好策略。如果要看排行榜，应该多看看夏普比率排行榜、胜率排行榜等。

追逐热门行业主题

和看排行榜类似，追逐热门行业主题，也是投资者最为喜欢的选基方式。谈及基金投资主题，相信这些概念大家或多或少都看见过，如"互联网+"、"一带一路"、消费升级、国企改革、新能源、元宇宙、"中特估"、人工智能等，有一些基金公司也会适时发行投资者关注度高的类似主题的产品。但事实证明，当热门主题基金发行的时候，很可能是该主题的阶段性高点。基金公司迎合投资者喜好，从基金公司的经营上来说无可厚非，但是从投资者收益的角度看，结果大概率不会太好。

追逐明星基金经理

我从业十几年，对明星基金经理最大的认知就是，**大多数可能只是流星，真正的恒星并不多见**。2019—2021年，一方面由于行情不错，基金收益出色；另一方面由于互联网平台的基金销售崛起，涌入大量年轻的互联网基民。这导致出现基金"饭圈化"现象。等市场风向转变，明星基金经理业绩陨落，各种嘲讽又层出不穷。作为基民要放平心态，基金经理只是比我们更为专注地在从事投资，但他们也是普通人。找到几位投资者较为信任、风格稳定，并且适合自己的基金经理，比单纯追明星基金经理更靠谱。

看基金净值高低买卖

这是投资者常犯的一个入门级错误，觉得基金净值高就贵，低就便宜。实际上由于基金持仓的股票一直在更换，这些股票是便宜还是贵，和净值之间是没有什么必然联系的。还有，一些新基金在发行后，第一次开放交易的时候，很多基民也会把这时候的净值当成买卖的依据，只要赚钱就赶紧卖掉，完成利润兑现；只要亏钱就一直持有。第一种行为会导致基金份额的大量赎回（有时候是销售机构引导的），基金经理预期到这一点就会在建仓期畏首畏尾；第二种行为会使有的基金越拿亏得越多。我个人的经验是，良好的开端是成功的一半，如果一只基金开头运作很顺利，一上来就赚钱，那么后面基金经理会越做越顺；如果一只基金一开始就在亏钱，基金经理会面临来自投资者、渠道等各方压力，导致既定的投资操作改变反而不利于投资业绩。

看基金名称不看持仓

虽然法规规定，权益基金的名称中明确表明投资方向的，在投资时至少有80%的权益仓位要投资于该方向。但我们购买基金时不能只看基金名称，尤其是某主题的基金，比如，某养老基金、某互联网基金重仓股可能是白酒，再如某中小盘基金，可能其实际持仓的大部分是大盘股，只是基金公司还未召开持有人大会修改合同和基金名称。所以在选基金的时候，一定要看看它的持仓，检查一下其持有股票的行业、风格、市值是否与基金名称中的一致。

不考虑自身风险偏好

身边的朋友常常让我推荐基金，每次我都会问对方你想要什么样的基金，90%的朋友都会回答："赚钱多的！"买基金是为了赚钱，这也无可厚非，但是在挑基金的时候，只以赚钱为目标，而不考虑自身的风险偏好，则很有可能出现问题。正确的考量应该是，想清楚自己的目标收益、能忍受的最大回撤，以及这笔钱多久不会用。还记得那个"不可能三角"吗？

只看收益不看业绩基准

很多个人投资者在选基金的时候，很少会去查看它的业绩基准，而只关注收益率。为什么业绩基准如此重要？因为这是衡量基金经理获取超额收益能力的根本指标。即便一些发行较早的基金的业绩不够准确，我们在分析的时候，也会从基金的持仓来直接给其定一个合理的业绩基准，再用这把尺子来度量基金的超额收益。比如我会用芯片指数来作为芯片行业基金的基准，来看基金经理的选股水平到底怎么样。

| 延伸阅读 |

诺安成长虽然是一只名称十分普通的混合基金，却曾因全部投资半导体板块而火遍全网，所以投资者要时刻紧盯基金持仓的变化。如图3.21所示，从历史走势上看，该基金与芯片ETF的走势高度重合，阶段性跑赢或跑输相关的ETF，与之类似的还有嘉实中证半导体增强基金，也会阶段性跑赢或跑输芯片ETF。这些基金只有与对应的指数进行比较，才能看出业绩的高低。

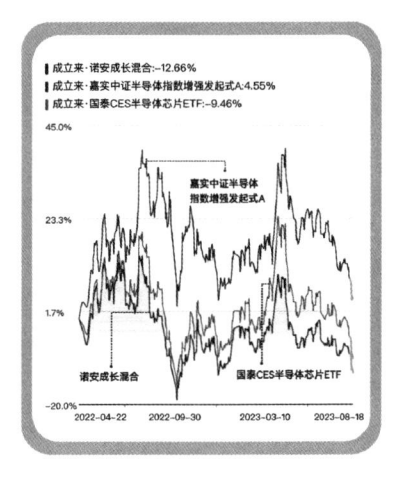

注：数据截至 2023 年 8 月 18 日，相关标的仅作示例不作推荐。

资料来源：韭圈儿 App。

图 3.21　看业绩基准选基示例

选择债券基金经理时要留意哪些问题？

最近几年，购买债券基金的投资者越来越多，这主要是因为"资管新规"之后，所有理财产品都要打破刚性兑付，投资者再也买不到没有波动、保本保息的产品了。而债券基金作为基金中最为稳健的一类，依靠基金公司专业的管理能力，以及基金优秀的业绩迅速补位，在普通投资者心中的接受度越来越高。当然，如果再追加一条原因的话，和股市牛短熊长的特点也有关系，熊市中权益基金销售量降低，债券基金则成为销售机构主推的产品。不过整体而言，投资者对债券基金以及底层债券的风险，了解并不多。如果只盯着债券基金的收益率，恐怕风险也不小。我总结了 12 条避坑要点，以供大家参考（见图 3.22）。

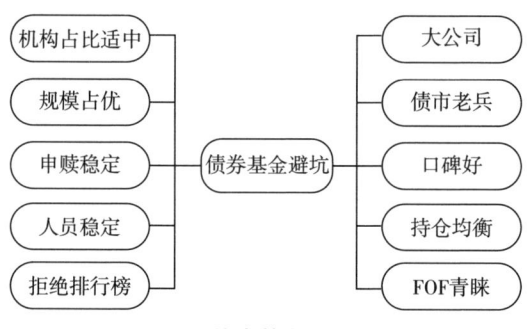

图 3.22 债券基金避坑关键词

避坑关键词：机构占比适中、规模占优、申赎稳定、人员稳定、拒绝排行榜、大公司、债市老兵、口碑好、持仓均衡、FOF青睐

小公司的尽量不碰

不是说小公司的投资能力一定不行，而是出现大问题时小公司的解决和恢复能力不是很高。比如一旦遇到挤兑，股东资源强的基金公司可以募资申购。2016 年年底债市大跌，一些大基金公司的货币基金遭遇"净赎回+估值负偏离"（意味着客户买的货币基金有可能亏钱），正是依靠股东背景获得了大量的申购资金才渡过危机。

净值曲线特别完美的要特别小心

打开持仓分析看看，是不是满仓的信用债，而且是中高风险的品种。在信用债的安全性上，根据发行人的性质由高到低排：央企/金融机构>城投公司>优质民企>地产公司。过去几年有一些债券基金踩雷，买了出现风险的地产债。不出问题时债券基金的收益率都很稳定，一旦出问题可以瞬间归零。

净值一旦出现异常马上卖出

无论是踩雷还是流动性挤兑，都要马上卖出。很多债券基金出现暴跌，大概率有这个原因，先卖出的按照之前的净值卖出，留下的投资者承担了所有的损失。因为甩卖资产亏的钱与剩下的份额之比，会使亏损比例更大。

机构占比过高的要谨慎

因为机构获得信息更快，而且行动一致，卖出果断且快速。债券市场中机构投资者和个人投资者的信息差，比股市要大得多，这就好比你与朋友约好一起去探险，可是他却比你更了解前方的危险，避险的时候没来得及跟你打招呼。

一旦踩雷，不要妄想回本或者抄底

公募基金迫于声誉和风控考虑，卖掉问题债的操作十分果断，即使未来债券发行人起死回生，还本付息，也和基金净值没什么关系了，因为卖掉之后浮亏就变成实亏了。虽然现在有"侧袋估值"机制来对问题资产进行单独估值，但回本之路仍旧会非常漫长。

基金经理换人也要谨慎

后人经常不会承担前人的风险，所以我们经常看到，新任基金经理上任后，有些配置带有前任基金经理个人风格的债券基金会出现净值异动。这里补充一句，债券领域口碑特别重要，一般在行业里待得比较久的老将，大多是靠谱的。

不要觉得其中某个资产占比小影响不大

一旦出现持续性赎回,这个卖不掉的坏资产占比很有可能变得很大,成为重大风险。债券基金信息披露的持仓没有风险资产,不能就认定为持仓就没有风险。这一点只能靠调研获知,一般进到银行等大机构重点池的债券基金问题不大,但互联网平台在审核上就稍逊一筹,因为互联网上的投资者买基金更重视排名。

FOF 青睐的风险小

有一个"抄作业"的方法就是看看哪些债券基金被 FOF 持有的数量多,尤其是被发行该债券基金的基金公司之外的 FOF 持有,这说明这些专业投资者都很认可它,已经帮你调研过了。

不踩雷时,定期开放式比开放式更安全,收益也更好

在净值遇到波动时,定期开放式债券基金不会遭遇赎回危机,可以用"硬抗"的方式熬过艰难时刻,慢慢化解浮亏的风险。

规模大、客户分散的更好,更抗流动性风险

流动性风险,对于股票基金影响不大,但对于债券基金就很致命。另外,如果债券基金规模大,它与交易对手方议价的话语权也就更大。当然,太大也不好,毕竟高收益的债券数量有限。

只要不踩雷或被挤兑,尽量不在亏损时卖出

债券是固定收益品种,到期还本付息,多少是固定的,蛋糕就这么大,你少吃,别人就多吃,也就是你亏掉的每一分钱,最终都会变成别人的收益，这是很残酷的。所以买了债券基金，能熬住很重要，只要不是因为踩雷实亏，在低点补仓大概率都能赚回来。

千万不能只根据排名买

可转债基金会扭曲风险，它的高收益率是靠可转债的巨大波动性带来的，而纯债基金更是排名越高隐藏的风险越大，收益率排名最高的那几只基金是敢于下沉信用风险的。

| 延伸阅读 |

图3.23所示是一只成立时间较久的纯债基金，从它的走势图中可以看出，在2013年"钱荒"、2016年年底债市大跌、2020年

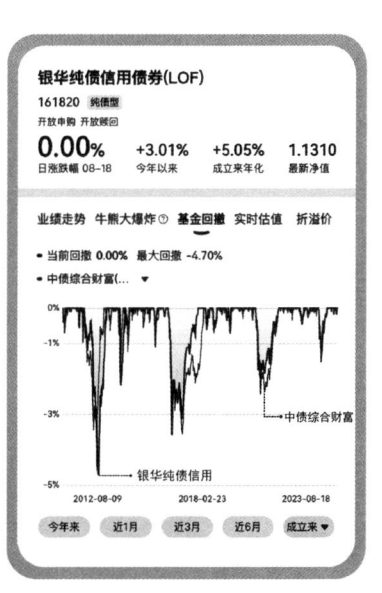

注：数据截至2023年8月18日，相关标的仅作示例不作推荐。
资料来源：韭圈儿App。

图3.23 纯债基金业绩走势示例

债市回调、2022年年底债市波动中，这只基金都有不同程度的回撤。但是几乎每一次回撤后，基金的净值都会在一定时期后收复失地，而每一次下跌，反而成为黄金坑。所以只要没有踩雷或者被挤兑，债券基金的每一次深蹲都是为了更好地起跳。

什么情况下考虑替换基金？

选中了基金不代表就可以一劳永逸，这里列举一些考虑替换基金的5个理由，如果你在持有过程中发现了类似的情况，手起刀落，不要犹豫。

更换了不信任的基金经理

买主动基金就是买基金经理，这句话虽然有点绝对（团队也很重要），但整体是符合逻辑的。所以如果新上任的基金经理我们不熟悉，或者根本就还没有建立信任，那么可以考虑撤退了。

基金经理投资风格经常漂移，框架不稳定

如果一位基金经理经常改变投资风格，对于只看业绩的个人投资者有可能能接受（假如业绩能维持的话），但对于以配置为主要目标的机构投资者，是绝对不能接受的。尤其是投资框架还在形成过程中，基金经理经常说一些口是心非的话，做一些言行不一的操作，这也是无法被容忍的。刚从业两三年的基金经理，很容易遇到这种情况，一次未曾经历过的熊市，对其就可能是一次洗礼。

基金在同类中的表现持续落后

这里有三个关键词：同类、持续、落后。如果出现这种情况，那说明基金经理的管理可能出现了一些系统性的问题，短期没办法解决。

规模迅速膨胀，超出其管理能力

任何策略的有效性都与规模息息相关。一般而言，我们认为，债券基金经理的规模在 50 亿~100 亿元为最佳，股票基金经理的管理规模在 10 亿~50 亿元为最佳，通常价值风格的规模容忍度较高，而高换手、低集中度、成长风格的基金经理规模容忍度较低。

不再看好基金重仓板块未来的表现

无论是主动基金还是指数基金，其持仓透明度还是非常高的，如果我们对其持仓的板块甚至个股有不同看法，也可以在季报公布后的第一时间进行替换操作。

对于投资者关注比较多的基金经理频繁跳槽、投奔私募等问题，我们也梳理了更换基金经理的应对流程，可以依图 3.24 所示行事。

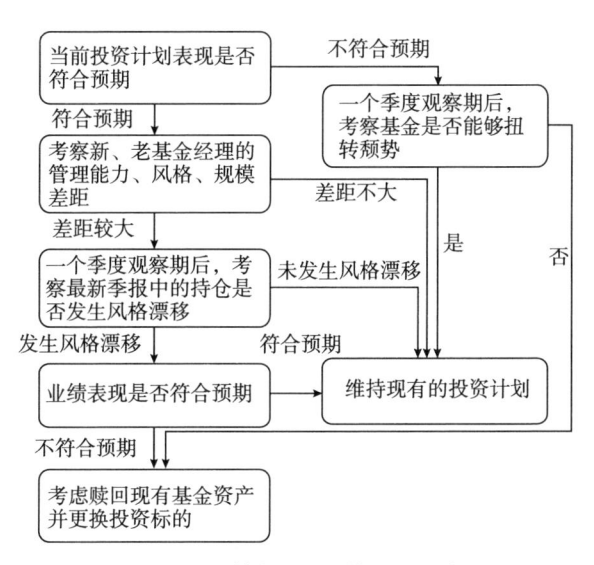

图 3.24 基金经理更换了怎么办

如何找到优秀的基金经理？

金牛基金经理是如何修炼的？

目前中国公募基金行业最为重要的奖项有 4 个，或者说"3+1"，即三大报基金奖和晨星奖（见图 3.25）。下面我们来一一介绍。

中国证券报
金牛奖

上海证券报
金基金奖

证券时报
明星基金奖

晨星（中国）
年度基金奖

图 3.25　基金经理四大权威奖项

- 金牛奖。被誉为中国基金业的"奥斯卡"奖，由中国证券报主办，银河证券、天相投顾、招商证券、海通证券、上海证券 5 家机构协办。该奖项起源于 2004 年，旨在表彰基金行业的优秀机构和产品，在基金行业和基金监管层中有广泛的认可度。"金牛基金经理"称号对基金经理来说是一种较高的认可。
- 金基金奖。该奖项也起源于 2004 年，由上海证券报主办，并由专业基金评价机构银河证券、晨星资讯、上海证券提供数据和研究支持。这里要多说一句,上海证券报是由新华社和上海证券交易所共同主办,中国证券报是由新华社主办,均为1991年伴随中国证券市场而诞生,都是中国证券行业最早、最权威的媒体之一。

- 明星基金奖。该奖项起源于2006年,由证券时报主办,而证券时报的主管单位是人民日报和深圳证券交易所,创刊于1993年,迄今也有超过30年的历史。三大报奖项互相之间并没有特别显著的差别,奖项设置均有基金产品和基金公司两类,数量也都不少。近几年明星基金奖逐渐取消了1年期这种短期奖项的评选,更加注重基金更长周期(如5年期、7年期)的表现。

- 晨星奖。该奖项起源于1988年,最初只在美国颁发,后来逐渐扩展到欧洲、亚洲、澳大利亚和非洲等地区。晨星(中国)基金奖自2009年开始在中国颁发,每年评选出5个类别的获奖基金,分别是股票型、混合型、积极债券型、普通债券型和纯债型。由于其获奖基金的数量很少,所以含金量相对更高。而晨星公司是美国一家对全球资本市场与基金有独立投资研究的权威评级机构,成立于1984年,也是一家上市公司。

如果一只基金三大报奖项都拿过,那就是所谓的"大满贯",能够获此殊荣的基金经理绝对是行业内的大咖选手,如果四个奖项都拿过,那就是"大四喜选手",这样的人全市场并不多。不过这里要插一句题外话,**奖项更多是对基金经理过去的总结和表彰,并不意味着其未来表现就一定可以延续**。无论如何,奖项还是可以作为我们对一位基金经理、基金公司实力的判断依据，但切莫抱有不切实际的过高幻想。

接下来，我们说说如何成为一名基金经理。如果你身边有朋友立志于进入这个行业，这一部分可以有个大致的了解。

首先必须说，资产管理行业是金融行业的金字塔尖，而基金经理又是塔尖的塔尖。为什么说资产管理行业是塔尖呢？因为它的商业模式是基于客户资产量收取管理费，用的是"乘法"，只要客户资产不断增加，无论是客户申购带来的还是资产价格上涨带来的，管理费都会"旱涝保收"。而金融行业其他细分领域，比如投行，其实用的还是"加法"。做一单收一单的承销费，一旦行情低迷，IPO 数量减少，投行的收入也会相应减少。所以，资管行业的薪酬水平和对人才的要求，都是很高的。

就基金经理这个岗位而言，如今几乎所有基金经理都是名校科班专业出身，他们的成长路径大致分为以下几步（见图 3.26）。

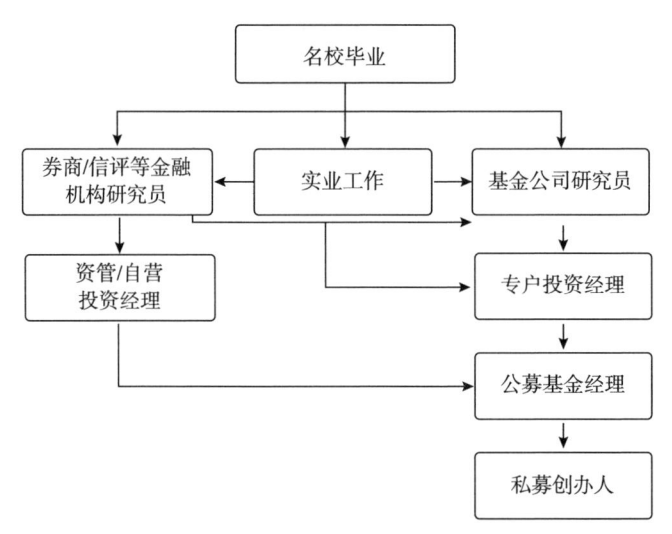

图 3.26 基金经理的典型成长路径

第一步，首先你最好是个名校学霸。985、211是多数大型基金公司的基础要求，国内名校、顶级985，或者国外名校等研究生简历占优。在专业选择中，理工科优于金融学优于文科。

第二步，毕业以后，一般有三个去向。一是直接进基金公司当研究员，这可以说离成为基金经理的理想最近，未来成为基金经理的概率比较大。二是进券商做卖方研究员，如果有优秀的研究报告，获得几个新财富奖项，被很多基金经理认可，也就多了些被邀请进入买方基金公司工作的机会。三是进入实业工作，尤其是科技、医药行业，积累一定的行业知识和资源后，再转行到卖方研究所。我认识的好几位优秀基金经理，就是自己在实业有了一定的行业积累，发表了很多有影响力的报告后成为券商分析师，又进入基金公司当研究员，最终成为基金经理的。

第三步，从研究员到基金经理，是重要的一跳。基金经理最开始可能还不直接管理公募产品，而是管理自营资金或者专户产品。如果是管理自营资金，基本上是从助手做起，跟着前辈管理证券公司、保险公司、银行的自有账户。如果在基金公司，则会先去管理一个专户产品，这是起步阶段，通常管理规模较小，业绩也不会公开，所以压力也小一些。一旦管理成熟，就可以接手公募产品，正式以公开的、自己的名字"行走江湖"了。

第四步，如果能够在公募基金领域功成名就，一部分人会继续在岗位上发光发热，也有一小部分基金经理希望拥有自己的事业，开一家私募基金公司，离开了体系完善、团队完整、资源庞大的基金公司，也可能是创业维艰。

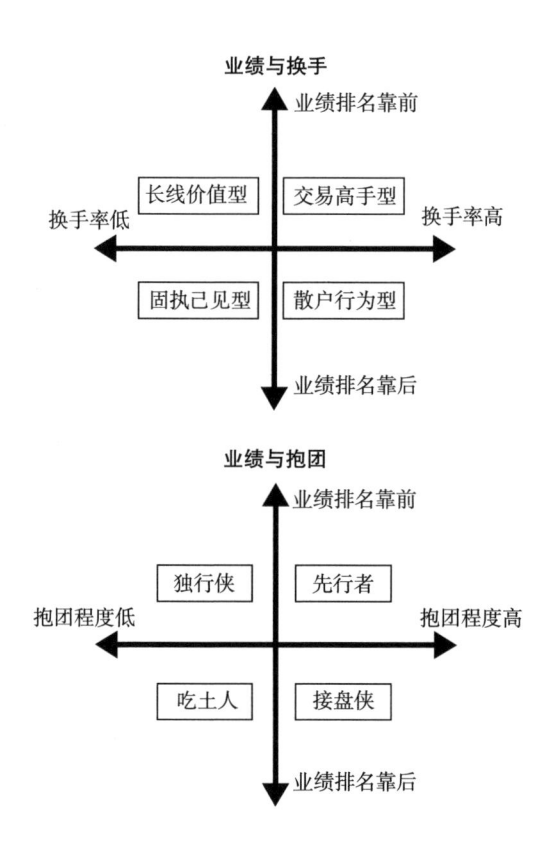

权益基金经理的 3 种分类方式

基金经理分类方式有很多种,我们这里选出最具代表性的 4 个维度,包括业绩排名、换手率、报团程度和仓位择时,并用它们来排列组合,构成 3 种分类方式,也就是 3 个分类矩阵,如图 3.27 所示。以后看到的基金经理,都可以根据他的特点往里套,非常实用。

业绩与换手

	业绩排名靠前	
换手率低	长线价值型 | 交易高手型	换手率高
	固执己见型 | 散户行为型	
	业绩排名靠后	

业绩与抱团

	业绩排名靠前	
抱团程度低	独行侠 | 先行者	抱团程度高
	吃土人 | 接盘侠	
	业绩排名靠后	

```
              仓位与换手
                  ▲
                  │ 仓位不择时
                  │
       ┌──────┐   │   ┌──────┐
       │长线价值型│   │行业轮动型│
       └──────┘   │   └──────┘
  换手率低         │         换手率高
  ◄───────────────┼───────────────►
                  │
       ┌──────┐   │   ┌──────┐
       │择时精选型│   │随机游走型│
       └──────┘   │   └──────┘
                  │
                  │ 仓位择时
                  ▼
```

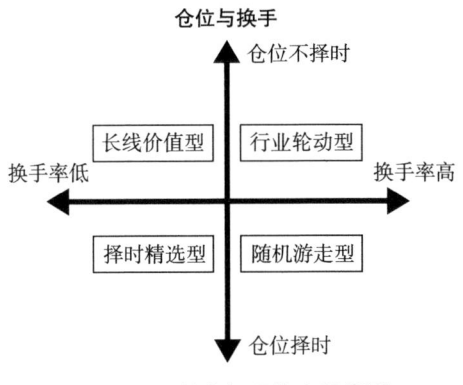

图 3.27 基金经理的 3 种类型

第一个矩阵：业绩与换手

业绩好+高换手：交易高手型，也被戏称为"镰刀手"。他们通常持仓分散，换仓也很快，除了考察基本面，更关注自上而下的政策面、景气度，甚至技术指标。缺点是，如果基金经理一旦成名，产品规模变大、持仓股票受限，业绩就会有一定压力。

业绩好+低换手：长线价值型。重仓买入一只股票，并伴随上市公司的成长而成长，有点像巴菲特的理念。这种基金经理都是自下而上的选股高手，深度研究之后才敢重仓，才敢长期持有。缺点是，基金业绩容易受到市场波动的被动影响。最典型的就是白酒行业，过去几年会大起大落。另外就是由于公募基金的负债端并不稳定，也就是投资者常常申购赎回导致规模变化。

业绩差+高换手：散户行为型。同多数散户没有太大区别，基本可以排除。

业绩差+低换手：固执己见型。这种基金经理容易给人固执己见的感觉，或者很有可能是从以前的长线价值型选手滑落而来，可见基金经理想保持长青是多么难的一件事情。

第二个矩阵：业绩与抱团

业绩好+抱团：先行者。抱团是指公募基金经理倾向于追逐类似的赛道，比如曾经的白酒、新能源，都是抱团的聚集地。如果基金经理发掘得早，建好仓后等着其他资金来"抱团"，这样基金的业绩就会被"打上去"。反之，基金经理买入得晚，就有可能变成抬轿的接盘侠。

业绩好+不抱团：独行侠。这种基金经理挺难得的，不追逐热点，不押注赛道，默默地在自己熟悉的领域挖金子、淘好货，也能带来不错的业绩收益。我个人最喜欢这种基金经理。

业绩差+抱团：接盘侠。这种基金经理醒悟得太晚，和多数散户的水平差不多。想象一下在风雪中人们抱团取暖，一定是里面先抱的人更暖和，而外面的人获益最低，如果没有人继续抱，那抱晚的人就是最冷的。

业绩差+不抱团：吃土人。一个人默默吃土，在这个市场既没有朋友，也没有洞见。当然，有时候我们要给这种基金经理一些时间，看看他们有没有成为独行侠的可能，但同时市场的容忍度并不会给他们太长时间。

第三个矩阵：仓位与换手

不择时+高换手：行业轮动型。基金仓位基本不动，但是持仓的行业经常调整，希望不断找到潜在收益率最高的行业。这种基金经理都是自上而下的高手，但想要成功轮动并非易事。

不择时+低换手：长线价值型。有很多知名基金经理都是这个风格，始终高仓位，始终就是那几只股票。想要达成这一策略，基金经理必须对选取的个股非常有信心，同时对客户的"教育"要做得非常好，最好是市场低谷的时候，客户还愿意申购。

择时+高换手：随机游走型。这类基金经理成功案例较少，并且很难被机构投资者认可，因为不确定他以前的成功未来能不能复制。

择时+低换手：择时精选型。基金经理的行业和个股调整并不多，但是会在仓位上进行调整，以降低基金净值的波动。这也需要基金经理有非常强大的宏观分析能力，这种策略一般在混合基金、固收+等绝对收益基金上，比较常见。

美国投资界有句话："华尔街有很猛的基金经理，也有很老的基金经理，但是没有又老又猛的基金经理"，A股也有句话："一年三倍者如过江之鲫，三年一倍者寥若晨星"。无论基金经理是哪种风格、哪种类型，能帮投资者赚到钱就是好基金经理，但是投资者也要清晰地认识到，这个行业里难有常胜将军，任何风格都有顺风期和逆风期，我们要做的是找到与自己相投的基金经理。

| 延伸阅读 |

利用基金筛选器来寻找"业绩好+高换手"的交易高手，如图3.28所示，我们可以选择权益基金中近5年年化收益率位于前10%，近一年换手率也位于前10%的基金，筛选结果只有21只。其中当前基金经理管理超过3年的，只有14只。以图3.28中右侧的这只基金为例，它在2022年度的换手率超过1 000%，达10倍之多。

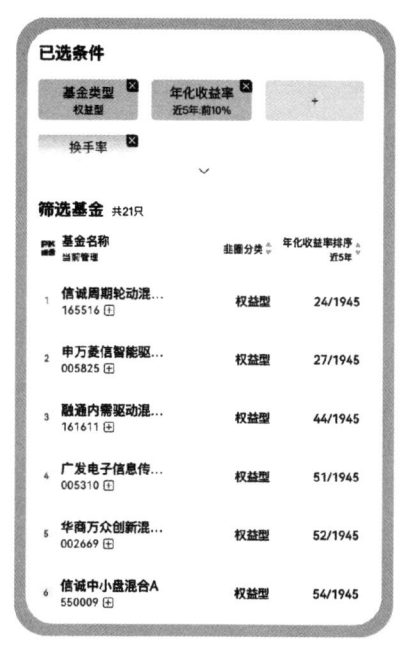

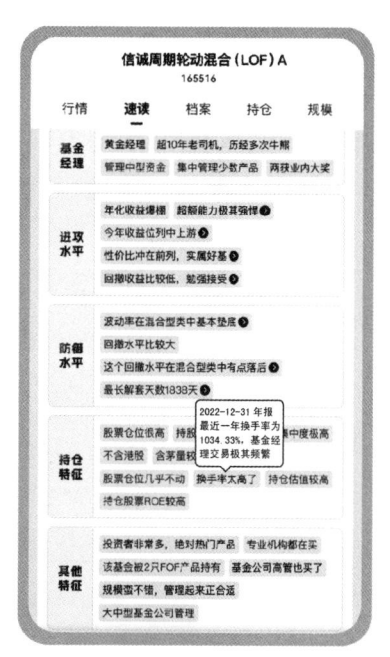

注：数据截至 2023 年 8 月 18 日，相关标的仅作示例不作推荐。
资料来源：韭圈儿 App。

图 3.28　基金经理类型分析示例

权益基金经理四大能力是什么？

基金的标签体系，是一个比较大的话题，因为涉及的领域太多。从公司，到产品，再到基金经理，每一个都可以延展出几十甚至上百个因素。据说有的量化选基方法，有上千个指标在运行，这一点儿都不稀奇。但是无论是什么样的指标，最终决定基金业绩走势的，还是这只基金的持仓行为。基金买了什么、如何买卖，都影响基金每一天的净值。所以如果只抓住一个方向打标签，持仓行为无疑是最直接的，尤其是主动基金。我们可以根据持仓行为来分析基金经理，并将其归为以下 4 个重要的能力，如图 3.29 所示。

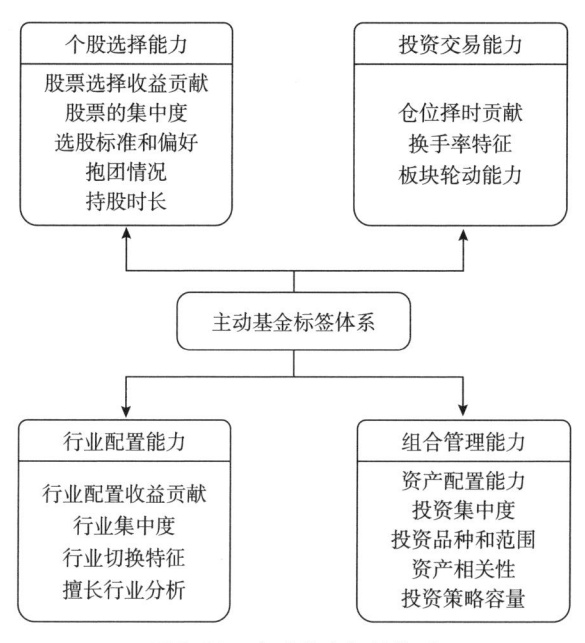

```
┌─────────────────┐      ┌─────────────────┐
│  个股选择能力    │      │  投资交易能力    │
│  股票选择收益贡献 │      │  仓位择时贡献    │
│  股票的集中度    │      │  换手率特征      │
│  选股标准和偏好  │      │  板块轮动能力    │
│  抱团情况       │      │                │
│  持股时长       │      │                │
└────────┬────────┘      └────────┬────────┘
         │                        │
         └──────┐      ┌──────────┘
                ▼      ▼
         ┌──────────────────┐
         │  主动基金标签体系  │
         └──────┬───────┬───┘
         ┌─────┘       └──────┐
         ▼                    ▼
┌─────────────────┐      ┌─────────────────┐
│  行业配置能力    │      │  组合管理能力    │
│  行业配置收益贡献 │      │  资产配置能力    │
│  行业集中度     │      │  投资集中度      │
│  行业切换特征    │      │  投资品种和范围  │
│  擅长行业分析    │      │  资产相关性      │
│                │      │  投资策略容量    │
└─────────────────┘      └─────────────────┘
```

图 3.29 主动基金标签体系

组合管理能力

基金经理准备投资哪些资产，其中股票、债券以及其他资产的比例是怎样搭配的，如何做调整，都有一定的规律。同样是"固收+"基金，以二级债基（股票不得超过20%）为例，有的基金经理的权益仓位中枢是10%（追求较低回撤），有的就稳定在20%（放弃一定的高收益），有的甚至还加上可转债把权益资产扩大到30%甚至50%以上（产品目标收益高），而有的则在0~20%灵活调整（觉得自己能把握收益时机）。

行业配置能力

权益部分配置什么行业的股票，不同的基金经理也有不同的偏好。有的集中在自己的能力圈（比如一些行业研究员出身），有的喜欢大蓝筹、大白马（比如一些老将），有的主投科技成长（比如年轻的基金经理），有的则是全市场什么都买（追求均衡），有的则在不同行业之间切换（追求行业轮动）。不同的行业方向，也决定了权益部分的弹性大小不同，风险自然也不同。

个股选择能力

自上而下的基金经理在确定行业方向以后，就开始选股了（当然也有自下而上的基金经理是直接选股，对行业的分析少一些）。选股标准（估值、增速、赛道，还是管理层），持有股票的集中度，以及持有时长等因素，都决定着选股是否有超额收益。

投资交易能力

持仓配置完成以后，就要看基金经理后续在交易上的能力了。前面3个部分，无论是股债仓位的变化、行业切换的速度、个股换手的情况，以及调整之后是否有超额收益，都反映一位基金经理的交易能力。我以前研究基金的时候，曾经用某只产品某年年报的持仓模拟出一个影子基金的净值，结果发现，基金经理在后一年持仓换来换去、左冲右突后的净值，竟然还没有保持上一年年底不调仓、什么都不干的影子基金的净值表现高，这说明他的择时在这段时间是失效的。

总体而言，不同基金经理有不同擅长的方向，我们可以分析其最擅长这4种能力中的哪一个，从而加深对其的判断。

| 延伸阅读 |

我们分析图3.30中基金的重仓股择时胜率，可以把它历史上

的重仓股从进入前十大，到退出前十大这段时间的股价做一个对比，看看这段时间是赚钱还是亏钱。虽然这种分析并不是十分精准，但基本可以帮助我们判断基金经理的择时能力，一般胜率超过60%，就算是不错的。

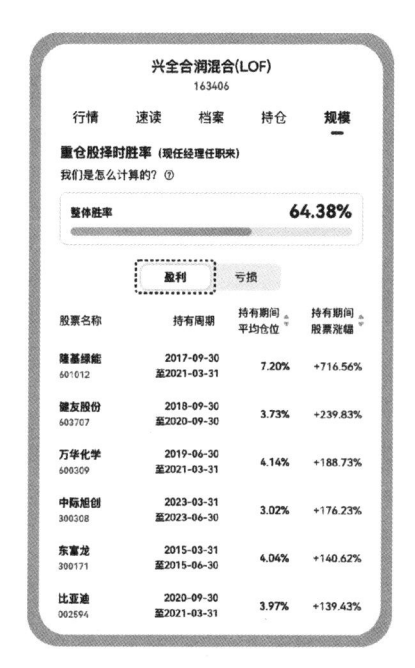

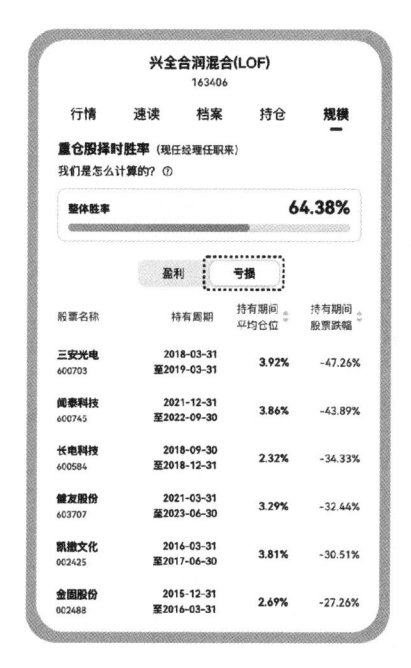

注：数据截至2023年8月18日，相关标的仅作示例不作推荐。
资料来源：韭圈儿App。

图3.30 基金重仓股择时胜率分析示例

固收+基金经理怎么选

近年来，理财产品收益率持续下行，且净值化改造已近尾声，越来越多的基金公司在大力布局"固收+"策略。这些公司在组织构架安排上多有不同，有的将"固收+"策略产品交由固定收益部管理，有的由养老金或社保管理部门管理，有的专门成立了绝对收益部门，有的成立了虚拟小组由固收和权益部门共同组成，还有的由 FOF 或大类资产配置部门管理。就基金经理个人背景而言，主要由如下几种构成。

固定收益背景

"固收+"产品的基础在于固收，即债券投资。由拥有固定收益背景的基金经理管理，有两个好处：一是他们的债券投资经验，可以帮助基金获得更为深厚的安全垫，为其他策略留出发挥空间；二是债券基金经理的宏观分析能力更强，对于大类资产配置的把握更好，有助于基金在战略战术层面获得超额收益。

他们也面临一些问题：一是如何在权益投资方面获得超额收益，是只需要 β 即可，还是也追求 α？这部分支持分别来自公司哪些部门？二是由于"固收+"策略需要同时跟踪多种策略机会，这就要求团队必须进行良好的协作，建立内部协同机制。

养老金投资背景

在大型基金公司中有一个低调且极具实力的部门，即养老金/年金投资部。它主要管理社保基金、养老金和企业年金等账户。这些机构投资者的资金量大，投资需求偏稳健，希望获得绝对收益。如果基金经理在这方面具备丰富的管理经验，那其就十分符合"固收+"策略所要求的特点。但社保、养老金和企业年金产品为非公开账户，需要向基金公司或第三方求证来验证其过往业绩。

股债双基金经理背景

有相当多的"固收+"策略基金，会配有股债双基金经理共同管理。通常基金公司内部会有混合型产品的虚拟合作小组，或设置混合资产、绝对收益产品部门，来对股债配置比例进行决策。两类基金经理会分别在自己负责的债券和股票头寸之内进行管理和协作，比如股票基金经理如果想加仓但是头寸不够，可由债券基金经理和交易员为其质押融资补充资金。对于这种搭配方式的基金经理，需要分别考察两者的投资思路。

绝对收益背景

一些绝对收益产品布局较早、产品较多的公司，会设有专门的绝对收益部门。早期其服务对象多为机构投资者，很多相关的公募基金产品都是定制的，融合了债券、股票，以及打新、股指期货等多策略。这些基金经理对于各种策略的熟悉程度较高，强项在"固收+"中的"+"，他们对于新股定价、报价、卖出的跟踪通常十分有经验。

FOF 背景

普通 FOF 中的偏债 FOF 和养老目标 FOF 中的稳健目标风险 FOF，都可用于"固收+"策略的打造，所以有相当一批 FOF 管理经验丰富的基金经理可担此重任。他们的背景有三类：一是传统的基金研究机构投研人员转型，通常是买方机构的金融工程和量化研究员；二是保险公司等买方挖来的投资经理，他们在保险公司就是以公募基金为工具实现绝对收益策略，是当前市场最为稀缺的 FOF 人才；三是基金公司自己培养的 FOF 或配置部门投资人员，这些人员除了管理 FOF 基金，还会在基金投顾等业务中发挥作用。这类基金经理的强项在于两点：一是大类资产配置能力好，这决定了资产组合的大部分收益；二是基金选择能力佳，包括权益和固收、主动和被动、内部和外部等选择问题。

量化背景

量化背景的投资经理在"固收+"策略产品中的优势主要在以下几个方面：一是本身产品策略就是量化对冲，属于泛"固收+"绝对收益领域；二是在大类资产配置过程中，主要采用量化模型作为方法，比如在战略资产配置层面的均值方差模型、BL（Bayesian Loss）模型、波动率控制等；三是在战术资产配置层面，也会采用量化模型对各种资产、行业、风格进行分析；四是某些策略涉及品种套利、期限套利、CTA（Commodity Trading Advisor，商品交易顾问）策略等，也需要量化技术支持。

权益背景

还有一部分基金经理是纯权益背景，在股票选择方面比较突出，而债券部分的仓位多以公司研究推荐为主，且大多以长期持有为主要策略。他们在债券部分的持仓比较稳健，变化不大，而在权益仓位上会做更多的主动管理。

优秀基金经理都有什么特点？

耶鲁大学捐赠基金原掌舵人大卫·史文森有一本著作叫《非凡的成功：个人投资的制胜之道》，相信很多人知道他是因为他的另一本著作《机构投资的创新之路》，但是《非凡的成功：个人投资的制胜之道》主要面向个人投资者，因此更加接地气。大卫·史文森在美国是可以和巴菲特相提并论的投资大师，在过去30年间，史文森将耶鲁大学捐赠基金打造成"大学捐赠基金的楷模",形成了所谓"耶鲁模式"和"史文森资产配置模型"。尽管经历了 1987 年"黑色星期一"、1997 年亚洲金融危机、2000 年互联网泡沫和 2008 年金融危机等大起大落的冲击,耶鲁大学捐赠基金仍旧取得了年化收益率为 12.4% 的稳定业绩,资产规模从 13 亿美元增长至 341 亿美元,增长了 22 倍。

他在这本书里,可以说是把共同基金(对应国内的公募基金)批判得体无完肤。从基金公司、基金经理,到销售机构、评级机构,从美林证券、嘉信理财到晨星评级,都无一幸免(当然也包括私募)。他认为,个人投资者为了避免被骗,最好的投资方法就是**用 ETF 做好资产配置,然后定期进行再平衡**。不过,这本书也列举了长叶(Longleaf)基金的正面案例。下面我结合该案例,以及这本书中提到的弊病,并结合中国资本市场的特点,总结出 13 条基本要点,供投资者在寻找优秀基金经理时参考。

1. 永远把投资者的利益放在公司利益之上。
2. 人品正直,坚守底线,对投资有近乎痴迷的热情,拥有强大的信息处理能力和智慧,拥有坚毅的品格和信念。
3. 清晰稳定的投资策略,不追逐热点。
4. 注重长期投资,没有过高的换手率。
5. 不会采取赌博式策略,不能披着主动的外衣模拟指数。
6. 挑剔客户,拒绝投资期限短的客户。
7. 费率合理无套路,甚至规模越大费率越低,因为其管理成本并没有增加,规模优势带来的效率应该让利给投资者。
8. 私募的费率需要用高水位法,且要有提成回拨机制,业绩基准还要合理。不能仅靠短期业绩好就收提成，如果后面亏钱必须把提成退回去。另外，业绩不创历史新高不能收提成。

9. 基金公司和基金经理大量持有该基金，甚至不允许公司员工购买其他基金。
10. 理性控制规模并根据投资者利益调整，市场火热时限制申购（甚至大比例分红），市场冷淡时放开。
11. 与持有人积极沟通，尽可能多地披露信息。
12. 不做夸大式、口号式、套路式的广告宣传，多做品牌理念和投教传播。
13. 不收软佣金[①]，帮助投资者把交易成本降到最低。

这些要点在当前的资产管理行业，无论是公募还是私募领域，都还没有办法一一实现。这里可能有行业参与者的问题，也有制度规则的问题，但无论如何，这样的方向都是值得鼓励的，也是我们努力实现的目标。

如何根据场景找到适配的基金？

如何根据投资偏好选基金？

每个人都有自己对市场、对投资的认知，这种认知会引导我们去投资适合的产品，这里没有什么高低优劣之分，只要能够逻辑自洽、方法科学，并且长期坚持下去，赚钱的方法可以有很多。这里我总结出5种基本类型，帮助大家根据自己的投资理念找到适合的

---

① 软佣金，指从券商处获得的交易佣金返还。

产品，如图 3.31 所示。

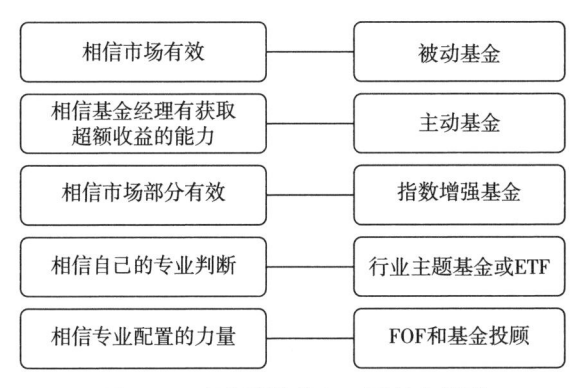

相信市场有效	被动基金
相信基金经理有获取超额收益的能力	主动基金
相信市场部分有效	指数增强基金
相信自己的专业判断	行业主题基金或ETF
相信专业配置的力量	FOF和基金投顾

图 3.31 根据投资偏好匹配基金类型

如果你相信市场是有效的，所有的信息都体现在了股票价格上，想要挖掘到便宜的好产品是很难的，那么你可以选择指数基金去投资。为什么美国的指数基金规模比主动基金还大，就是因为"美国股市是有效市场"这种理念已经深入人心，巴菲特和主动基金经理的"十年赌约"也侧面证明了主动基金经理想跑赢标普500指数有多难。综合来看，A 股市场目前还不是有效市场。

如果你相信基金经理是有获取超额收益能力的，那么选主动基金就是一种明智的选择。其实我是这一观点的信徒，但是我清楚地知道，即便基金经理整体很有能力，但我也无法判断哪一位会持续排名位于前列。某位基金经理暂时低迷，也很难判断是他和短期的市场风格不匹配，还是以前的成功是偶然。所以如果能有一个均衡的主动基金经理组合，提供像偏股基金指数那样的基金经理平均水平，似乎也不错。

有的人认为 A 股是部分有效的，那指数增强基金就是不错的选择。既能跟住一定的基准，风格稳定不漂移，又能做出一些超额收益，也是不错的选择。

当然还有的人相信自己的判断，他们自认为对行业、对风格有很不错的判断，那么就会自己选择行业主题基金或 ETF。其实很多 FOF 基金经理、机构投资者，都是这么做投资的。机构不追随某位基金经理，而是把每一只基金当作工具。虽然很残酷，但在机构眼中，一位风格稳定的基金经理，要比业绩出色但不稳定的更受欢迎。

此外，还有一类投资者，不想劳心伤神地在市场里打拼，愿意把投资配置权也交出去，自己去做擅长的工作或者享受生活，这也是一个明智的选择。FOF 和基金投顾都可以完成这项任务。一般来说，这类投资者的资产量都比较大，投资认知程度也比较高。相信专业的力量，是他们几十年的投资或者工作与生活经验带来的心得体会。

如何根据资金期限选基金？

如果你不太清楚自己对收益的预期和对回撤的承受能力，那么最简单的方式就是看看这笔钱多久用不到，即根据资金期限来匹配产品。我们这里把可投资金的期限属性分为以下 4 类，具体如图 3.32 所示。

随时要用的钱——活钱管理

对于随时要用的钱，流动性需求是第一位的。最好是今天打算要用钱，明后天就能取出来，或者当时就能取出来，甚至可以直接消费。其次是安全性需求，我们要用钱的时候，这笔投资最好是浮盈状态。最后是对收益的需求，能多一点是一点。能同时符合这三种要求的基金，最好的选择就是货币基金，虽然预期收益率只有

随时要用的钱	中短期不用的钱
投资目标：活钱管理 收益预期：每年1%~3% 回撤预期：1%以下 建议期限：1个月以上 主要投向：货币基金、短债基金 风险类型：低	投资目标：稳健理财 收益预期：每年3%~6% 回撤预期：3%以下 建议期限：6个月以上 股债比例：权益占比不超过20%~30% 主要投向：纯债基金、一级债基、二级债基、量化对冲 风险类型：中低
中长期不用的钱	超长期不用的钱
投资目标：财富成长 收益预期：每年10%以上 回撤预期：-20%~-30% 建议期限：1~2年及以上 股债比例：权益占比高于60%或灵活调整 主要投向：股票基金、偏股混合基金、指数基金 风险类型：中高	投资目标：养老规划 收益预期：每年10%以上 回撤预期：-20%~-30% 建议期限：10年以上 股债比例：距离退休年龄越远，权益比例越高 主要投向：股票基金、偏股混合基金、养老FOF、指数基金或灵活调整 风险类型：中高

图 3.32 根据资金期限匹配基金类型

1%~3%，但是其安全性很高。而且自从2013年余额宝横空出世，很多货币基金的流动性也从原来的T+1赎回到账变成T+0到账，甚至可以通过机构垫资的形式实现用户直接划款消费，虽然有额度限制，但对投资者日常消费而言已经基本够用。如果投资者能够稍微放弃一些流动性和安全性，那么可以选择收益更高的同业存单基金或者短债基金。这类基金的收益也是非常稳健的，但是由于它用的是市价法估值，而不是大多数货币基金所选择的摊余成本法估值，所以净值偶尔会出现微亏，但多持有几天基本都能够拉回收益。在赎回效率上，也是以T+1或者T+2为主，投资者提前规划好资金安排，基本不会耽误时间。

这里我们给出一个货币基金以及其他债券基金申购赎回的小技巧，就是如果在周末或者节假日前后申购赎回，申购日最好选择在周四，这样投资者可以拿到"周五+整个假期"的收益（债券资产在节假日也是计息的）。如果在周五申购，则拿不到整个假期的收益。而赎回日也是同理，即便在周五赎回，也可以拿到"周五+整个假期"的收益。当然，这里的赎回指的是正常赎回，如果使用T+0赎回的话，这些收益都要给到垫资的机构了。

中短期不用的钱——稳健理财

对于中短期不用的钱，流动性可以让位一些。钱不着急用，则可以去博取一些稳健的收益，最好能够超越同期的银行理财。一般而言，一只权益仓位不超过20%的二级债基，持有6个月以上的胜率非常高；遇上还不错的行情，还可以超越同期理财的收益。当然，这中间债基会产生一些波动，一般优秀的基金会把回撤控制在3%以下，追求的收益率在3%~6%。

对一般家庭而言，这类投资应该是占比最大的。毕竟有近百万亿元的理财产品资金要逐渐转型为浮动收益产品，所以2023年以来很多基金公司都设立了绝对收益部或者资产配置部，来专门运作"固收+"基金。和理财产品不同的是，基金的净值公布比较频繁，所以有些投资者几乎天天看，看到一些波动就心烦意乱，担心出现较大幅度的亏损。这其实大可不必，根据我的经验，这类产品即便有波动，只要持有时间够长，也能够慢慢涨回来，而且**每一次"砸坑"，都可以说是绝佳的补仓机会**。如果想要稳妥，你不妨多选择几只"固收+"基金，无论是传统的纯债基金、一级债基、二级债基，还是以绝对收益为目标的量化对冲基金，做一揽子组合，我们大概率可以放心。

中长期不用的钱——财富成长

对于中长期不用的钱，它的使命就很明确了——去帮我们赚更多的钱。众所周知，长期收益最高的资产一定是权益资产，但同时波动又很大，那么这个任务一定要交给很久都不会用、能扛得起市场波动的资金。我建议持有权益基金至少 1~2 年时间，同时抱有 3~5 年不用这笔钱的打算。因为 A 股一个牛熊周期大概就是这么久，万一被套了，通过"均衡+补仓"的方式，大概率能够在下一次牛市中扳回来。

对于这部分投资，收益是第一位的。我们可以选择主动多承担一些波动，通过拉长投资期限来规避这部分风险。当然，这需要你有一颗"大心脏"，建议重新温习军规 5"稳定心态，克服贪婪与恐惧"来锻炼自己处变不惊的能力。

超长期不用的钱——养老规划

对于超长期不用的钱，通常是奔着退休养老的目标去的。换句话说，这笔钱锁定 10 年、20 年也不成问题。既然如此，从标的的选择而言，投资者同样可以选择那些高收益高波动的基金，比如股票基金、偏股混合基金或者指数基金。一般而言，**基民越年轻，就越应该投资更多的权益基金**。因为年轻不怕失败，而且年轻时的资产积累也不多，多去承担一些波动，伤害也不大，拉长时间看还能获取更高收益。而随着年龄的增大，资产的增多，我们反而要慢慢降低权益资产的比重。

这里单独说说养老目标基金，这类基金都是 FOF。如果我们在个人养老金账户中购买的话，是可以抵扣个人所得税的。养老目标基金根据运作策略不同，又可以分为目标风险基金与目标日期基金。养老目标风险基金通常根据目标风险水平命名，根据特定的风险偏好设定权益资产的配置比例，或使用波动率等指标来控制整个组合的风险。而养老目标日期基金，通常根据目标日期命名，随着目标日期的临近，逐步降低权益资产的配置比例，增加非权益资产的配置比例。这类基金结尾的数字，就是投资者预计退休的时间，比如2050、2040等。

| 延伸阅读 |

如图3.33所示，同样是养老目标日期型基金，华夏养老2045比华夏养老2040的收益和波动都更大，因为年份数字越大，意味着基金未来逐步降低仓位的时间越久，当前的股票仓位越大。同样是养老目标风险型基金，兴全安泰积极养老就比兴全安泰稳健养老的波动更大，因为"积极"通常意味着它的权益中枢更高。

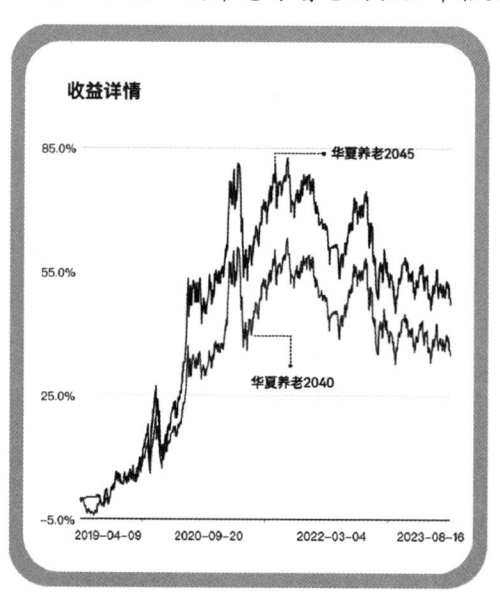

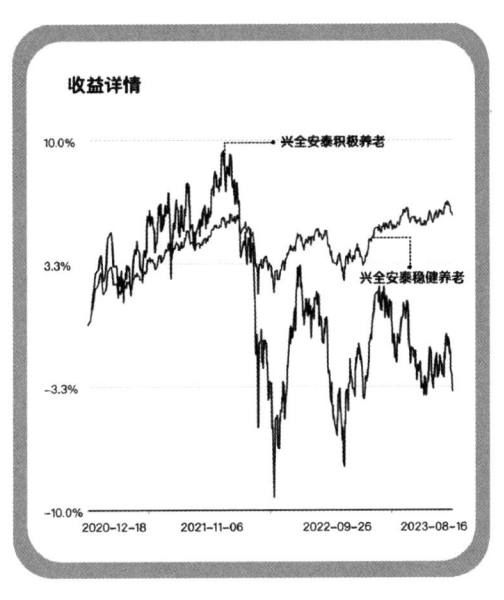

注：数据截至 2023 年 8 月 16 日，相关标的仅作示例不作推荐。
资料来源：韭圈儿 App。

图 3.33　养老目标基金对比示例

如何根据持有时长选基金？

说完资金期限，我们再说说持有时长。两者其实有很多类似的地方，但是可投资金期限很长，不代表我们买的某只基金一定要持有很久。根据市场环境变化，"看长做短""汰弱留强"也是很常见的，所以我们可以结合基金类型和份额类型进行比较，如图 3.34 所示。

先说说基金的 A 类份额和 C 类份额，两者有什么区别呢？

其实，这些份额类别的投资策略和投资标的是完全相同的。早期没有 C 类份额时，所有基金都要收取申购赎回费。但有些投资者喜欢频繁买卖基金，导致高额手续费成为投资的一大障碍。后来出

持有时长	基金类型	基金份额
1个月内	货币基金、同业存单	C类
6个月	短期纯债基金	C类
6个月~1年	中长期纯债基金、混合一级债基金	C类
1~3年	混合二级债基金、偏债混合基金	A类
3年以上	可转债基金、灵活配置基金、平衡混合基金	A类
长期持有	偏股混合基金、普通股票基金、养老目标基金	A类/Y类

注：仅以各类基金的代表产品为例，未考虑各销售平台的费率折扣情况。

图3.34 根据持有时长匹配基金类型

现了C类份额，即基金公司不收取申购费，持有超过7天或30天后赎回费也为零，使得投资者交易的摩擦成本降到最低。

既然如此，所有人都买C类份额不就更合适吗？为什么还有人买A类份额呢？这是因为C类份额基金虽然免除了申购赎回费，但基金公司会另外收取一项"销售服务费"。这项费用不像申购赎回费那样一次性收取，而是像管理费一样按年收取，按日计提。投资者持有时间越久，需要支付的销售服务费也就越高。

因此，对投资者而言，如果计划长期持有基金，投资A类份额更为合适，虽然需要支付申购费，但随着持有期拉长，赎回费会越来越低，且无须支付销售服务费。如果持有时间较短，投资C类份额更为合适，因为进出摩擦成本为零，并且由于持有期短，实际支付的销售服务费也可以忽略不计。这就有点像停车场，一次性收费和按停车时长收费两种模式，如果你准备出国，要停上一年半载的，你肯定会选择前者；假如你只是停几个小时吃个饭就走，你肯定会选择后者。

对于普通的股票基金和混合基金，我们通常建议持有 1 年以上的投资者选 A 类份额，否则选 C 类份额。对于债券基金，其赎回费设置五花八门，投资者需要睁大眼睛，买之前好好查看对比。但无论多大的份额，持有时间小于 7 天都是要收取比较高的惩罚性赎回费的，即便是 C 类份额，大多也是持有 7 天或 30 天以上赎回费才降为零。

最后提醒一下，如果在互联网平台买基金，由于基金份额的申购费通常都会打折，1 折、0.1 折，甚至 0 折的现象都有。其实只要持有基金较长时间，在互联网平台买 A 类份额是更加合适的。因为 C 类份额本来申购费就低，在哪里买其实影响不大。

| 延伸阅读 |

以图 3.35 中基金为例，从 2017 年 1 月 12 日成立，6 年多的时间中，A 类份额比 C 类份额的收益率多出将近 8%。这些差异怎么来的呢？我们仔细看 C 类份额，除了管理费和托管费，它还有一个每年 0.8% 的销售服务费，这样 6 年多下来也会多出将近 5%，再加上复利的影响和一些申赎的因素，就形成了对应的差异。

如何根据股债估值和风险偏好选基金？

之前的场景，大多是根据投资者自身的情况来确定适合的基金，而这一部分的方法则加入了市场环境的变化，我们来看看会有什么化学反应。

我们把股市和债市，根据估值的高低分成以下 4 个象限，如图 3.36 所示。

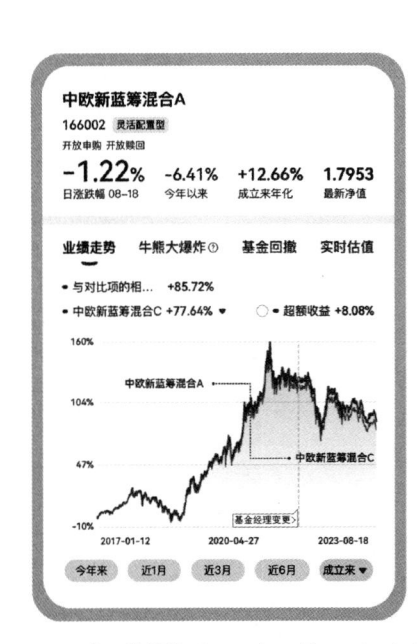

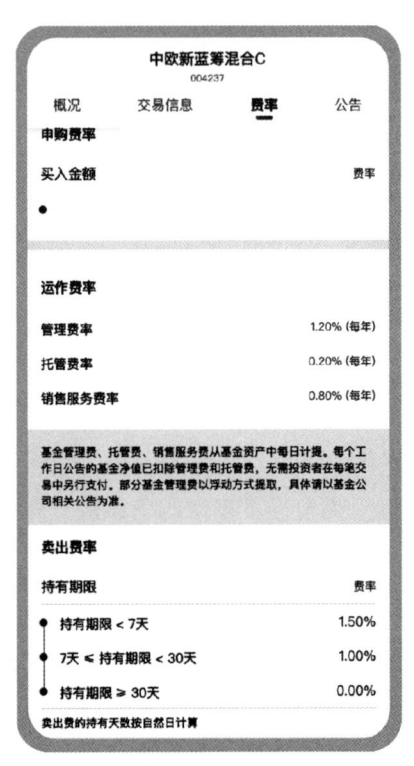

注：数据截至 2023 年 8 月 18 日，相关标的仅作示例不作推荐。
资料来源：韭圈儿 App。

图 3.35　A 类份额与 C 类份额对比示例

股市估值低，债券收益率低

这时候我们应该高配股票，低配债券。不同类型的投资者，都可以在自己的风险中枢上，稍稍增加一些股票的持仓。比如稳健投资者，这时候至少应该配置偏债混合基金，即最少 20%～30% 的股票仓位；而积极投资者，这时候应该配置权益仓位在 80% 以上的股票基金。其他类型的投资者以此类推，积极性都要比平时更上一个台阶。

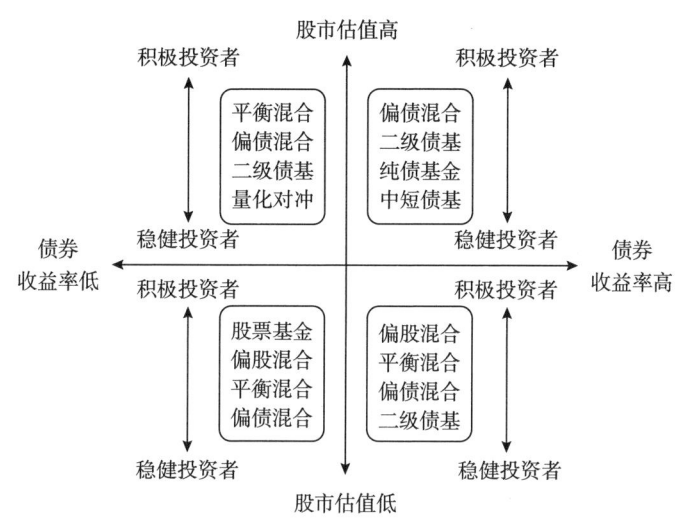

```
                    股市估值高
   积极投资者    │    积极投资者
      ┌─────────┐ │ ┌─────────┐
      │平衡混合 │ │ │偏债混合 │
      │偏债混合 │ │ │二级债基 │
      │二级债基 │ │ │纯债基金 │
      │量化对冲 │ │ │中短债基 │
      └─────────┘ │ └─────────┘
债券   稳健投资者  │  稳健投资者   债券
收益率 ────────────┼──────────── 收益率
低     积极投资者  │  积极投资者   高
      ┌─────────┐ │ ┌─────────┐
      │股票基金 │ │ │偏股混合 │
      │偏股混合 │ │ │平衡混合 │
      │平衡混合 │ │ │偏债混合 │
      │偏债混合 │ │ │二级债基 │
      └─────────┘ │ └─────────┘
   稳健投资者    │    稳健投资者
                    股市估值低
```

注：债券收益率低，即债券估值高；债券收益率高，即债券估值低。

图 3.36　根据股债估值和风险偏好匹配基金类型

股市估值低，债券收益率高

这时候我们股票和债券的配置价值都很高，各类投资者可以保持正常的股债配置习惯。比如稳健投资者，不超过 20% 股票仓位的二级债基就是很不错的选择；而积极投资者，60% 以上股票仓位的偏股混合基金也是常规之选；而中间类型的投资者可以选择偏债混合和平衡混合基金。这时候股债的配置价值都很高，很有可能是债市刚刚经历过加息周期，债券收益率上升，同时股市受到流动性紧缩影响而居于低位，投资者这时候不妨大胆一些，加大一些在基金方面的投入。

股市估值高，债券收益率低

这时候股债的配置价值都相对不高，投资者在配置时需要谨慎一些。除了原本就是股债配置的平衡混合、偏债混合和二级债基，还可以配置一些量化对冲等多策略、绝对收益基金。这种市场通常是因为一次大放水，导致流动性泛滥，股价高涨，债券收益率下行（债券价格上涨），泡沫很可能就在不远处。所以从整体的投入上讲，需要相对谨慎一些。

股市估值高，债券收益率高

这时候我们应该高配债券，低配股票。不同类型的投资者，都可以在自己的风险中枢上，稍稍降低一些股票的持仓。比如稳健投资者，这时候多配置一些纯债基金、中短债基，即尽量减少股票仓位的暴露，增加债券的持仓弹性；而积极投资者，这时候应该把配置权益仓位降一降，该落袋为安就落袋为安，适当平衡下保平安。

这里会有一个问题，就是股债的估值高低怎么看？

股票的估值，我们通常看某个宽基指数的市盈率，比如沪深300指数（代表蓝筹股）、中证800指数（代表大中盘）、中证1000指数（代表中小盘）、万得全A指数（代表全市场），而市盈率由于数据可得性的问题，我们通常会看PE-TTM，即过去12个月滚动的市盈率，也就是用当前股价除以过去4个季度净利润的均值。记住，这个市盈率代表的是过去，不代表未来，所以对于一些增长稳定的行业或者宽基指数较为适用，不适合变动较大的科技成长行业。

| 延伸阅读 |

以2023年8月18日的沪深300指数为例，如图3.37所示，其

近10年以来的市盈率平均值为12.45，当前为11.49%，处在历史最低23%的分位。在历史上类似估值位置买入沪深300ETF，持有1年盈利的概率高达94.31%，并随着持有时间的拉长而提高。

而债券的估值，我们通常看债券的收益率。债券收益率上行的意思是债券价格下跌，债券收益率下行的意思是债券价格上涨。这不难理解，债券的利息都是约定好的，到期之后还本付息能收回多少钱都是固定的，那么现在价格跌得越多，我们买入的成本越低，到期本息全部收回后的投资收益率就高，反之亦然。那么投资者看

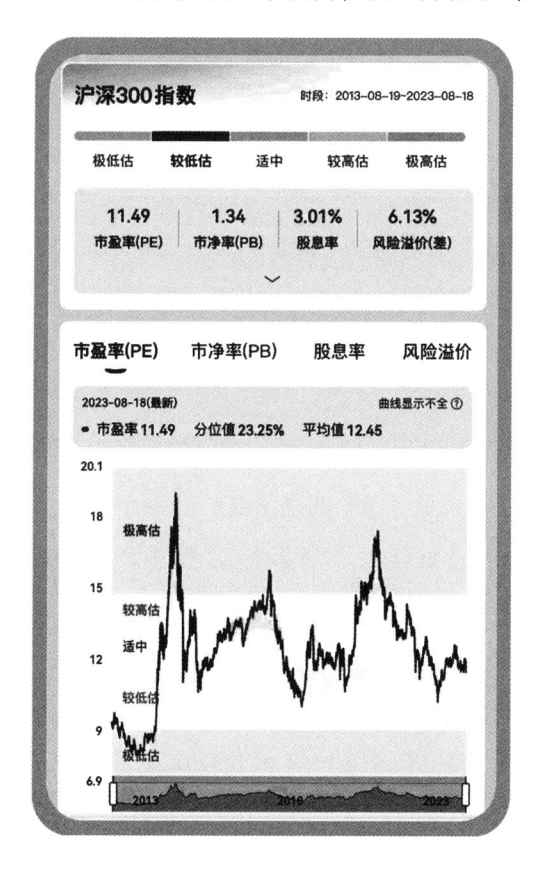

注：数据截至 2023 年 8 月 18 日，相关标的仅作示例不作推荐。
资料来源：韭圈儿 App。

图 3.37　沪深 300 指数市盈率分析示例

哪类债券的收益率来判断债市的估值呢？通常情况下，我们会看 10 年期国债到期收益率，一是因为国债属于没有违约风险的利率债，它的价格变化只反映利率的变化；二是 10 年期的时间足够长，对于利率的变化敏感度高；三是 10 年期国债是交易最为活跃的品种，市场认知度高。在过去十几年中，10 年期国债的收益率主要在 2%～5% 震荡，一般高于 4% 就是很高的收益率，低于 3% 就是较低的收益率了。不过整体上，全市场的利率中枢处在逐渐下行的区间。

| 延伸阅读 |

以 2023 年 8 月 18 日的 10 年期国债收益率为例，如图 3.38 所示，当前值为 2.57%，处在过去 10 年中非常低的分位数，市场温

度高达 99，则说明债券的估值相对较高。从图 3.38 中我们还能发现，整个债券收益率处在一个下行趋势中。

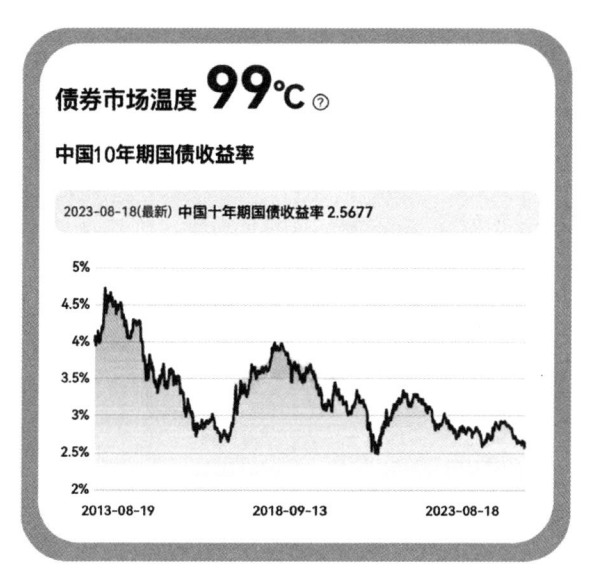

注：数据截至 2023 年 8 月 18 日，相关标的仅作示例不作推荐。
资料来源：韭圈儿 App。

图 3.38　10 年期国债收益率分析示例

如何根据投资需求选基金？

比较成熟的投资者，通常有明确的投资需求，完全可以单刀直入，根据需求来挑选对应品类的基金。我在这里把相关投资需求分成以下 4 类，如图 3.39 所示。

对于市值的考虑

在十几年的从业生涯中，我经历过很多次 A 股大小盘市值风格的轮动，这里简要回顾一下。2006—2007 年牛市是普涨行情，但那

市值	行业	风格	策略
超大盘： ·上证50 ·中证100	金融地产： ·银行、非银、地产	价值风格： ·深度价值、红利价值	聪明贝塔策略： ·高股息、等权重、红利低波
大盘： ·沪深300 ·上证180	消费医药： ·必选消费：纺织服装、农林牧渔、食品饮料、商贸零售 ·可选消费：社会服务、汽车、家电、轻工制造、美容护理医药	成长风格： ·景气成长、质量成长	多因子策略： ·基于量化手段将多种因子相结合，例如估值因子、财务因子、分析师预期因子等
中盘： ·中证500	周期： ·上游周期：石油石化、有色金属、煤炭 ·中游周期：钢铁、建材、基础化工、机械设备、公共事业 ·下游周期：交运、建筑装饰、环保	平衡风格： ·价值成长、均衡配置	量化基本面策略： ·基于基金经理对基本面的研究，动态调整因子权重和因子的组合
小盘： ·中证1000 ·国证2000	科技成长： ·电力设备、电子、通信、计算机、国防军工、传媒	漂移风格： ·在多种风格之间切换	"固收+"策略： ·基于资产配置的理念，将相关性较低的几类资产有机组合在一起，从而提升资产组合的收益风险比

图 3.39 根据投资需求匹配基金类型

时候诸如银行类的大盘股也处在飞速增长期，动不动就有好几十倍的估值；之后是多年的市场沉寂（2009年有一波反弹），直到2013年以创业板为代表的小盘股快速飙升；然而到了2014年年底，沉寂多年的大盘股突然爆发，银行、券商、地产股纷纷翻倍，大象起舞蔚为壮观；2015年牛市随即进入小盘股鸡犬升天的行情，当然最后以股价大跌结束；2016—2018年这段时间，大盘股风格开始占优，核心资产的价值逐渐被人们认知；而到了 2020 年之后，以科技创新、新能源、半导体为代表的中小市值细分龙头纷纷成长起来；到了 2023 年，又出现了"中国特色估值体系"下的央企/国企行情。总结来说，这么多年，没有任何一类风格能够长期占优。当市场有技术突破、新概念风起云涌的时候，小盘股里比较容易涌现明星；当市场步入存量博弈的格局，甚至是弱预期的时候，大盘股基于其抗风险能力较强，资源禀赋较强，往往容易得到市场的青睐。

目前的宽基指数，已经对于不同市值的公司分得非常细致，投资者完全可以按图索骥去寻找适合自己的指数基金。而主动基金经理，则需要我们更加紧密地跟踪，确保其风格稳定才可以选择。

对于行业的考虑

对于行业的划分，市场上有很多种方法。有传统的申万一级二级行业，有中信的行业分类，也有万得的行业分类，很多基金公司内部也有自己的分类并配备了相关的投研小组。如果比较粗略来分，主要可以分为 4 类：金融地产、消费医药、周期、科技成长。

金融地产的联动性很强，行业的杠杆性也很强，银行和地产会受到经济周期的强烈影响，而券商又会受到 A 股市场繁荣度的强烈影响。正是由于这种周期性，导致其估值通常很低。而消费医药是最近几年在基金公司内部比较受重视的研究小组，当然这一板块也经历过 2021 年前后的大起大落。整体而言，消费医药板块的稳定性较强，和老百姓追求美好生活的向往息息相关，但是最近几年受医保控费、集采等政策影响，其估值波动在变大。周期则是和经济相关性最强的板块，其本身就是经济中最重要、最坚实的组成部分。周期股的特点是十年不涨，一飞冲天，所以其投资难度特别大。而科技成长行业是最近几年炙手可热的板块,尤其是国家对科技创新的支持力度,比以往都要大得多。在科创板、注册制、北交所等推出以后,越来越多的科技成长股登陆资本市场,其投资难度也在不断加大。

对于风格的考虑

对于主动基金的风格,我们可以将其分为价值、成长、平衡和漂移。所谓价值风格,是指基金经理喜欢买低估值、高分红、安全边际比较高的公司;成长风格则是指基金经理淡化估值、注意力更多放在收入和利润的增速方面,希望所投资的企业高速增长;平衡风格的基金经理会结合价值和成长两个方面,要么各自投一些,要么在选标的时就注重两者的结合(比如GARP投资策略);而漂移风格的基金经理则是重剑无锋、水无常形,判断风格将怎么变化,就投什么风格。这些不同的风格之间,并没有优劣之分,就看投资者有什么投资需求。一般而言,机构投资者喜欢自己来配置风格,所以它们更加喜欢风格稳定的基金经理,但是个人投资者更多重点关注收益,所以偏喜欢漂移风格的基金经理,只要其业绩持续好。

对于策略的考虑

如果进阶的基金投资者,对策略也有研究,就可以根据策略来选基金。目前市场上明确使用某一类策略的基金,数量已不在少数。比如聪明贝塔策略,其中股息、低波、等权重等,都有不少基金布局;量化策略,则更多使用量化的方法,希望在市场上获取超额收益(包括指数增强);还有最近几年兴起的"固收+"策略,也是利用股票、债券、可转债、期货等多种资产来构建组合,目标是超越银行理财产品的收益。随着投资者需求的增多,各种策略还在层出不穷。

| 延伸阅读 |

图3.40和图3.41所示,是大类资产和行业指数的历年收益排行,每一行越靠左侧的资产收益越高。在图3.40中,我们可以看出,没有哪类资产能连续保持冠军头衔超过两年,而沪深300指数的收益排名波动较大,正数第一和倒数第一的位置都可以经常看到它的身影。

	1	2	3	4	5	6	7	8
2023上半年	标普500 14.51%	黄金 4.80%	企债指数 2.01%	定期存款 1.50%	CPI 0.20%	房价 0.02%	沪深300 -0.75%	原油 -12.78%
2022	原油 7.05%	CPI 1.60%	定期存款 1.50%	房价 -0.02%	黄金 -0.08%	企债指数 -0.38%	标普500 -19.44%	沪深300 -21.63%
2021	原油 55.42%	标普500 27.23%	企债指数 4.05%	房价 2.44%	CPI 2.30%	定期存款 1.50%	黄金 -3.44%	沪深300 -5.20%
2020	沪深300 27.21%	黄金 24.56%	标普500 16.26%	企债指数 4.49%	房价 4.13%	CPI 2.70%	定期存款 1.50%	原油 -20.90%
2019	沪深300 36.07%	原油 33.62%	标普500 29.97%	黄金 18.39%	企债指数 5.74%	房价 4.50%	CPI 3.34%	定期存款 1.50%
2018	企债指数 5.74%	房价 5.09%	CPI 2.10%	定期存款 1.50%	黄金 -1.65%	标普500 -6.24%	原油 -23.78%	沪深300 -25.31%
2017	沪深300 21.78%	标普500 19.42%	黄金 13.26%	原油 11.52%	房价 7.15%	企债指数 2.13%	CPI 1.60%	定期存款 1.50%
2016	原油 45.37%	房价 18.72%	标普500 9.54%	黄金 8.59%	企债指数 6.04%	CPI 2.00%	定期存款 1.50%	沪深300 -11.28%
2015	企债指数 8.84%	沪深300 5.85%	房价 4.15%	定期存款 1.50%	CPI 1.40%	标普500 -0.73%	黄金 -10.54%	原油 -30.98%
2014	沪深300 51.66%	标普500 11.39%	企债指数 8.73%	定期存款 2.75%	CPI 2.00%	黄金 -1.51%	房价 -2.69%	原油 -45.58%
2013	标普500 29.60%	原油 11.51%	房价 7.49%	企债指数 4.36%	定期存款 3.00%	CPI 2.60%	沪深300 -7.65%	黄金 -27.57%
2012	标普500 13.41%	沪深300 7.55%	企债指数 7.49%	黄金 5.61%	定期存款 3.00%	CPI 2.60%	房价 0.03%	原油 -7.09%
2011	黄金 9.82%	原油 8.15%	CPI 5.40%	房价 4.27%	定期存款 3.50%	企债指数 3.50%	标普500 0.00%	沪深300 -25.01%

注:房价:百城住宅价格指数;企债指数:000013.SH;黄金:COMEX黄金连续;原油:NYMEX轻质原油连续;CPI:统计局,截至5月;定期存款:1年期定存利率。数据截至2023年6月30日,相关标的仅作示例不作推荐。
资料来源:韭圈儿App。

图3.40 大类资产历年收益排行

	1	2	3	4	5	6	7	8	9	10
2023上半年	传媒 42.76%	计算机 27.57%	国防军工 6.76%	非银金融 0.50%	银行 -2.84%	有色金属 -3.04%	医药生物 -5.56%	食品饮料 -9.07%	农林牧渔 -9.62%	房地产 -14.29%
2022	煤炭 -10.47%	房地产 -11.17%	农林牧渔 -11.43%	食品饮料 -15.12%	有色金属 -20.31%	医药生物 -20.34%	非银金融 -21.34%	国防军工 -25.30%	计算机 -25.47%	传媒 -26.07%
2021	有色金属 40.47%	国防军工 11.17%	计算机 1.37%	传媒 -0.47%	银行 -4.58%	农林牧渔 -4.93%	医药生物 -5.73%	食品饮料 -6.01%	房地产 -11.89%	非银金融 -17.55%
2020	食品饮料 84.97%	国防军工 57.89%	医药生物 51.10%	有色金属 34.77%	农林牧渔 18.29%	计算机 9.75%	传媒 7.86%	非银金融 6.11%	银行 -3.25%	房地产 -10.85%
2019	食品饮料 72.87%	计算机 48.05%	非银金融 45.51%	农林牧渔 45.45%	医药生物 36.85%	国防军工 27.19%	有色金属 24.27%	银行 22.93%	房地产 22.75%	传媒 21.20%
2018	银行 -14.67%	食品饮料 -21.95%	农林牧渔 -22.44%	计算机 -24.53%	非银金融 -25.37%	医药生物 -27.67%	房地产 -28.79%	国防军工 -31.04%	传媒 -39.58%	有色金属 -41.04%
2017	食品饮料 53.85%	非银金融 17.30%	有色金属 15.39%	银行 13.28%	医药生物 3.56%	房地产 0.80%	计算机 -11.26%	农林牧渔 -12.62%	国防军工 -16.65%	传媒 -23.10%
2016	食品饮料 7.43%	银行 -4.93%	有色金属 -6.17%	农林牧渔 -8.58%	医药生物 -13.46%	非银金融 -14.69%	房地产 -17.69%	国防军工 -18.58%	计算机 -30.32%	传媒 -32.39%
2015	计算机 100.29%	传媒 76.74%	农林牧渔 66.77%	医药生物 56.68%	房地产 44.85%	国防军工 28.50%	食品饮料 26.58%	有色金属 15.38%	银行 -1.36%	非银金融 -16.90%
2014	非银金融 121.16%	房地产 65.28%	银行 63.18%	国防军工 53.89%	计算机 40.31%	有色金属 38.39%	传媒 17.53%	农林牧渔 16.27%	食品饮料 16.03%	医药生物 16.02%
2013	传媒 107.02%	计算机 66.95%	医药生物 36.56%	国防军工 33.35%	农林牧渔 17.29%	食品饮料 -4.80%	非银金融 -7.36%	银行 -9.19%	房地产 -11.94%	有色金属 -29.64%
2012	房地产 31.73%	非银金融 28.10%	银行 14.48%	有色金属 13.46%	医药生物 -0.74%	食品饮料 -4.52%	计算机 -5.05%	农林牧渔 -5.39%	传媒 -5.66%	国防军工 -5.66%
2011	银行 -4.85%	食品饮料 -10.37%	房地产 -22.00%	传媒 -22.36%	医药生物 -30.89%	农林牧渔 -31.18%	非银金融 -31.92%	国防军工 -33.09%	计算机 -34.46%	有色金属 -41.81%

注：计算机，与互联网、电子等行业关联性较大；有色金属，与采掘、钢铁等行业关联性较大；非银金属，以券商为主。数据截至2023年6月30日，相关标的仅作示例不作推荐。

资料来源：万得资讯，部分申万一级行业指数，韭圈儿App。

图3.41 行业指数历年收益排行

在图3.41中，我们可以看出，行业指数也遵循了这个规律，没有哪一类行业能够长期霸榜，哪怕是食品饮料这类强势指数，也在近3年超过30%的回撤中，让投资者感受到了均值回归的威力。所以投资者切记，不要迷信某个行业或者某个指数，保持一个均衡的组合才能够穿越周期。

如何根据投资者风险收益目标选基金？

想要根据风险收益选基金？没问题。图3.42所示说明一个道理：投资者的年龄和风险承受能力成反比，也和权益资产比例成反比。

```
收益预期/波动率
  ↑
  │  ● 股票基金/偏股混合基金
  │
  │      ● 平衡混合基金/灵活配置基金/可转债基金
  │
  │          ● 偏债混合基金/混合二级债基金
  │              ● 中长期纯债基金/混合一级债基金
  │                  ● 短期纯债基金
  │                      ● 货币基金/同业存单基金
  └─────────────────────────────────→ 年龄
```

图 3.42　根据投资者风险收益目标匹配基金类型

衡量自己权益资产应该配置多少，可以参考这个简单的公式：**权益资产比例＝100-你的年龄**。如果你是 20 岁，80% 以上的仓位可以配置股票型基金，毕竟年轻没有绝对的失败，即使亏损也不会占比过大。如果想长期投资，越早吃亏越好，也就是所谓的"梭哈是一种智慧"。你如果已经 50 岁了，那就股债平衡吧，别再尝试高风险的投资组合了，毕竟一旦失败，翻盘的机会就不多了。这种生命周期理论，其实也可以应用在养老目标 FOF 上，就是大名鼎鼎的"下滑曲线"，我们会在后面的章节中详细讲解。

第 4 章

策略篇：
玩转资产配置与交易策略

我曾经做过一个调研："买基金想赚钱，是选对基金重要，还是做对策略更重要？"从调研的结果来看，60%以上的投资者认为，策略比选基更重要。一个典型的回答是："一开始觉得选基更重要，但是随着亏得越来越多，发现配置策略才是赚钱的关键。"我个人的观点是，两者都重要，但策略更重要。在选基层面，我们可以追求平庸（市场1/2水平），只要不选到太差的基金就可以；但是在策略层面，必须有完整的体系和正确的方法，才能帮助我们立于不败之地。

基民想赚钱，什么最重要？

投资策略的3种分类

投资策略的范畴很大，既可以指资产配置这样具体的策略，也可以指和投资相关的方方面面的总和。接下来，我们把常常听到的和投资策略相关的名词，做一个简单的梳理，这样无论是在本书中还是在其他地方，你再看到这些词汇，便也听得懂其他人在讲什么了。

按投资期限分

按照投资期限划分,我们常常将投资策略分为长期策略和短期策略,如图 4.1 所示。

策略名称	长期策略	短期策略
策略特点	交易频率高	交易频率低
投资逻辑	主要依据估值和基本面分析,依靠股利贴现、自由现金流折现等模型判断标的投资价值	主要依据量化和技术面分析,通过股价走势形态、量价指标等判断标的投资价值
优势	买点相对不重要,即便买在高点,也可以靠时间换空间来弥补收益	不需要太长的资金久期,哪怕持有时间短,也可以用胜率弥补赔率
劣势	需要较长的投资期限	需要严格的交易纪律

图 4.1 按照投资期限划分投资策略

长期策略:用在资产配置上,一般指的就是长期的战略资产配置,比如股债配置中枢的设定。用在股票投资上,一般指的是基于基本面逻辑的偏价值判断的投资策略。这种长期策略的优势是,只要时间足够长,它的有效性通常是比较高的。但劣势是,需要很长的时间才能被验证,且很难判断这种"长"到底是多少长。比如"均值回归",在长期一定是会实现的,但是当一类资产出现疯涨时,人们往往会觉得"这次不一样",要"享受泡沫",都想当击鼓传花游戏中的倒数第二棒。反过来,当一类资产经历了长时间的回撤,人们都知道它已经很便宜了,买进去大概率长期不会有问题,可一旦入手,也有可能继续被腰斩。过去几年,在港股市场这样的案例数不胜数。所以在投资领域,所有的对错,都需要在前面加一个时间限定。

短期策略：用在资产配置上，一般指的就是短期的战术资产配置，比如什么时候在股债中枢的基础上高配低配一些股票或者债券，配什么股票或者债券。用在股票投资上，一般指的是基于短期量价指标和市场情绪来进行的操作。由于之前说到的长期策略有可能短期失效的问题，专业投资者往往会把一定的资金配置到短期策略上。比如常说的"核心仓+卫星仓"策略，核心仓大多会选择基于长期策略的标的和投资方法，而卫星仓则大多是基于短期策略的标的和投资方法。比如短期去追一些涨得猛、交易量放大的标的，同时做好随时止盈止损的准备，这就是"动量策略+交易纪律"的配合，非常适合作为卫星仓的策略选择。短期策略一定要辅之以交易纪律，该调整的时候调整，该止盈就止盈，千万不可"恋战"。很多人就是因为没有很好做到这一点，**把短期策略硬生生地做成了长期策略，越套越久，越套越深**。

按交易时机分

按照交易时机划分，我们常常将投资策略分为左侧投资和右侧投资，如图4.2所示。

左侧投资指的是在股票下跌到一定程度时开始买入，而在股票上涨到一定程度时逐步卖出的投资策略。而右侧投资则是在股票开始上涨后逐步买入，在股票下跌到一定程度时逐步卖出的投资策略。

左侧投资通常是在股票已经经历了一轮下跌后进行的，这种策略"接飞刀"的风险相对较大，但也可能带来更高的收益。投资者通过仔细研究公司的基本面和经济形势，确定股票已经到达一个低点，然后开始逐步买入。随着股票价格的进一步下跌，投资者可能

策略名称	左侧（逆向）投资	右侧（趋势）投资
策略特点	见底形态出现之前开始布局，见顶形态出现之前兑现获利	向上趋势出现之后开始布局，触顶回落出现之后兑现获利
投资逻辑	不关心什么时候出现底部，只要觉得股价合理，足够便宜，有足够的吸引力和安全边际，就选择买入。买入后如果下跌可能还会加仓，以拉低筹码成本	在底部形态出现以后买入，或者在顶部形态出现以后卖出。不追求买在最低点和卖在最高点，只关注逻辑是否已经被验证
优势	净值曲线相对平滑	净值曲线的弹性较大，牛市后期依旧可以超越大盘
劣势	牛市后期往往提前减仓而跑输大盘	牛熊转换时，很可能因高仓位而比大盘跌得多

图 4.2　按照交易时机划分投资策略

会继续增加其仓位，直到股票价格开始反弹。一旦股票价格涨到一定程度，投资者就开始逐步卖出，锁定亏损或盈利。相反，右侧投资通常是在股票已经开始上涨后进行的，这种策略"接飞刀"的风险相对较小，但也可能会追在短期高点。投资者在股票已经开始上涨时，通过研究公司的基本面和市场趋势，判断股票已经步入向上通道，然后开始逐步买入。随着股票价格的进一步上涨，投资者可能会继续增加其仓位，直到股票价格开始下跌。一旦股票价格跌到一定程度，投资者就开始逐步卖出，锁定亏损或盈利。当然，也有一些人是**买入喜欢右侧，卖出喜欢左侧——这就是所谓"吃鱼身子"**。

需要注意的是，所谓的左侧与右侧，都是在事后来看的。投资者身处变幻莫测的市场当中，很有可能分辨不出价格的左侧与右侧，所以一些专业投资者通常会更加专注基本面的左侧与右侧。一般而言，市场价格会跑在基本面的前面，所以当投资者确认了基本面的右侧时，股价可能已经在右侧的右侧，从底部已经反弹了不少，但作为一名右侧投资者，只要确认基本面趋势没问题可持续，通常还是会加仓买入的。在高点时也类似，一旦发现股价开始连续下跌，投资者必须去重新审视基本面是否已经出现了拐头向下的可能性，哪怕是所谓的二阶导为负（**增速的斜率开始放缓**），对成长股股价的杀伤力也是巨大的。

按投资理念分

按照投资理念划分，我们常常将投资策略分为自上而下和自下而上，如图4.3所示。

策略名称	自上而下	自下而上
策略特点	从宏观环境研究出发，延伸到中观行业选择最终落实到基金选择	从单只基金研究出发，扩展到中观行业配置最终延伸到宏观研究
投资逻辑	从宏观环境的变化出发（如市场趋势、基本面、资金面等顶层因素）进行大类资产比例的判断，然后再根据产业趋势和景气度等数据进行板块选择，最后再筛选出符合条件的基金	从基金经理或具体基金的研究出发，利用定性调研和定量筛选，寻找优质的产品，再对相关产品进行穿透分析从而做行业配比，最后再进行仓位和大类资产的比例选择
优势	无须深入分析基金经理及管理的所有产品细节，指数基金即可满足需求	对宏观知识储备要求不高，需实时跟踪中观行业变化
劣势	牛市后期往往提前减仓而跑输大盘	需要深入分析基金经理及旗下不同产品的细节

图4.3　按照投资理念划分投资策略

自上而下：先看宏观经济，再研究中观行业，最后落到个股或者基金选择上。用到基金经理的投资理念上，自上而下的选手往往有如下特点：全市场选手、金融经济专业背景居多、固收基金经理尤甚，行业切换比较频繁，行业集中度可能很高、个股喜欢配置龙头，个股集中度相对分散、对政策研究颇深，在合同范围内的仓位调整幅度较大。

自下而上：以公司基本面分析为立足点，通过分析公司的财务状况、行业前景、管理层能力等因素，来决定投资组合的策略，以"深度挖掘"为主。用到基金经理的投资理念上，自下而上的选手往往有如下特点：在能力圈内投资、理工科专业背景居多、行业基金经理尤甚，喜欢挖掘黑马，个股集中度相对较高、行业集中度相对不高，在合同范围内的仓位基本稳定。

当然，更多的情况是"自上而下和自下而上相结合"，宏观政策也要看，个股的深度也要挖，这就要求基金经理不能单打独斗，必须有一个互相配合的团队才行。

| 延伸阅读 |

以华泰柏瑞景气汇选三年持有期混合A基金为例，来观察其持仓情况，具体如图4.4所示。可以发现，在2023年第二季度，基金经理主要持有黄金、有色、地产等行业，这几个行业贝塔属性较强，行业龙头之间的股票涨跌幅差异通常也不会太大，基本上可以判断他是自上而下来进行的行业选择。观察个股发现，基本上也是龙头配置为准，且雨露均沾，都买了一些。再看他的股票仓位变化，在一年多的时间里，出现了大幅度的调整，最低50%多，最高90%多，他显然又在做仓位择时。这是一位地道的

自上而下型选手。

华泰柏瑞景气汇选三年持…				
		013431		
行情	速读	档案	**持仓**	规模

重仓股票(前10占比41.14%)　　　　持仓回顾 >

PE 18.6　PB 2.0　ROE 11.0%　市值 787.9亿

股票名称	今日收盘价	持仓占比	行业▼ 申万(31)	较上期 重仓季度
银泰黄金 000975	14.34 0.77%	7.92%	有色金属	新增 1个季度
中金黄金 600489	10.90 0.93%	6.12%	有色金属	新增 1个季度
山东黄金 600547	25.88 0.74%	5.95%	有色金属	新增 1个季度
保利发展 600048	14.50 0.97%	4.59%	房地产	新增 1个季度
招商蛇口 001979	14.68 2.66%	4.58%	房地产	新增 1个季度
湖南黄金 002155	11.60 1.31%	4.49%	有色金属	新增 1个季度
久立特材 002318	17.59 5.33%	2.10%	钢铁	新增 1个季度
赣锋锂业 002460	48.04 2.23%	1.96%	有色金属	新增 1个季度
中矿资源 002738	37.82 3.11%	1.81%	有色金属	新增 1个季度

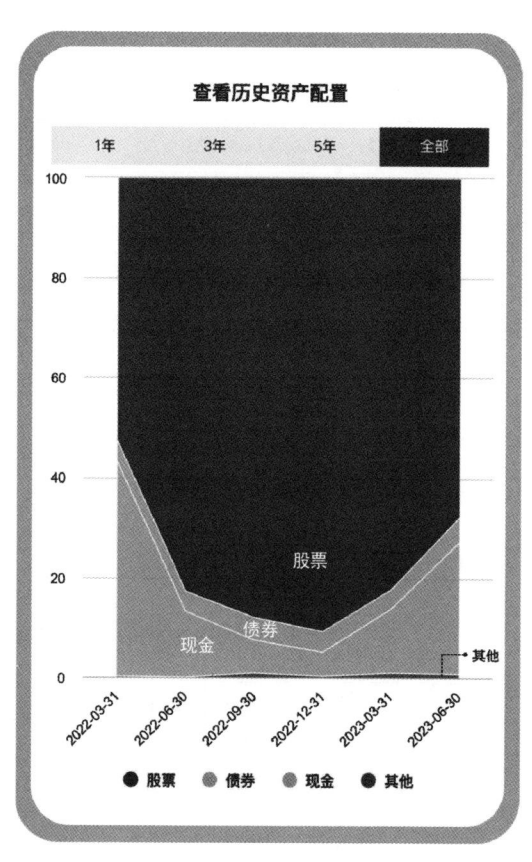

注：数据截至 2023 年 6 月 30 日，相关标的仅作示例不作推荐。
资料来源：韭圈儿 App。

图 4.4　通过基金持仓判断投资策略示例

什么是资产配置的战略与战术？

资产配置中的战略与战术

通过前文的内容，想必你对于资产配置中的战略与战术已经有了初步的认识。接下来，我们再进行一次系统性的梳理和比较。

分工不同

战略资产配置负责定方向、控风险，比如股债资产的配置中枢、业绩比较基准的设定等；战术资产配置负责调结构、捕机会，比如股债比例的增减配，行业风格的偏离度等。打个比喻，战略资产配置就像航空母舰，它决定了航线会不会走偏，目的地能不能到达；而战术资产配置就像舰载机，它们要根据航程中遇到的各种突发状况，寻找机会出击捕猎，但是它们离开母舰的距离也不能太远，否则就会迷失方向，无处加油甚至坠落大海。

影响因素不同

战略资产配置的影响因素主要和投资者有关，即收益预期、波动承受力和可投资金的期限，原因还是那熟悉的"不可能三角"。除此之外，还需要再加上配置时，可投资产的种类和数量的确定，即为了达到三要素（收益、回撤、投资期限）的要求，目前有哪些资产可以投。换句话说，前面三个要素是顾客提出的点菜要求，后面一点则是厨房里有哪些菜可以做，如图4.5（a）所示。

战术资产配置的影响因素主要和外部环境变化有关。这就包括：第一，政策因素，如财政政策、货币政策、产业政策等，在A股市场做投资，**有政策支持的板块不一定会涨，但是没有政策支持的板块大概率很难上涨**。第二，金融因素，如流动性水平、信贷水平、汇率变化等，这些因素与资金面息息相关，不仅影响内资，还影响外资。毕竟就股价走势而言，短期决定性因素主要是供需关系，水涨则船高，反之亦然。这就是为什么有时候经济基本面一般，但是流动性宽松也会带来牛市。第三，经济因素，如GDP增速、通货膨胀等，这些因素在长期的影响力更大，比如 A 股的长期收益率，和 GDP 增速长期还是有很强的相关性的。但短期内，则会出现背离现象，但也会通过影响政策因素和金融因素来间接对市场施加影响。第四，估值因素，这是在行业风格选择时需要注意的，结合 PE、PB、ROE、景气度、行业利润增速等基本面因子，来确定到底选择什么方向作为投资重点。有时候投资者也会使用量价指标等非估值因素来进行趋势追踪，如图 4.5（b）所示。

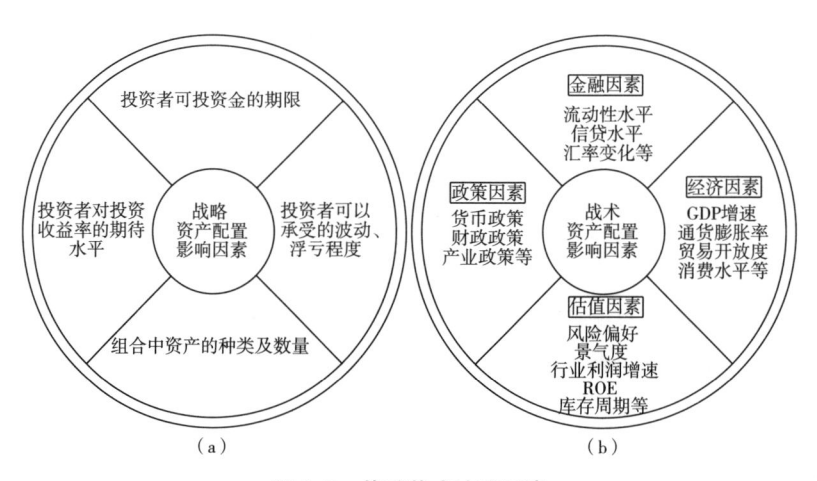

图 4.5　战略战术决定因素

先后关系不同

一般而言，投资者需要先确定战略资产配置，再做战术资产配置。没有航空母舰作为主心骨，舰载机可不能随便在海天之间驰骋。但是在现实中，很多投资者会把注意力都放在战术上，甚至即便有战略，也会因为市场的变化、情绪的变化而慢慢忘记约束，使得投资的随意性很强，这是极其危险的。毕竟，战略的价值要很长时间才能显现，而战术的价值，只要做对了，立马就会收到正反馈，这种短期刺激容易让人着迷。不过，虽然短期操作可以获得很多交易的快感，但你的主心骨一定不能丢，否则就会像迷途的飞行员，追击敌人一时爽，迷失方向更恐怖。

战略资产配置如何选品类、定比例？

那么战略资产配置到底应该怎么做呢？其实只需要关注两个问题：一是配什么品类，二是各个品类定怎样的比例。

对 A 股投资者而言，一个比较简单的方式就是，用股票和债券这两类资产来配置，利用军规 2 中提到的"不同股债配比的收益回撤"，就可以基本确定配置比例了。也可以根据第 3 章"如何根据场景找到适配的基金？"一节介绍的方法来配，把对单基的选择变成股基和债基的搭配即可。

不过随着近年来基金市场产品的不断丰富，投资者可以参与投资的资产类型也越来越多。再加上一些表现不错的海外资产，所以做全球资产配置，对国内投资者而言，也并非一件遥不可及的事。接下来，我们来梳理一下，都有哪些品类可以投。

权益类

A 股：涵盖几乎所有行业、所有市值、所有风格，无论是主动基金还是指数基金，都有很多种选择。

港股：涵盖几乎所有主流指数，如恒生指数、恒生 H 股指数、恒生科技指数，也延伸至各个细分行业，比如恒生医疗、恒生互联网、港股银行等领域。

美股：涵盖标普 500、纳斯达克两大主流指数，也延伸至纳斯达克科技、生物医药等各个细分领域。

其他：涵盖了英国、德国、法国、印度、日本、越南、韩国等各个国家和地区，以发达国家为主，新兴市场为辅。

固收类

国内纯债：涵盖了从利率债到信用债的各个品类，其中利率债分了不同的期限，信用债分了不同的等级，不可谓不全。

国内可转债：涵盖了可转债、可交换债等各类标的，主动基金和指数基金都有不少。

境外债券：在境外发行的债券，既有境内公司在境外发行的美元债，也有各个国家和地区主体发行的债券，它们和美联储利率政策走向的负相关性极高。

另类

大宗商品：原油、黄金、农产品等，有的是实物合约，有的是期货合约，有的是国内的，有的是全球的，基本上都可以通过公募基金来投资。

REITs：以国内的基础设施、产业园区等项目为主，也有一些投资于美国房地产。

衍生品：期货、期权等衍生品，不是主流配置，通常作为对冲风险使用。

现金类

主要是现金理财产品、货币基金、逆回购等。

如此丰富的资产品种，使得全球资产配置可以实现。图4.6展示了常见的大类资产及其对应的参考指数。

A股 万得全A指数 偏股基金指数	中国债券 中债-总财富（总值）指数 债券基金指数	黄金 COMEX黄金
美股 纳斯达克指数 标普500指数	可转债 中证转债指数	原油指数 NYMEX WTI原油
港股 恒生指数 恒生科技指数	美元债 美国国债利率 iBoxx亚洲中资美元债指数	REITs 中证REITs全收益指数

图 4.6　常见大类资产及其对应的参考指数

战略资产配置有哪些知名的模型？

介绍完较为抽象的理论之后，我们整理了全球范围内应用最广泛的资产配置模型，供大家参考。

60/40 恒定市值投资组合

60%股票+40%债券，这就是大名鼎鼎的 60/40 恒定市值投资组合，在过去几十年，成为全球投资中的重要基准组合。不要小看它，麦嘉华（Mebane Faber）在其《全球资产配置》一书中，对这个组合进行了数据测算,从 1973 年到 2013 年共 40 年时间,用美国股市和债券数据进行测算,60/40 组合的年化名义收益率是 9.6%,比纯股票的 10.21% 低一点,但是最大回撤只有 29.28%,比股票的 50.95% 大幅度降低。收益少一点,风险少很多,代表风险收益比的夏普比率,大幅度提高。这就是资产配置的魅力。专业角度来看,60/40 组合是在马科维茨投资组合理论模型的有效前沿上,效率更高的组合;简单来讲,是因为 60% 的权益使我们享受到权益资产长期更高收益的同时,通过再平衡,即股票上涨超过 60% 卖出一些,下跌低于 60% 买入一些,自动实现低买高卖。当然,如果遇到股债双杀的市场,那这个策略也会失效。一般在 A 股市场,专业机构会用 "30% 股票+70% 债券" 来作为稳健策略的基准比例,"70% 股票+30% 债券" 来作为积极策略的比例,长期同样是有效的。

| 延伸阅读 |

我们利用组合回测看一下,如果在基金行业应用 60/40 组合策略效果如何?我们分别选择两只历史业绩比较久的股票、债券基金进行回测,从图 4.7 的数据中可以看出,该组合从 2012 年 8 月 9 日(这是净值最早的日期)算起,成立以来收益率为 94%,远远高于沪深 300 指数的 57%。不仅如此,从图 4.7 中看能明显看到,它的回撤比沪深 300 要小得多。如果我们用偏债混合基金指数(这是一只大概 30% 股票+70% 债券的基金组合)回测,从 2003 年年底算起,也能够在收益和回撤上超越沪深 300 指数,真正做到穿越牛熊。

耶鲁大学捐赠基金

摩根士丹利投资管理公司前董事长巴顿·比格斯说:"世界上只有两位真正伟大的投资者,他们是史文森和巴菲特。"大卫·史文森的《机构投资的创新之路》一书,是公认的全球专业投资者必读书,还有一本叫《非凡的成功:个人投资的制胜之道》,把美国的主动基金批判得一无是处,读来也很有趣。史文森所管理的耶鲁大学捐赠基金是投资史上的一个奇迹,其管理有两个核心点:一是重视多元化资产配置,每年会根据市场情况设置资产配置目标,以避免择时操作;二是愿意用时间换空间,比如将大量比例资金投资

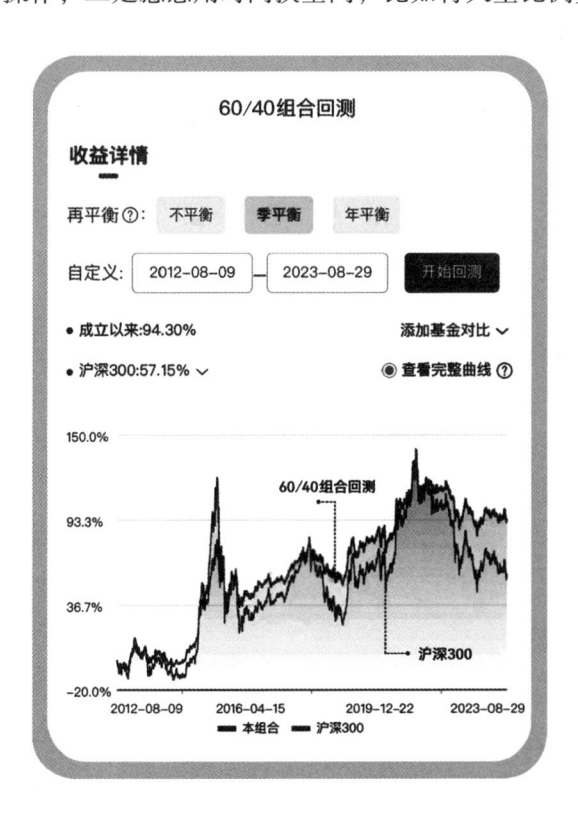

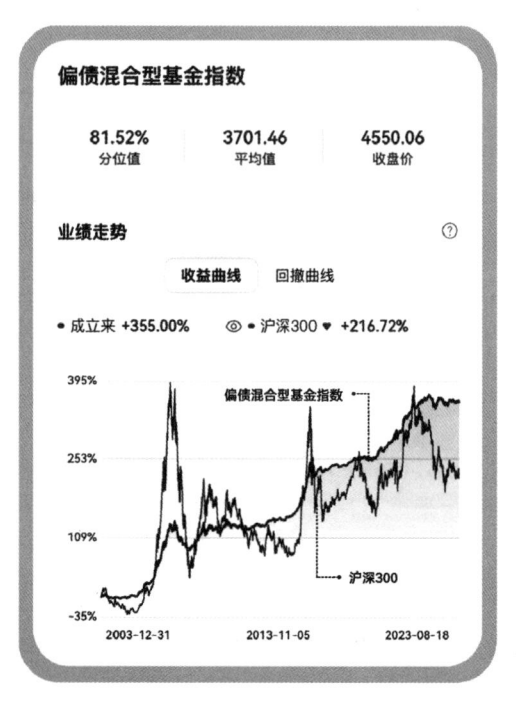

注：数据截至 2023 年 8 月 29 日，相关标的仅作示例不作推荐。
资料来源：韭圈儿 App。

图 4.7　60/40 组合回测示例

VC/PE、房地产、大宗商品、杠杆收购等流动性一般的另类产品。随着金融产品逐渐丰富，工具也越来越多，以耶鲁大学捐赠基金模式，实现多元化配置成为可能。比如公募基金可以提供 REITs、大宗商品基金（原油、黄金等），VC/PE 也逐渐进入各类财富管理机构的代销名单中，等等。

风险均衡投资组合

全天候、风险平价——这是桥水基金瑞·达里欧的江湖名号，他因为在 2008 年金融危机期间的出色业绩，而一战封神。我们常说资产配置，着眼点是资产的收益，是股票、债券、大宗商品等的收益，而达利欧做的事是风险配置，盯住每类资产的风险，而不是预期收益。举个例子，我们用波动率作为衡量的风险指标，如果股票的波动率为20%，债券的波动率为5%，它们的风险比就是4∶1，那我们就可以用波动率的倒数来作为权重，股债的配比就应该是1∶4，这样一来，这个组合中股债资产对风险的贡献就基本相同了。记住，对所有资产而言，**历史波动率对未来波动率的指示作用，比历史收益率对未来收益率的指示作用，要稳定得多**，所以盯住波动率才更靠谱。这样一来，达利欧的风险均衡投资组合中各类资产的比例来源就很容易理解了，背后是他对各类资产风险大小的判断。当然，风险的度量不只有历史波动率这么简单，还有很多其他因素，如地缘政治、信用风险、经济环境等。达利欧有句名言："投资的圣杯，就是找到15~20个良好的、互不相关的回报流。"

宽基指数投资组合

巴菲特自己是主动股票投资大师，他却劝大部分人去投资指数基金，而且是非常简单的标普500指数基金，这背后的故事也为人熟知。2007年，巴菲特向整个华尔街发出挑战：从2008年元旦开始，以10年为限，标普500指数收益会超过专业投资者操盘的基金收益。华尔街一位基金经理泰德·西德斯站出来回应挑战。他选择了一批对冲基金组合来应对巴菲特的指数基金。在2017年的最后一天，标普500指数累计上涨125.8%。泰德的5只基金中表现最好的，累计上涨87.7%，表现最差的仅仅只有2.8%的收益率。十年赌约之战，标普500指数的实际年复合增长率是7.1%，泰德组合的实际年复合增长率是2.2%。巴菲特完胜。这个故事常常被指数基金爱好者拿来揶揄主动基金经理。在机构化程度较高的美国，专业人士互相竞争，的确指数基金比较厉害。但是在散户较多的A股市场，主动基金在5~10年还是会有一定优势的，虽然主动基金也有其固有的缺点。对普通投资者来说，想投资指数基金，那么投资一个全市场的宽基指数基金是不错的选择。沪深300指数更偏大盘蓝筹、中证500指数代表中盘、中证1000指数代表小盘、中证2000指数代表微盘、中证800指数代表全市场，组合在一起也是不错的选择，定投更佳。当然，定投宽基指数基金，更重要的是长期持有，稳定获利。

图4.8列示了上述四种长期配置模型。

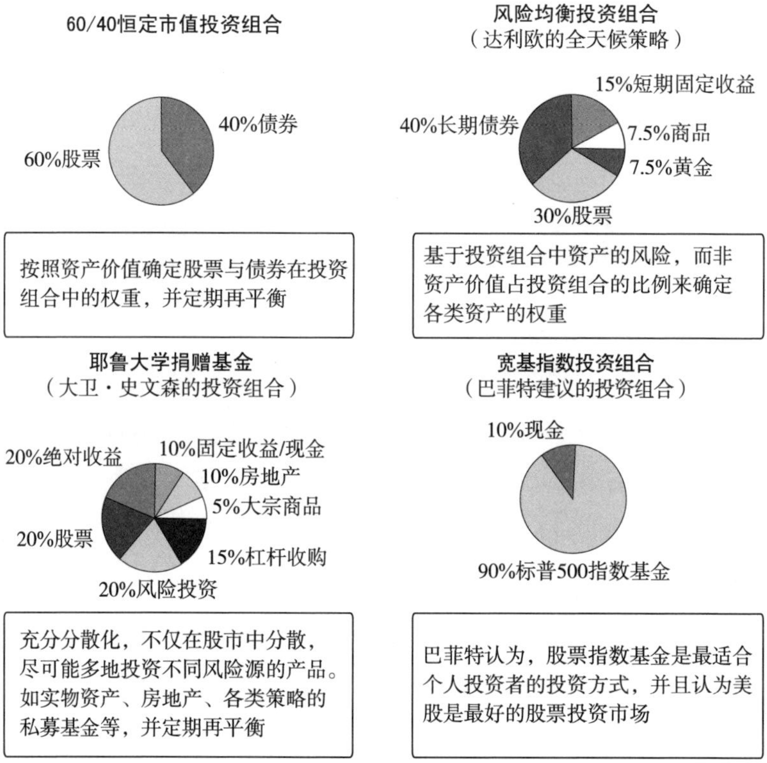

60/40恒定市值投资组合

- 60%股票
- 40%债券

按照资产价值确定股票与债券在投资组合中的权重，并定期再平衡

风险均衡投资组合
（达利欧的全天候策略）

- 40%长期债券
- 15%短期固定收益
- 7.5%商品
- 7.5%黄金
- 30%股票

基于投资组合中资产的风险，而非资产价值占投资组合的比例来确定各类资产的权重

耶鲁大学捐赠基金
（大卫·史文森的投资组合）

- 20%绝对收益
- 10%固定收益/现金
- 10%房地产
- 5%大宗商品
- 15%杠杆收购
- 20%风险投资
- 20%股票

充分分散化，不仅在股市中分散，尽可能多地投资不同风险源的产品。如实物资产、房地产、各类策略的私募基金等，并定期再平衡

宽基指数投资组合
（巴菲特建议的投资组合）

- 10%现金
- 90%标普500指数基金

巴菲特认为，股票指数基金是最适合个人投资者的投资方式，并且认为美股是最好的股票投资市场

图4.8 四种长期配置模型

生命周期模型

生命周期模型之下滑曲线策略的基本原则是：随着时间的推移，投资组合的风险水平应该逐渐降低，以适应投资者年龄和风险承受能力的变化。在年轻时，投资者通常有较高的风险承受能力，可以接受较高的投资风险，因此投资组合可以更加注重高风险资产，比如股票。这时候投资者的资产量小，而未来收入增长的潜力大，早点儿经受一下市场的洗礼也不怕，毕竟年轻没有失败。但是随着投资者年龄的增长，投资者的资产量变得比较大，而未来赚钱的能力在逐渐下降，万一有个闪失，留给翻盘的机会就不多了。所以这时候的投资组合应该逐渐转向低风险资产，比如债券，以降低风险并增加收益的稳定性。

一般来说，下滑曲线可以分为 4 个阶段：家庭形成期（20~30 岁）、成长期（30~40 岁）、成熟期（40~50 岁）和退休期（50 岁以后）。而投资者股债配置比例，也可以根据图 4.9 中下滑曲线的位置来调整。

下滑曲线最著名的应用是在养老目标日期基金上，即我们经常看到的"某某养老目标基金 2050"，这类基金通常是 FOF，且其仓位调整规则是根据 2050 年退休人群的风险承受能力来设计的下滑曲线。等到 2050 年到来时，股票仓位会降低到一个很低的水平，而距离 2050 年越远的时候，股票仓位就越高。那么，某某养老目标基金 2050 和某某养老目标基金 2040，它们两个当前的股票仓位，谁更高呢？自然是前者。

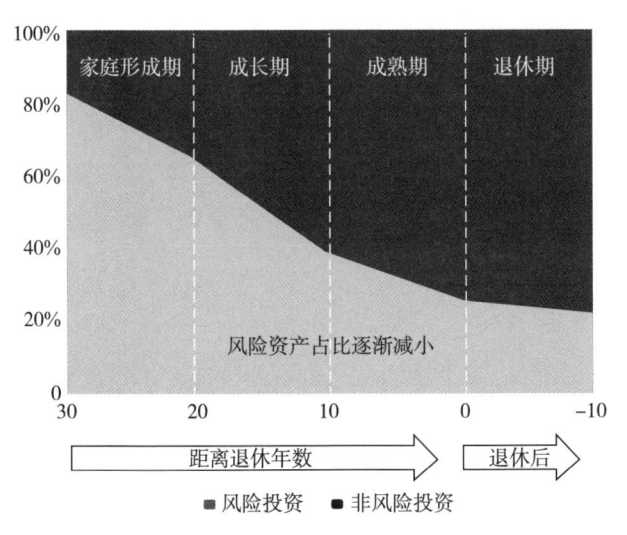

图 4.9 生命周期模型之下滑曲线

标普四笔钱模型

最后,我再给出一个著名的四笔钱模型,如图 4.10 所示,它和第 3 章提到的按可投资金的期限属性划分的四笔钱有些不同,主要是把"超长期不用的钱",换成了"保命的钱"。从这个意义上讲,标普四笔钱模型更像一个家庭理财方案,而不是一个严格投资意义上的资产配置模型。

短期、中期和长期的钱,从图 4.10 中就能看出大概,这里就不再赘述了。我想强调的是,我对保险的理解。保险公司的收入主要来自三个方面:死差、费差和利差。其中,死差是指保险公司实际的风险发生率与预计的风险发生率之间的差异。死差益是实际的风险发生率低于预计的风险发生率,也就是死差收入。反之就会产生死差损,也就是死差支出。费差是指保险公司实际的营运管理费

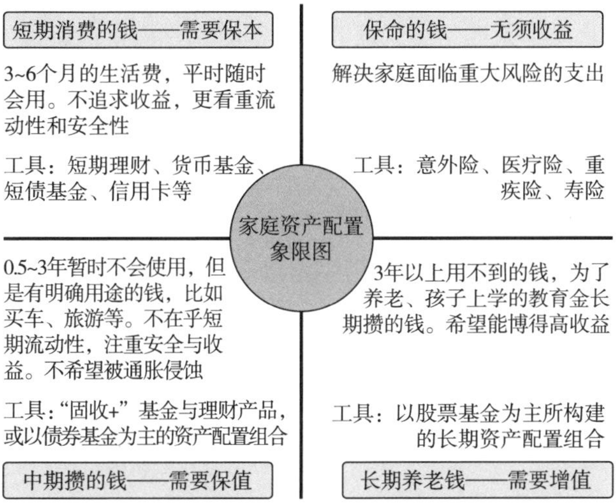

```
┌─────────────────────────────────┬─────────────────────────────────┐
│ 短期消费的钱——需要保本          │ 保命的钱——无须收益              │
│                                 │                                 │
│ 3~6个月的生活费，平时随时        │ 解决家庭面临重大风险的支出      │
│ 会用。不追求收益，更看重流       │                                 │
│ 动性和安全性                    │                                 │
│                                 │                                 │
│ 工具：短期理财、货币基金、       │ 工具：意外险、医疗险、重        │
│ 短债基金、信用卡等               │       疾险、寿险                │
│            ╱──────╲              │                                 │
│           │家庭资产配置│          │                                 │
│            ╲象限图 ╱              │                                 │
│ 0.5~3年暂时不会使用，但   │ 3年以上用不到的钱，为了         │
│ 是有明确用途的钱，比如           │ 养老、孩子上学的教育金长        │
│ 买车、旅游等。不在乎短           │ 期攒的钱。希望能博得高收益      │
│ 期流动性，注重安全与收           │                                 │
│ 益。不希望被通胀侵蚀             │                                 │
│                                 │                                 │
│ 工具："固收+"基金与理财产品，    │ 工具：以股票基金为主所构建      │
│ 或以债券基金为主的资产配置组合   │      的长期资产配置组合         │
│                                 │                                 │
│ 中期攒的钱——需要保值            │ 长期养老钱——需要增值           │
└─────────────────────────────────┴─────────────────────────────────┘
```

图 4.10　标普四笔钱模型

用与预计的营运管理费用之间的差异。费差益是实际的营运管理费用低于预计的营运管理费用，也就是费差收入。反之就会产生费差损，也就是费差支出。这两项收入主要取决于保险公司的精算和营运管理能力，除非出现"黑天鹅"，一般不会有太大的浮动空间。而真正有弹性空间的是利差，即保险公司实际的投资收益与预计的投资收益之间的差异。利差益就是实际的投资收益高于预计的投资收益，也就是利差收入。反之就会产生利差损，也就是利差支出。

如果你明白了死差和费差是保险公司利润最薄的地方，那么就应该知道，最划算的保险应该是意外险、医疗险、重疾险这类和"发生概率"紧密相连的险种。而寿险、分红险等带有一定投资属性的保险（通常是先存多少，再返多少），都是给利差贡献利润的主要来源。换句话说，它们更像保险公司设计的一种融资方式来向你借钱，然后用这笔钱去投资赚利差。如果你自己没有太强的投资能力,其实买一些附带投资属性的保险,改变一下自己的现金流分布形式,也是不错的。但买这类保险的时候,你不要期待太高的收益率,还是以多元、稳定为主。另外确定哪种保险更划算的方式就是,问一下你银行或者保险公司的朋友,哪种保险的销售提成低,往往就是更划算的选择。

战术资产配置中的美林时钟模型管用吗?

美林时钟

"美林时钟"模型是由国际知名投行美林证券,在研究了美国1973—2004年的历史数据之后提出的,是资产配置最著名的理论之一。这个理论根据经济增长和通货膨胀的高低,将经济周期分为4个阶段,即复苏期(高GDP+低CPI)、扩张期(高GDP+高CPI)、滞胀期(低GDP+高CPI)和衰退期(低GDP+低CPI)。

这4个周期如同四季变化,指引投资者在不同的市场环境中投资不同的资产,就像春生、夏长、秋收、冬藏,指引着农人的四季忙碌。这4个阶段如图4.11所示,解读如下。

1. 复苏期。经济增长开始从衰退中恢复,多余的产能还没有完全被利用起来,通胀还未形成,周期性生产力的增长强劲,利润也开始边际修复,央行货币环境仍然宽松。资产配置的优先顺序是"股票>债券>现金>商品",周期成长股是优先选择。
2. 扩张期。经济增长已经持续一段时间,有过热迹象,通胀开始高企,央行货币环境也开始收紧。资产配置的优先顺

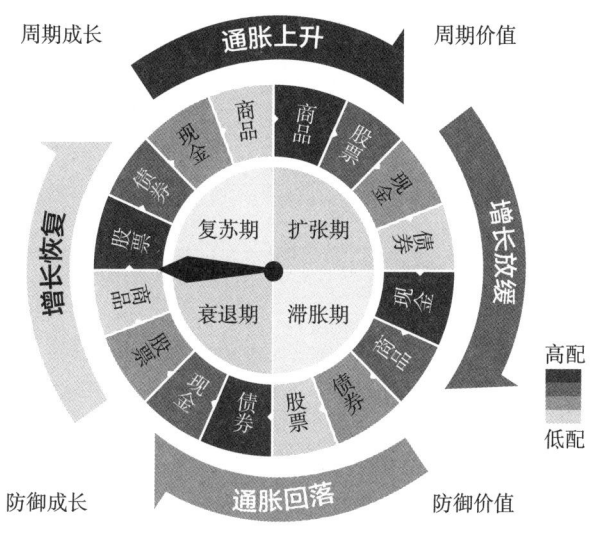

图 4.11 美林时钟模型

序是"商品>股票>现金>债券",周期价值股是优先选择。

3. 滞胀期。经济增长开始乏力,但通胀还未开始下行,央行货币环境还没有大幅放松,各类资产投资机会很少。资产配置的优先顺序是"现金>商品>债券>股票",防御价值股是优先选择。

4. 衰退期。经济增长显著放缓,通胀开始下降,产能显著过剩,消费和投资意愿不强,市场信心不足,但央行货币环境已经开始持续放松。资产配置的优先顺序是"债券>现金>股票>商品",防御成长股是优先选择。

美林时钟之所以风靡全球,一是因为它以一种很容易理解的方式解释了经济周期和股市起伏,二是它很好地解释了1973—2004年美国的市场数据,看起来非常有效。但是在2008年金融危机后,由于美联储持续大放水,使得资产价格水涨船高,脱离了这种周期规律。而在 A 股市场,基于政策调整的影响力,也产生了美林时钟失效的现象,从而被戏称为"美林电风扇",以此来反映 A 股的板块轮动。后来也有分析师研发出"中国版美林时钟",比如加入货币政策、财政政策等。

整体而言,美林时钟作为一种思维模型,是有效的,难的是对当前所处环境的判断。一定程度上的灵活性,是在 A 股的生存之道,尽信书则不如无书。

MVP 模型

MVP 模型,是宏观(Macroeconom)、估值(Value)、政策(Policy)三个英文词汇的首字母的缩写。在美林时钟主要分析的 M(宏观)基础上,又加入了 A 股特色的 V(估值)和 P(政策)两个部分。最早见于华夏基金的研究报告,在此加入我个人的理解后进行阐释,如图 4.12 所示。

- 宏观部分主要沿用美林时钟的逻辑,判断经济周期所处的位置。
- 估值部分主要通过估值比价逻辑,来动态衡量不同资产的性价比,避开板块估值的极端时点。虽然这样做可能错过板块阶段性顶部的泡沫期,但只要投资者抵得住诱惑,不去买估值最贵的几类板块,大概率能够将回撤控制在合理范围内。长期来看,对提升投资体验非常有帮助,能够防止投资者在巨大的波动中迷失。
- 政策部分则加入了对逆周期政策工具的判断,在 A 股市场,这个环节尤其重要。比如 2018 年年底，传统美林时钟派认为，这个阶段是货币宽松和信用紧缩叠加期，应该等到货币和信用双宽的时候再投资权益资产。但加入政策因子的考虑之后，MVP 模型认为，持续一年的贸易摩擦已经对实体经济产生较大影响，政策支撑已经呈箭在弦上之势，这个时候应该提前布局，把握困境反转的机会。从后视镜的角度看，这个逻辑在 A 股的应用还是不错的。

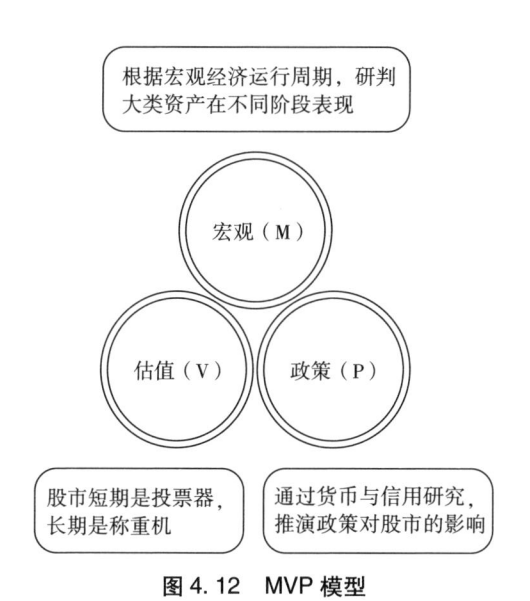

图 4.12　MVP 模型

以上三个因素，如果同时都是预期向好，那就是非常好的买点了。但通常情况下，可能它们之间会有互相矛盾的状态。这个时候就需要抓住主要矛盾，以及矛盾的主要方面来相机抉择。

不过对于所有类似的模型，投资者都不要刻舟求剑，不可能有100% 准确的资产配置模型，它们最大的作用是帮我们把握一个相对正确的方向,或者说剔除一个错误答案。

股债利差模型为何是长期称重机?

其实投资和其他的购买行为一样,都是比较性价比的过程。你想要解决家里地面卫生问题,可能会在传统扫把、吸尘器、扫地机器人、人工上门等各种方式中,结合自己的具体情况做选择,看哪种方式性价比最高。投资也是,在特定的时间,在债券、股票、贵金属、大宗商品这些类别的资产里,看谁的性价比高,从而决定用你手中的现金买入该资产类别。

那么金融资产的性价比该怎么衡量呢?这就是我们接下来要讲的股债利差模型,股债利差又称"股权风险溢价"(Equity Risk Premium,简写为ERP),来自FED模型,最早因得到美国中央银行美联储的应用而闻名。

在各类金融资产里,投资者最关心的资产是股票类资产,那我们用谁来和股票比较,计算这个相对收益率呢?答案是另外一个非常主流的金融投资资产"债券"。每一种金融资产都有它潜在的预期收益率。我们用股票、债券的预期收益率相比,就能得出谁的性价比更高。那么股票和债券这两种资产,我们怎么来衡量其收益率呢?

债券,用债券到期收益率衡量它的预期收益率。这个收益率,从你买入债券的时刻就确定了,只要你持有债券至到期,就能够获得这个收益率。这也是为什么债券被称为固定收益类产品。

股票,因其价格波动,我们无法精确衡量它的预期收益率。不过在学术界,一般用股票市盈率的倒数来衡量它的预期收益率。市盈率就是股票投资者熟知的用来衡量股票估值的指标,它的倒数就是每股盈利/股票价格，也就是你付出的每单位股价，上市公司每年能给你带来多少盈利，就是投资股票的预期收益率。有了这两个指标，你就可以在宏观层面，比较债券类资产与股票类资产谁的性价比更高了。

我们这里用沪深 300 指数，来衡量 A 股整体的表现。相应地，沪深 300 指数市盈率的倒数，可以用来表示 A 股整体的预期收益率。当然你也可以选择万得全 A 指数等其他股票指数。债券类资产，我们这里用反映市场无风险收益的 10 年期国债的到期收益率。两者相减，就得到股票相对债券的收益率了。

股债风险溢价 = 1/沪深 300 指数市盈率 – 10 年期国债到期收益率

把这个值的历史数据列出来，就得到了图 4.13 这张预测 A 股走势曲线图。

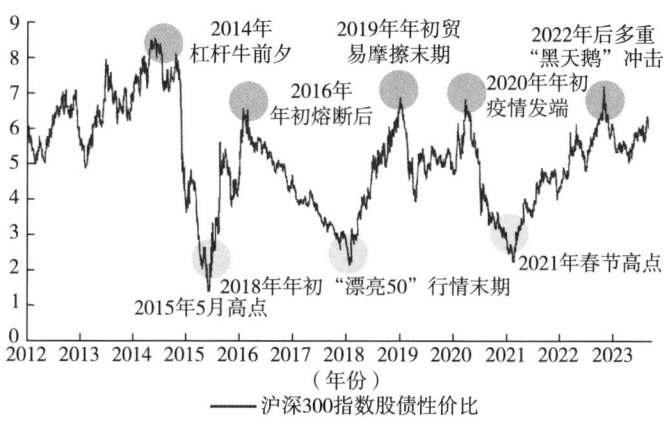

注：统计周期为2011年12月31日到2023年8月30日。
资料来源：万得资讯，韭圈儿App。

图 4.13　股债利差模型曲线

曲线高点，代表股票相对债券的收益率更高，证明股市投资更具有性价比，应该多投资股票。图中两处高点，分别对应着2019年年初以及2020年3月，这两个时间点之后，股市迎来一波小牛市。2019年年初为什么股市性价比高？因为2018年股市跌了一整年，而同期债券市场却是一个牛市。这就导致股票变得便宜，而债券逐渐变贵。随着股市的下跌，债券的上涨，这个趋势积累到一定程度，两个投资品之间的性价比就发生了质变，最终在2019年年初迎来反转。

而曲线低点，代表股票相对债券的收益率更低，证明债市投资更具有性价比，应该少投资股票。同样，为什么2018年年初股市性价比很低呢？因为2017年大蓝筹的股票涨了一年，而债券市场却持续跌了一整年（2016年年底债市大跌后开始整顿债市）。同样，大跌的资产由于价格很便宜，便开始变得具有性价比。而后的2018年一整年，股市阴跌，而债券市场却迎来一波牛市。

这背后的逻辑到底是什么呢？图4.14进行了简单说明。

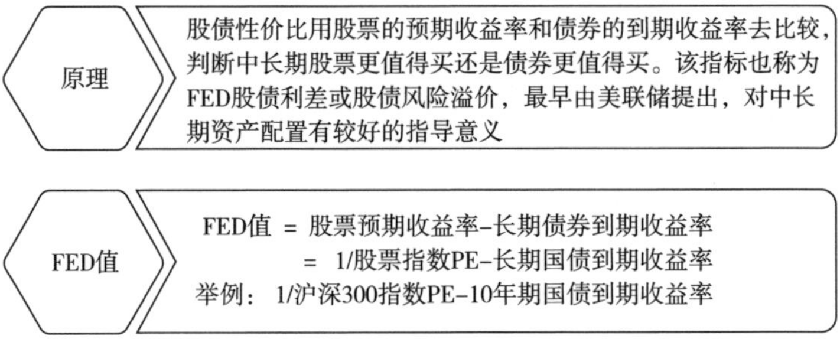

原理	股债性价比用股票的预期收益率和债券的到期收益率去比较，判断中长期股票更值得买还是债券更值得买。该指标也称为FED股债利差或股债风险溢价，最早由美联储提出，对中长期资产配置有较好的指导意义
FED值	FED值 = 股票预期收益率−长期债券到期收益率 = 1/股票指数PE−长期国债到期收益率 举例：1/沪深300指数PE−10年期国债到期收益率

图4.14　股债利差模型原理

在金融市场中，通俗来讲，你所赚到的收益，其实是对你投资所承担风险的补偿。如果你所投资的一项金融产品风险高，但预期收益率较低，它的投资性价比就是极低的。我们能接触到的所有投资当中风险最低的是国债，基本可以视为无违约风险的债券，这样我们就可以把投资国债赚取的回报当作一个无风险的收益水平。相比国债，同样是债券种类的企业发行的信用债，就比国债多了一些信用风险，因为企业有破产倒闭的可能。为了多承担这部分风险，投资者是要被额外补偿的，所以信用债的收益率会比国债收益率高。股票的风险更进一步，由于股票持有人在公司破产时的清偿顺序在债券持有人之后，且股票持有人获得分红也是在债券持有人拿到债券利息之后，股票持有人的风险在信用风险之上还额外多承担了股权风险。那么从国债到信用债再到股票，投资者承担的风险越来越大，投资的收益理应是越来越高的。所以从长期来看，股权收益要高于债券收益，并且这种差异还要维持在一定的区间才合理。当我们发现这个合理的区间出现变化时，就应该警惕。

如何利用股债利差模型进行资产配置呢？我们来看图4.15。

对应情境	FED处于最低10%	FED处于最低30%	FED中性	FED处于最高30%	FED处于最高10%
风险偏好	清仓	低配	平配	高配	满仓
稳健投资者	0%	10%	20%	30%	40%
平衡投资者	30%	40%	50%	60%	70%
激进投资者	60%	70%	80%	90%	100%
历史场景	2015年6月股市大跌前期	2020年年底股市高点	大部分时间震荡	2020年3月全球熔断	2018年年底全球熊市

■ 债券　■ 股票

注：沪深300指数FED股债利差=1/沪深300指数PE−10年期国债到期收益率

图4.15　利用股债利差模型进行资产配置

恐惧贪婪模型为何是短期投票器？

股债利差模型实际上是一个基于估值衍生出的指标，估值在长期大概率是有效的，在短期又很有可能会失效。就像巴菲特的老师格雷厄姆说的："**股票长期是称重机，短期是投票器**"。那么短期我们参考什么指标呢？

短期主导市场的是资金，资金背后的驱动力是情绪。相信你一定听过股神巴菲特经典语录："别人贪婪我恐惧，别人恐惧我贪婪。"当所有人都乐观的时候，入场的资金持续增加，人们觉得左脚踩着右脚也能上天；当所有人都悲观的时候，任何利好都激不起波澜，每一次反弹人们都当作出逃的机会。但想要在这波诡云谲的市场中赚钱，你必须学会做一个逆行者。

逆行者在市场极度疯狂的时候，卖出手中的股票，因为他们知道凡事盛极而衰，这种疯狂的状态很难持续太久。在市场极度悲观，众人纷纷撤出市场时，逆行者大笔买入股票，因为他们知道，股市也有否极泰来，属于股市的春天早晚会再次来临。很多认可这个理念的投资者，也都想在市场极度恐惧的时候抄底。不过市场情绪，虚无缥缈，到底何时是恐惧，何时要贪婪。

有一个客观反映股市是恐惧还是贪婪的指标——恐惧贪婪指数（Fear & Greed Index），如图 4.16 所示，波动比较大的线为恐惧贪婪指数，波动比较小的线为沪深 300 指数。

当恐惧贪婪指数下跌至 10 以下的时候，代表市场极度恐惧。你能看到，当指数进入极度恐惧阶段，一般处于阶段性见底状态，后续下跌的幅度也不大，这个时候可以考虑抄底。比如，2021 年春节以后的大跌，很多人都想抄底，但是不知道什么时候入手。我

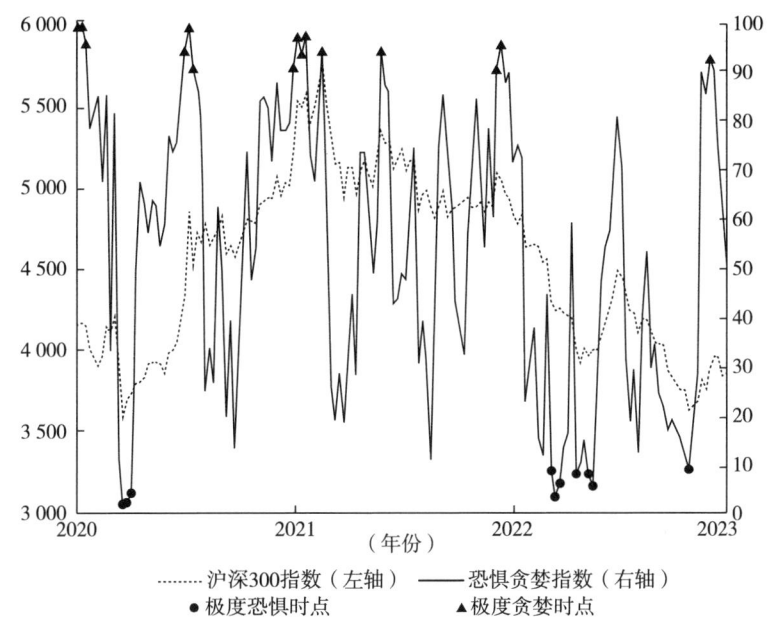

注：统计周期为2019年12月31日到2022年12月31日。
资料来源：万得资讯，韭圈儿App。

图 4.16 恐惧贪婪指数有效性示意

们接着看，当恐惧贪婪指数上涨至接近100附近时，代表市场极度贪婪，大盘一般离阶段性见顶不远了。这个时候可以选择减仓，至少是不再疯狂加仓。

这个指标最好用的地方在于，它有明确的底部和顶部。不像我们单纯看大盘的点位，不知道跌到多少点才是底。这么好用的指标，是如何得出来的呢？

为了能够准确地反映市场情绪，恐慌贪婪指数结合了以下六大反映市场情绪的指标，综合运算得出。

1.50ETF期权波动率。这是中国版恐慌指数VIX（波动率指数)。这是利用期权市场的特性来反映股票市场情绪的一个指标。VIX 指数,是由芝加哥期权交易所在 1993 年推出,用来反映美国股票市场预期波动性。当市场预期股市会发生特别大的波动的时候,VIX 指数会变得极大。这一指数在 21 世纪美国历史上两次最大危机中,都有极高的敏感度,很好地描绘了市场情绪。我们的上证 50ETF 期权波动率,对标的就是美国的 VIX 指数。

2. 外资对 A 股的认可度。现在北上资金对 A 股的影响力越来越大。我们用陆股通,累计买入成交净额,偏离均线的程度来衡量外资对 A 股的态度。当正偏离度非常高的时候,代表外资对 A 股极度乐观;当负偏离度非常高的时候,说明外资抛售 A 股,代表外资对 A 股极度悲观。

3. 衡量股价强度的指标。用股市创新高股票个数的占比来衡量市场情绪。如果一段时间创新高的个股数量占比明显上升,大幅偏离此前的均值,则证明市场情绪比较兴奋;相反,则证明股市情绪比较萎靡。

4. 股指期货年化升贴水率。利用期货市场投资者的看法,来反映股市情绪。这里选择了比较主流的沪深 300 股指期货升贴水率,如果期货的价格大幅低于沪深 300 指数现货的价格,则代表期货市场的投资者对股市的未来比较谨慎。

5. 股债收益率之差。最近一段时间股票收益率与债券收益率的差值,用来衡量投资者短期对股票和债券这两类资产的偏好。如果这一差值在历史中处于比较低的分位点,就意味着债券比股票更吸引投资者,也就是市场对股票比较悲观。

6. 市场融资买入股票的情况。这比较好理解，如果股票市场借钱买入股票的占比高，就说明这时的股市比较疯狂。

总之，上述 6 个指标都是反映股市情绪的指标，按照一定的换算公式，我们就可以得到衡量股票市场整体情绪的指标——恐惧贪婪指数。所以在使用这个指标的时候，即便当天大盘跌了很多，恐惧贪婪指数变化可能也不会太大，因为这个指标没有参考股价涨跌幅来判断市场情绪，而是通过更客观描述市场情绪的六大指标来构建的。

那么，股债利差和恐惧贪婪指数，都是用来衡量股市估值和市场情绪的指标。它们能否搭配使用呢？当然可以。

- 风险溢价极高+情绪极度恐惧：买买买，买股票买基金（2018年年底）。
- 风险溢价极低+情绪极度恐惧：短期投资但不可恋战（2021年春节后几天暴跌时）。
- 风险溢价极低+情绪极度贪婪：全面布防或边打边撤（2021年年初的情形）。
- 风险溢价极高+情绪极度贪婪：短期避险但也可以硬抗（这种情况很少发生）。

一般而言，恐惧贪婪指数一年会有 2~3 个周期，而股债性价比两年出现一次周期就不错了。

如何制定交易策略，止盈止损？

4 步制定交易策略

当我们确定了投资标的，决定花一笔钱买入的时候，是否认真思考过：这笔钱和这只标的之间，会产生一段怎样的化学反应，走过一段什么样的旅程？一个完整的交易策略，你至少需要思考以下几个问题。

什么时候买？（买入时机）

左侧买入：在资产价格开始上涨之前买入，甚至越跌越买。前提是对所投标的特质非常有信心。如果是主动基金，则基金经理须是一位值得托付的老将，持仓须足够均衡，不会豪赌于某个方向；如果是行业基金，则最好是类似于白酒这种长期波动大，且 ROE 和现金流都相对稳定的行业；如果是策略基金，则最好是红利、高股息这种偏稳健的策略；如果是指数基金，则最好是沪深 300 指数、中证 500 指数等宽基指数的搭配组合。

右侧买入：在资产价格开始上涨之后再买入，甚至会去追高。前提是对所投资标的的趋势非常有信心。这种买入方式最常见于行业基金、指数基金，在确定某个行业的基本面趋势，或者技术趋势走牛之后，跟随动量冲进去，享受主升浪。

怎么买？（买入频率）

一次性买入：这是最常见的买入方式，一把仓位打满。需要投资者对投资时机有充分的判断和决断力。

分批择时买入：把钱分成几份，然后基于浮盈浮亏情况、市场估值情况、资金情绪等指标，一笔一笔地择机投进去。

定投买入：同样是把钱分成很多份，但定投放弃了择时，设定好一个周期就定期买入，这种方法省心省力，拉长时间看，效果其实也不错。如果能投出一个微笑曲线，那就是极大的成功。

什么时候卖？（卖出时机）

目标收益率卖出：当收益率达到既定目标，即可止盈卖出。这种方法适合大多数人、大多数时候。这里的目标，不能过于夸张。一般而言，能够每年超越银行理财 3%～4%，就是不错的收益率。所以如果是长期重仓的资金，可以把目标收益率设为"（银行理财同期收益率+4%）×投资年数"。如果是短期的交易资金，则可以设置一个短平快的收益率目标。当然，这里也别忘了亏损的情形，"20%止损"原则是被基金经理广泛接受的，看不清方向时，先出来观望一下，也无妨。

收益回撤卖出：目标收益率卖出，其实是一种左侧卖出的方式；而收益回撤卖出，则是一种右侧卖出的方式。当收益一直在奔跑，我们肯定都希望赚得越多越好，"再涨涨我就卖"，等到下一个高点，就又是"再涨涨我就卖"。虽然没错，但一定要设定好纪律，一旦冲高回落，千万不要抱有幻想，立刻卖出。尤其是在泡沫阶段，在享受泡沫的时候，一定要做好随时撤退的准备。2015 年 5 月至 6 月，就是一个典型的案例，当时最好的卖出策略，就是收益回撤卖出。

市场指标卖出：前两种方法都是基于持仓收益本身的，而这种方法是基于市场环境的。比如可以根据指数估值，当市场全面高估的时候卖出；可以根据恐惧贪婪指数，当市场极度贪婪的时候卖出；

也可以根据行业基本面数据，当景气度开始下降的时候卖出等。

关于止盈的纪律，我们会在下文更为详尽地解读。

怎么卖？（卖出频率）

一次性卖出：只设定一个止盈位置，达到后一次性卖出。

分批卖出：在上涨过程中设置多个止盈的位置，逐步落袋为安。

| 延伸阅读 |

以我个人投资某 ETF 的一段经历为例，如图 4.17 所示，在 2022 年 5 月计划投这只 ETF 时，该指数和相关 ETF 已经从高点回撤了将近一半，幅度可谓相当巨大。由于价格已经不贵，而我判断这些龙头科技公司的基本面仍旧问题不大，护城河依旧稳固，赚钱能力还不错，所以决定在左侧参与投资。但是由于美联储加息、中概股退市等一系列事件的不确定性，我在投资时选择了（日）定投的方式。果不其然，随后几个月，该指数在震荡中再次创出新低，但我没有停止定投，依旧每日坚持投入，经过半年以后终于完成了建仓过程并形成了一条完美的微笑曲线。之后我便停止了定投，并设置了 20% 的收益目标计划止盈。

止盈的 4 个方法

"会买是徒弟，会卖是师傅"——当普通投资者把注意力都放在如何"买买买"上时，如何"卖"反而成了一个问题。

止盈的纪律有两类：第一类是根据投资者自己的持仓收益定，第二类是根据市场环境定。下面列出的 4 个方法，前两个属于第一类，后两个属于第二类（见图 4.18）。

注：数据截至 2023 年 8 月 29 日，相关标的仅作示例不作推荐。
资料来源：韭圈儿 App。

图 4.17 制定交易策略止盈示例

盈利回落止盈

适合风格比较激进的右侧趋势投资者，尤其是在牛市泡沫当中。当身处牛市时，每天看着收益上涨，大部分投资者是不会舍得卖出的。这时不妨设置一个"冲高回落"的目标，当触发这个值的时候，就立刻离场。当我们经历一个高点往下走的时候，并不知道后面是更高的山峰还是深渊，比如 2007 年牛市中的"5·30 事

盈利回落止盈	指数估值止盈	目标收益率止盈	高位止盈
适合激进型投资者 基金短期涨势非常好，已经有了50%的收益，还想再等等，看看能不能涨到更高，后来没涨上去，收益率回落到40%，就止盈	适合行业指数基金以及行业主动基金 观察基金投资板块的估值情况，如果与历史估值相比处于非常高的点位，就止盈	年化收益率止盈 • 设定一个年化收益率目标，比如5%、10%、15%，达到目标收益率后止盈。需要结合不同类型的基金，设置对应的目标。例如沪深300指数设置15%等 持有收益率止盈 • 适合短期博弈。在一定时间内，持有收益率达到目标，就止盈。一般用在持有1年以内的基金	当市场整体行情达到比较高估、亢奋的时候，准备止盈 通过股债性价比、恐惧贪婪指数等，观察市场整体估值情况的指标。通常市场到了高点的时候，大概率会回落

图 4.18　4 个止盈方法

件"，后面就是更高的山峰；但是 2015 年 6 月的暴跌，后面就是深渊。但不可否认的是，这两个阶段都是牛市泡沫期，与其面临后面的不确定性，不如安全离场。

指数估值止盈

适合投资行业指数基金或者行业主动基金，适合中长期的投资者。由于所投资的基金，其净值走势和对标的行业主题指数关系密切，所以我们就可以通过观察对应指数的估值高低来辅助决策。比如当指数的市盈率进入过去 10 年最高的 10% 分位数区间时，就可以把当前作为一个止盈位置，未来获得超额收益的可能性较小。很多数据提供商都会提供主流指数的估值数据，以韭圈儿 App 上的"指数估值"板块为例，提供的数据包括市盈率、市净率、净资产收益率、利润增速、PEG（市盈率增长率）等，投资者需要把这些指标结合起来互相印证。

目标收益率止盈

适合比较容易满足的左侧逆向投资者,适用于任何市场。比如根据年化收益率止盈,如果投资偏股混合基金,那么可以将年化收益率设置为15%(这是偏股混合基金长期年化收益率水平);如果投资期限是2年,那么可以将年化收益率设置为32%[$(1+15\%)^2-1$],以此类推。一般而言,投资沪深300指数的长期年化收益率为8%~10%,投资纯债基金的长期年化收益率为4%~6%。还有一种适合短期投资者,就只看持有收益率,不考虑时间成本。比如设定30%的收益率,那么到30%就直接卖出止盈。

高位止盈

适合逆向投资者,在牛市行情中比较有效,对中长期和短期投资者有对应指标。对于什么是高位,这是很难精准判断的,但是我们可以根据一些相关指标进行"模糊判断"。**在投资中,"模糊的正确"比"精准的错误"更重要**。比如对于短期投资者,可以参考情绪指标,如恐惧贪婪指数,并进行逆向投资,每年进行三四次切换;对于中长期投资者,可以参考股债性价比,一两年进行一次切换即可。需要注意的是,我们在制定止盈策略时,短期看情绪,长期还是要看估值。

我们简单总结了投资者止盈止损口诀,如图4.19所示。

止损为何如此重要?

止损为何如此重要?图4.20给出了答案。"**亏50%,要涨**100%

核心持仓要均衡，长投不用止盈损

交易持仓跟热点，止损止盈吃鱼身

基金定投要坚持，止盈但是不止损

图 4.19　止盈止损口诀

才能回本"，这是多么不可思议的一件事。换句话说，如果你的基金是 1 元买的，跌到了 0.5 元，想在什么都不操作的情况下等它自己涨回去，除非遇到一次超级大牛市，否则几乎不可能。

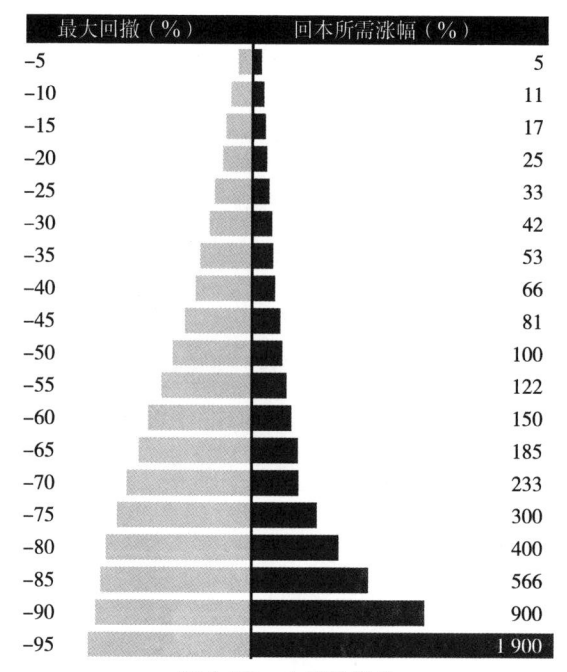

最大回撤（%）	回本所需涨幅（%）
−5	5
−10	11
−15	17
−20	25
−25	33
−30	42
−35	53
−40	66
−45	81
−50	100
−55	122
−60	150
−65	185
−70	233
−75	300
−80	400
−85	566
−90	900
−95	1 900

图 4.20　止损的意义

一般而言，回撤 10% 止损，可以再观望观望，是一个常见的原则。回撤 20% 止损则是极限，绝不能超过这一比例。因为亏损 20% 以内，亏损幅度和涨回去需要的涨幅，基本还可控，但是超过 20%，两者之间的差异就开始以指数级增长，最终很难再实现回本了。

当然，如果你是在定投，则可以忽略止损这件事。

如果在投资过程中出现了如图 4.21 所示的 4 种情形，大家也需要持续关注，适时止损，否则有可能陷入越买越亏的境地。

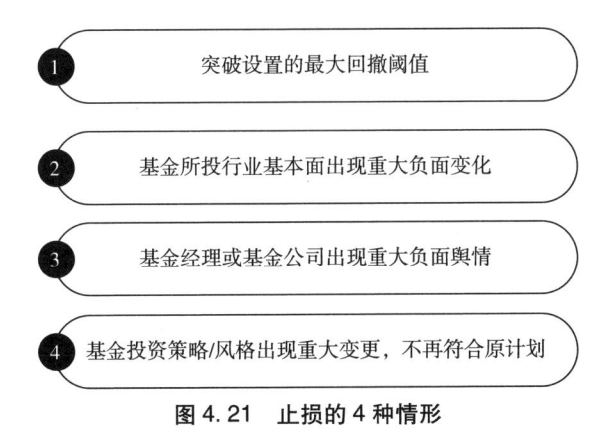

1. 突破设置的最大回撤阈值
2. 基金所投行业基本面出现重大负面变化
3. 基金经理或基金公司出现重大负面舆情
4. 基金投资策略/风格出现重大变更，不再符合原计划

图 4.21 止损的 4 种情形

基金经理换了该怎么办？

投资者买主动基金遇到最大的问题，就是交易或持有期间基金经理换了。这种情况应该怎么办呢？以下几个办法供大家参考，具体如图 4.22 所示。

1. 先别慌，稳住。看看接手的基金经理，历史业绩、履历是不是优秀，风格和原来的基金经理是不是差异不大。如果整体情况还可以，那就设置一个季度的观察期。我自己买

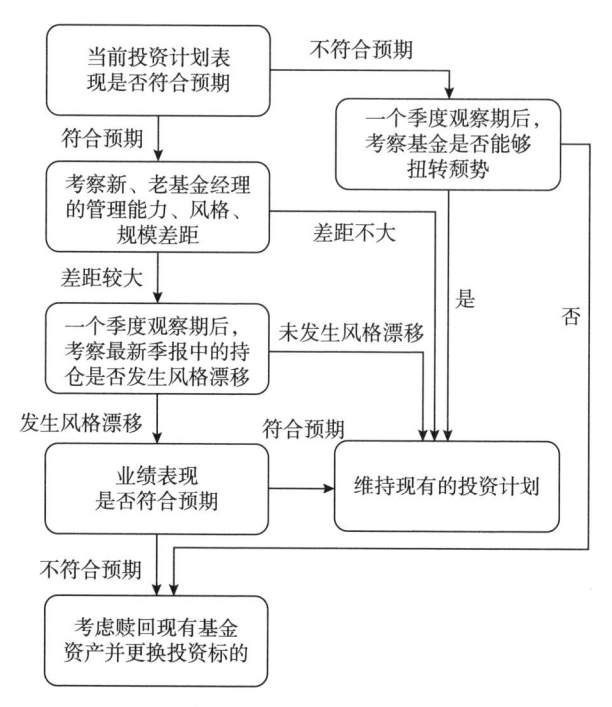

图 4.22　基金经理更换了怎么办

过的一些基金，持有期间更换了基金经理，结果接手的基金经理管得同样不错。

2. 如果一个季度后，业绩表现不符合预期，风格看起来变化很大，那就直接赎回基金，更换投资标的。

3. 如果一个季度后，业绩整体还符合预期，但是最新披露的季报持仓和之前有较大的差异，这时候投资者要从整体资产配置的角度去重新审视：这只基金是不是符合它原来在组合中的定位？比如基金经理将仓位全部切换到新能源板块，且新能源板块表现好，基金的表现也不错，但是在你整体持仓中新能源占比过高了，这时候追求均衡的投资者也要进行一定持仓上的调整。

4. 当然，还有一种可能，如果投资者属于放手型，切换什么赛道全权交给基金经理，只要业绩尚可就行。这种情况下，是用结果说话，自然也可以继续持有。不过这同时要承担一定风险，投资者要做好心理准备。
5. 还有一种情形是基金经理团队增加了新人。这有几种可能：（1）给新人机会，纯市场考量，主要由新人来管；（2）带新人，一种情况是基金主要还由老基金经理来管，另一种情况是"梯队培养+能力补齐"，基金由新老基金经理两个人一起管；（3）原来的基金经理准备离职，如果是该基金经理管理的多只基金都出现这种情形，那么投资者可以考虑赎回了。
6. 列举几个必须撤退的特殊情况：（1）公司治理问题导致基金经理流失；（2）机构占比大幅度降低；（3）FOF持有数量大幅度降低。

对基金公司和销售机构而言，头部基金经理是稀缺资源，因为他们有超强的吸金能力。但是对投资者而言，赚到自己口袋里的钱才是真正的收益。排名位于前1%和前10%的基金经理，可能业绩相差并不大，投资者找到适合自己风险偏好的产品或组合，长期持有才是最终的归宿。

如何判断市场情绪高低？

这一部分，我们为大家列出判断市场情绪高低的常见指标，虽然这些指标的视角不同，但当它们中的大多数都处在很低或很高的位置时,我们基本可以判断市场也到了相应的顶部或底部。

指数估值分位点

指数的市盈率、市净率、市销率(PS)、股息率、市盈率增长率等指标,都可以用来描述价格相对基本面是高估还是低估。一般用上述指标在历史上的分位点,即当前估值水平在历史上的位置,来反映当前市场的估值情绪。

股债性价比

也就是股债利差模型,即 FED 指标,用股票市盈率的倒数反映股票的预期收益率,用 10 年期国债到期收益率反映债券收益率,两者的差值和比值都可以反映股票相对债券的投资性价比。

巴菲特指标

又称证券化率,为股票总市值/最近 4 个季度的 GDP。巴菲特认为,若两者之间的比率处于 70%~80%,这时买进股票会有不错的收益,但如果在比例偏高时买进股票,就等于在"玩火"。

恐惧贪婪指数

描述整个股票市场短期市场情绪的综合指标,由众多描述市场情绪的单一指标整合而成。如 50ETF 期权波动率、北上资金买入成交额偏离度、股价强度(新高个股数占比)、股指期货年化升贴水率、股债回报率之差、融资买入成交额占比。

行业情绪指标

描述行业板块——如军工、券商、新能车、光伏、电池、芯片、恒生科技等——的短期市场情绪的指标,多由对应板块的成交额及成交价的趋势性技术指标构建。

拥挤度

指定股票的总成交额除以 A 股全市场成交额再乘以 100%。某板块拥挤度越高,表明该板块吸引了更多的资金,该板块短期的情绪越亢奋。

破净率

衡量股票市场中股价跌破市净率个股的占比。在市场底部区域时,破净率会大幅上升,尤其是在市场见底前后。

| 延伸阅读 |

判断市场情绪高低,不仅可以通过股市的指标,还可以通过基金的各项指标来辅助判断,如图 4.23(a)(b)(c)所示。比如我经常用的指标:偏债基金指数与沪深 300 指数对比,每当后者跌破前者的趋势线,市场往往就会触底。还有新基金的发行量,每到冰点,也都是好的买点。还有偏股基金的滚动年化收益率,如果达到-10% 左右,那就是市场底部区间;如果超过 20%,那就是市场泡沫期。

看估值买基金要小心哪些坑?

通过观察指数估值高低来买基金,已经被很多进阶投资者熟练

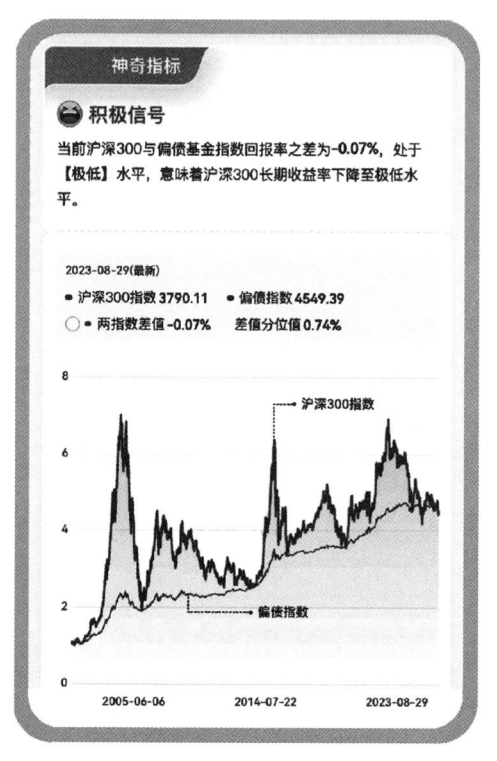

注：图 4.23（a）(b)（c）的数据截至 2023 年 8 月 29 日，相关标的仅作示例不作推荐。
资料来源：韭圈儿 App。

图 4.23（a） 基金各项指标判断市场情绪示例

掌握。这种方法在中长期来看，大概率是有效的，但是在实践过程中，也会出一些小问题，处理不好可能会掉入陷阱。这里列出我自己在实操中经历失败总结出的一些经验。

估值区间影响非常大，小心被数据欺骗

经常有投资者拿着某个指数的估值图来问我："你看，这个指数估值已经到了历史最低分位区间了，可是不同软件上显示的不一

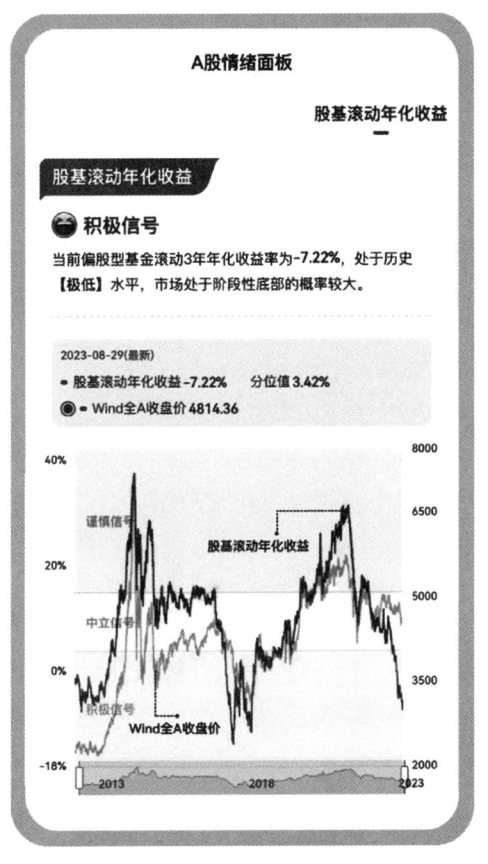

图4.23（b） 基金各项指标判断市场情绪示例

样。"遇到这种情况，我的回答是："如果不标注区间的历史分位点，数据就不具有参考价值。"

比如沪深300指数，如果采用2004年以来的估值数据，那就包含了2006—2007年大盘股牛市行情，但这是完全不合理的，因为2006—2007年的估值很难重现。比如，银行股很难再有几十倍估值。所以这是误导，如果我们用近10年的数据，可能目前的沪深300指数的估值分位数就不会那么低了。我们要小心一些人为了

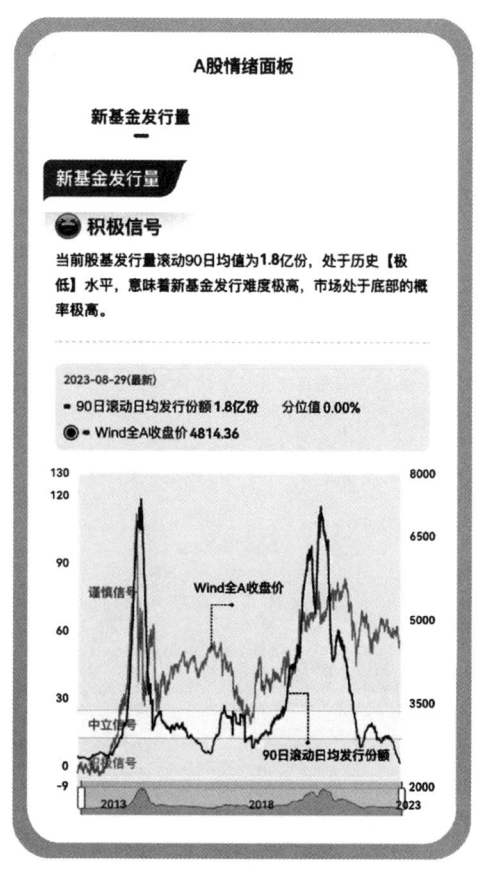

图 4.23（c） 基金各项指标判断市场情绪示例

销售业绩，而专门选一个诱人的区间给我们看。

看似低估，但可能会掉入估值陷阱

我们在使用历史估值区间判断市场热度时，有一个暗含的假设，那就是估值会在某个区间内震荡并回归中枢。但在现实中，很多行业的估值区间在不断变动，中枢也在变动，甚至根本就不会再回归了。

某一个行业指数，假如今天处于历史估值最低的 1% 分位，看似跌无可跌，一旦它的估值继续下移，从未来看它今天的估值，有可能变成历史最低 30% 的位置。也就是说，这个估值分位数是根据历史数据得来的，但未来数据还会让它变化，因此参考性大打折扣。均值回归在宽基指数上的效果比在行业指数上要好很多。

我常用的一个例子就是德意志银行的股票，过去 10 年，不管什么时候看它的估值，几乎都在历史最低区间，因为股价持续走低。所以一定要先判断基本面！先确定是不是好东西，再问价格贵不贵。

估值是过去，投资看未来

我们在各大网站、App 上看到的估值，大多使用的是历史静态估值，包括 TTM 估值也是基于历史数据，不要妄想通过历史数据就能准确推断未来，如果那样可以的话赚钱就太简单了。

投资看的是未来，是预期，永远包含着人们对不确定性的看法，甚至有艺术和运气的成分。机构投资者之所以能比散户取得更高的收益率，是因为进行了深入的研究而获取了更高的胜率。

如果要看市盈率，应该看动态市盈率（尤其是科技成长股），还要把投资标的未来的预期每股收益（EPS）考虑进来。机构投资者最初只用未来一两年的数据判断估值，但近些年外资进入 A 股后，机构投资者的眼光更长远，比如用 3~5 年的动态市盈率来判断估值高低，与原先相比难度大了不少，会进一步拉大散户和机构之间的差距。

必须考虑市场利率

市盈率是股票价格除以每股收益。假如市盈率为 20，那就意味着投资一只股票要 20 年的时间才能回本，每年的收益率是 5%，所以我们也常用市盈率的倒数来表示股票的预期收益率。

我们用这个收益率和市场利率进行比较，如果市场利率（通常以 10 年期国债到期收益率为代表）是 5%，那么 20 倍市盈率说明股票和无风险收益水平相当；如果市场利率是 2%，那么市盈率需要到 50 倍才能相当。如果我们抛开市场利率水平，认为 50 倍市盈率的股票比 20 倍市盈率的风险大，那就不准确了。

利率水平越低，市盈率应该越高，反之亦然。抛开利率水平谈市盈率，是不全面的。当然，当市场利率变为负值，目前的许多股票估值方法就不能用了。

不同行业、不同周期的估值方法千差万别

实际上，对股票进行估值最经典的是戈登模型（Gordon Model），即：

$$P=\frac{D}{i-g}$$

其中，D 是未来股息或分红，i 是市场利率，g 是增长率，P 是股票当前价格。

它实际上就是我们常说的 DCF（现金流贴现）估值方法，细分的话还能分成股利贴现模型（DDM）或自由现金流贴现模型（FCFF）等。这是境外市场最为认可的估值方法，随着外资的涌入，A 股的机构投资者也在朝这个方向迈进。

即便是以前我们常听的 PE、PB、PS、PEG 等估值方法，其适用条件也是完全不同的。比如，对业绩稳定的消费股使用 PE，重资产的周期股使用 PB，成长型公司使用 PS；对一些尚未盈利的互联网公司甚至直接拿用户数、商品交易总额（GMV）来估值。

即便是同样类型的行业，如果公司所处周期不同，判断估值高低的方法也会不一样。增长阶段的公司可能估值更高，龙头公司可能估值更高，掌握关键技术的公司也可能估值更高，医药行业甚至直接用还在临床试验的药品进行估值。而我们现在所用的主流指数估值表，几乎统一用市盈率作比较基准，显然不完全合理。

市场是聪明的，估值高低有原因

不要以为市场参与者都不懂，只有你知道买低估值股票能赚钱的秘密。最核心的是要搞清楚估值低，低的原因是什么；估值高，高的逻辑在哪里。如果背后有扎实的逻辑做支撑，那么这个估值就是合理的。比如有一段时间人们常说，在中国经济完成从增量到存量转型之后，核心资产溢价抬升，确定性强的资产会被青睐，如果你认可这个大逻辑，你就会有信心去买看似高估的资产；如果你看好当前国际环境下国产替代、自主可控、科技创新的逻辑，那么很多还处在成长阶段，甚至会被国外打压的科创公司，你也敢于买入。如果你不认可这些逻辑或者自身风险偏好较低，那老老实实吃股息其实也没什么不好，只要适合自己就行。

"便宜没好货，好货不便宜。"到哪都是如此。但这只是必要条件，毕竟 A 股还存在很多价值不高但估值高的股票。

先看估值是舍本求末

投资应该先看这个行业、这家公司是不是你想买的，再将估值作为参考，而不是先看哪家公司的估值便宜，再从便宜的公司中挑选基本面相对好的进行买入。

"捡烟蒂"、深度价值是经典的格雷厄姆式投资方式，但这种投资方式并不适合普通投资者。因为等待股票价格回归价值的时间特别长。如果抛开公司基本面研究不管，是非常危险的行为。

估值会被特殊因素扭曲，尤其是指数基金

以市盈率为例，分子是股票价格，分母是每股收益，而每股收益是由利润决定的，所以经常会被扭曲。

比如利润中常常会有非经常性损益，这个项目可能会有水分。2019年年初很多公司的商誉大幅减值时，其利润大减，分母的变化使市盈率升高，连创业板指数的市盈率都飙升了，但现在看当时居然是创业板的最佳投资时机。

如果是指数基金，则每股收益会被进一步扭曲。比如成分股的重大变化：深成指的成分股从40家公司变成500家，上证指数更改编制规则，恒生指数纳入阿里、美团等，都会使得之前的数据不连续，从而被"废掉"。还记得2017年乐视网（当时的龙头股）被踢出创业板指数，导致指数基金受到很大影响的例子吗？

最后，我也帮大家整理了一张常用估值方式的汇总表，如图4.24所示。通过这张图，大家可以快速匹配出不同行业对应的估值方式，也可以了解不同估值方式的优劣势和适用范围。

什么是神奇的网格交易法？

网格交易是一种交易策略，它利用股票价格在市场震荡中的波动性，通过设定一系列的买卖价位，自动执行低买高卖的操作，以确保每次卖出的价格高于买入的价格，从而获得波段收益。具体来

类型	相对估值法					绝对估值法	
名称	PE模型	PB模型	PS模型	PEG模型	企业价值倍数	DDM	FCFF
模型	PE=P/EPS	PB=P/BPS	PS=P/SPS	PEG=PE/G	EV/EBITDA	$P=\dfrac{D}{i-g}$	$P=\dfrac{FCFE}{i-g}$
优点	直观、易于计算和比较	每股净资产通常为正且相对稳定	适用范围较广	综合考虑了盈利与成长	更注重主营业务收入	在数据精确的前提下解释力较强	自由现金流是现代企业发展中关注的重点指标，具有一定普适性
缺点	波动较大，不适用于亏损公司	忽略了无形资产和盈利能力	忽略公司盈利能力和利润质量	依赖于盈利增长的可预测性	忽略了企业成长性，固定资产变化较快的企业不适用	忽略了公司未来的增长潜力	对未来现金流的预测较为复杂
适用范围	盈利稳定的公司	稳定盈利和相对稳定的公司	高成长行业和亏损公司	具有高增长潜力的公司	资本密集型行业	分红较为稳定的公司	现金流清晰且预测性较强的企业

图 4.24 常用的估值方法及其适用范围

说，当股票价格下降时，我们会分批买入；而当股票价格上涨时，我们会分批卖出（见图 4.25）。这些买卖的价位被称为网格线，只要股票价格触及这些网格线，我们就会执行相应的操作。而基金投资者，常常用 ETF 作为网格交易的标的，毕竟 ETF 除了交易佣金低，相比个股的风险还是更小一些的。

当然，网格交易也不是万能的，它最适合的组合是"震荡市场+高弹性 ETF"，这样"网"的波动比较大，一网捞的鱼多，同时"网"比较密，捞鱼的频率高。不过也要小心，如果股票市场出现单边下跌的情况，网格交易的策略可能就会失效，这就是所谓

策略原理	
策略逻辑	通过固定间隔的价格区间，不断调整买入和卖出的点位，以获取价格波动带来的收益
操作方法	可以简单理解为在一定的价格区间内，按照一定的涨跌幅，不断地执行"跌买涨卖"
适合人群	熟悉交易技术、追求高频交易的投资者
适用品类	波动率相对较高且呈现区间震荡特征的ETF
交易频率	根据网格步长的不同，可能会出现周度、双周、月度等调仓频率
优劣势	优势是策略灵活性较高，胜率相对可控；劣势是单边行情容易错失机会或落入价值陷阱

图 4.25　交易型策略——网格交易原理

"网破了"，越套越深的情况也可能会出现。同样，如果市场出现单边上涨，也会"卖飞了"，损失很多利润。

现在很多交易软件都有自动执行网格交易的工具，投资者可以尝试体验一下。图 4.26 列示了网格交易相较于传统交易的优势。

投资债券基金有哪些"黄金坑"？

随着金融产品打破刚兑，净值化成为趋势，不只债券基金，就连传统的银行理财产品，都开始出现个别的亏损案例。由于大多数投资者买债券基金是抱着求稳预期的，面对 1%～2% 的回撤也较难接受。不过越是这样的时候，越是债券基金的绝佳买点，下面列出的是我经历过的几次"黄金坑"。

图 4.27 所示是我们用剔除票息的中证综合债净价指数，来看历史上的几次波动。

传统交易	网格交易
• 上班盯盘太麻烦 • 不知道什么时候买 • 不知道什么时候卖 • 波动太苦恼，收益难把握	• 设置参数自动交易 • 定好价格表，遵循交易纪律 • 适时止盈，落袋为安 • 变波动为收益源，赚取确定性收益

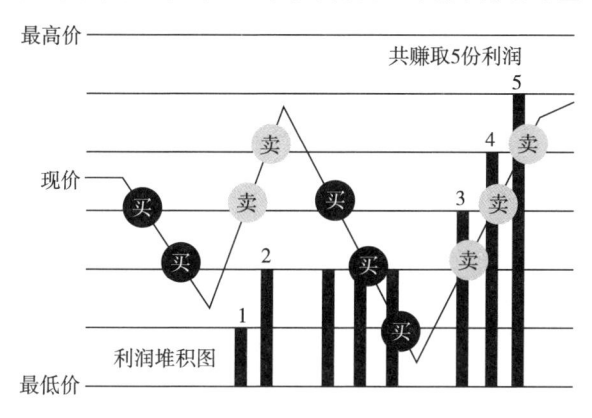

图 4.26　交易型策略——网格交易

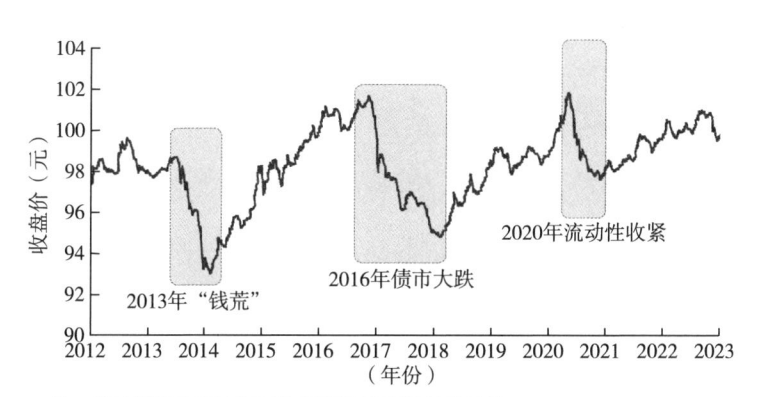

注：统计周期为2011年12月31日到2022年12月31日。
资料来源：万得资讯、韭圈儿App。

图 4.27　中证综合债净价指数走势

2013年两次"钱荒"

2012年股市疲软，但债市从前一年"9·30"事件之后开始了一波小牛市，尤其是针对基金市场，2012年是纯债基金的元年，之前多以二级债基为主。现在市场上比较老牌的纯债基金，都是2012年成立的。

就在一片乐观之中，出乎所有人意料的"钱荒"来临。

隔夜市场利率一度飙到超30%。6月出现一次"钱荒"，到了11月又有一次，债券市场狂跌大半年。由于那时候纯债基金已经深入人心，银行渠道的销售量非常大，而销售前期的适当性管理做得不够，导致投资者没有相应的风险承受能力来面对净值大跌。

2013年的这两次"钱荒"虽然惨烈，却真正开启了中国债券史上波澜壮阔的一次牛市。从2014年开始一直到今天，实际上都处在这波难得一见的牛市中，在基金公司本不受重视的固收部门逐渐成为核心。

2016年债市大跌

2016年的债市大跌有个细节我印象特别深：2016年11月，我参加一个策略会，坐在我旁边的是某证券公司的固收自营总经理，交换名片后我问："今年收益不错吧，有十几个点？"因为当年的纯债基金普遍有8%~9%的收益率，得到的回答却是："不到30%吧。"这可是债券投资！可想而知，当时机构投资者杠杆率到什么程度。当时，各路资金推动债券收益率一直往下掉，从业者一度感叹职业生涯不再容易。

随着央行收紧流动性，将表外理财纳入宏观审慎评估体系（MPA），整顿券商资金池。银行开始去杠杆，收缩同业业务，货币基金被大量赎回造成互相踩踏，几家公司的货币基金被传出现负偏离，浮亏可能要变成实亏。

2016年的债市大跌算是过去7年这波牛市中的一次深蹲，也是对机构流动性管理的一次考验，从那之后，基金公司固收投资的风控整体又上了一个台阶。

最近几年基金销售的互联网趋势明显，很多小白投资者看着宣传页面上6%~8%的债基收益率就买入，不加思考地认定过去一年的收益率就是未来的收益率。结果遇到下跌就崩溃，紧接着就是盲目赎回。其实由于债券基金是固定收益产品，除了价格的波动，还有固定票息的收入，所以拉长时间，债券基金亏钱的概率并不大。越是危机来临，尤其是流动性危机爆发的时候，越是入场的时机。投资者可以观察以下几个现象，当同时满足时，就可以考虑入手了。

- 银行理财产品开始亏钱。
- 基民出现不稳定情绪。
- 银行理财子公司、基金公司开始安抚投资者。

我们把中债综合净价指数，加上票息，就是图4.28中这个全价指数，看起来指数似乎永远在涨，这就是债券票息的作用。

基金交易中常见误区有哪些？

第3章总结了一些选基金的误区，下面再列出一些基金交易的常见误区，两者搭配使用，可以帮助投资者"避坑"，如图4.29所示。

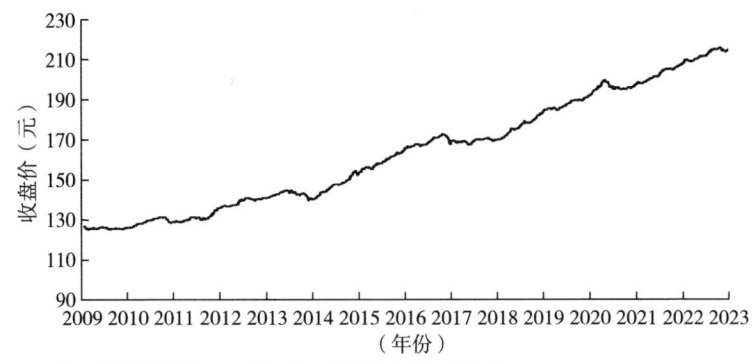

注：统计周期为2008年12月31日到2022年12月31日。
资料来源：万得资讯，韭圈儿App。

图 4.28　中证综合债全价指数走势

```
频繁交易，把基金当股票炒

不够分散，持仓集中，风格雷同

买买买，随意买入太多基金

喜欢抄底，不看基本面，不会止损

恐惧贪婪，容易被情绪左右
```

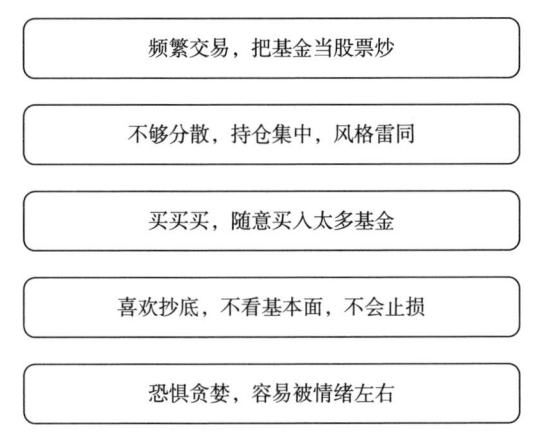

图 4.29　基金交易的常见误区

频繁交易，把基金当股票炒

　　这里的基金主要是场外基金，而 ETF 等场内基金确实可以作为短期交易的工具。为什么场外基金就不适合短炒呢？显而易见的原因就是费率太高。ETF 交易的费率只有佣金，万分之一到万分之二的水平，且没有印花税。而场外基金交易收取的是申购赎回费，和佣金比还是很高的。假如申购费率是 1%，即便能打一折，也要收取 0.1%；而赎回费通常都没有折扣，且持有时间越短，赎回费越高，低于 7 天甚至会收 1%~2%。这样比较下来，基金一次申购赎回的成本要到千分之几甚至超过 1% 的水平。这样的交易成本，无论是对固收类基金，还是对股票基金都是不小的负担。有人会问，C 类份额的申购费和赎回费不是可以低到 0 吗？但这通常需要持有满 30 天才能享受 0 赎回费，所以即便是短期，也最好不要低于 1 个月。除了费率因素，更加重要的是，拉长时间看，频繁交易并不会提高最终收益。更常见的情形是，一顿操作猛如虎，一看收益就傻眼，毕竟想在基金投资中赚大钱，少动才是关键。

不够分散，持仓集中，风格雷同

这是很多基民都犯过的错误，比如在 2021 年白马股赶顶的行情中，很多投资者的持仓都是明星基金经理，而这些基金经理的业绩大多是因为集中持有白酒等大盘成长股，投资者在买入的时候，虽然也分散了不同的基金经理，但真正的持仓风格并没有分散。换句话说，把鸡蛋放在了不同的篮子里，然后把这些篮子装进了同一辆车。

买买买，随意买入太多基金

现在获取信息的渠道很多，朋友圈、微信群、公众号、短视频、研究报告，到处充斥着基金投资的"线索"。投资者今天看了一节视频课好，就买一只；明天看到朋友圈里有人推荐，又买一只；后天又被理财顾问推荐，再选几只，就这样买买买，不知不觉买一堆基金。其实一个人最适合的基金数量，是 5~20 只，再多的话，管理起来就很困难了，而且也起不到分散风险的作用了。更重要的是，买入的基金应该如何组合，配置什么样的仓位和风格？这才是关键。

喜欢抄底，不看基本面，不会止损

近几年有很多投资者被越套越深，可能是在一只基本面出现问题的赛道基金上，不断抄底，越买越多，越套越多。看着亏损比例不大，但是金额却不小。如果基本面不明朗，投资者抄底就像"接飞刀"。相反，如果基本面出现了问题，理性的做法应该是及时止损。

恐惧贪婪，容易被情绪左右

这一点在本书中被反复提及，这里再说一条个人经验：我偶尔会被邀请给银行、券商的理财顾问讲课，讲得多了我发现一个规律，在熊市最底部的时候，邀请我去讲课的机构会远多于平时，而讲课的主要目的不是传授知识，而是心理疏导。也就是说，当专业理财顾问的内心都开始崩溃的时候，大概率是市场最为艰难的时刻了。这时候往往会伴随基金发行量的骤减，基金公司渠道销售开始有所感慨。而投资播种的好时机，往往也是这时。

如何玩转基金定投？

什么是基金定投？

在 1993 年伯克希尔-哈撒韦公司致股东的信中，巴菲特这样写道："当一位投资者不理解一门生意具体的来龙去脉，但是愿意成为美国经济长期增长的股东时,他应该谋求大范围的多元分散。这位投资者应该购买很多股票,并且分批买入。举例来说,一位什么都不懂的业余投资者,通过定期购买一只指数基金,就能够战胜职业投资者。当'傻钱'意识到自己的局限后,它就不再傻了。"

巴菲特这段话的核心点就两个:一是分散,多元化投资;二是定期,分批买入。这两点分别对应着标的上的分散和时间上的分散。而基金定投,恰好是满足这两点的一种投资方式,即在固定的时间把固定的金额投资到固定的基金上。

- 标的上的分散。基金本身就是一揽子股票的组合,不押注个股是其最大的特点。如果你还嫌不够分散,甚至可以买一个基金投顾组合或者FOF,进行二次分散。
- 时间上的分散。定期定额投资,把弹药均匀地打出去,而不是一把押注。这既可以帮助普通投资者储蓄,又可以避免择时的困扰。

那么基金定投到底有什么特点呢?我总结了以下5条。

1. 强制储蓄,积少成多。我认为基金定投是最适合普通工薪族的投资方式之一,因为还在打工阶段的年轻人,每个月都有固定的收入现金流,签约一个基金定投,每月自动扣款,可以实现强制储蓄的功能。投得越早,扣款越多,经过长期复利效应之后的积累也就越多。千万不要忽视坚持的力量。
2. 定额投资,低位布局。基金定投的魅力在于,不怕跌,甚至喜欢熊市。基于股市牛短熊长，所以真正赚钱的光景其实很短，大部分时间是在低位。而这些在低位的时光，就是我们通过定投积累基金份额的最佳时机，这时候千万不能失去耐心，甚至应该加大投资金额，只为等到牛市来临时的收获。这个过程有点像竹笋的生长，所谓"地下三年，一朝破土，一朝长一尺，一天长一丈"。

3. 平滑成本，降低风险。很多人选择定投是因为担心亏损，害怕一笔大金额买进去被套，这种情况下，比较好的解决办法就是定投。当我们定投一段时间后，我们的投资成本就会变成一条平滑的曲线，和我们什么时间开始定投，关系已经不大了。对于一些高成长高估值的标的，我们想参与又不敢，那么定投就可以来帮忙了。

4. 省心省力，无须择时。现在各大机构都开通了自动定投签约的功能，甚至有的还可以设置智能定投帮你低点加倍，高点少投。可以说一次签约，剩下的事情交给时间就行了。

5. 门槛极低，轻松参与。定投的起投金额较低，大多数基金每次定投仅需 10 元；参与渠道较多，大多数基金公司或销售机构（银行、券商、互联网等）均可办理；后期省心省力，开启定投计划后，每期自动定时扣款；退出方式灵活，通过开放式基金参与，需要用钱时随时可赎回。

此处简单地对各类投资方式进行了比较，如图 4.30 所示。

基金定投和一次性投资有何差别？

基金定投除了适合工薪族用来储蓄，在某些场景下还可以解决

	基金定投	基金一次性投资	理财产品	私募	信托
起投金额	低	低	中低	高	高
申赎方式	随时申赎	随时申赎	定期申赎	定期申赎	定期申赎
参与渠道	多	多	特定渠道	特定渠道	特定渠道
后期管理	自动扣款	需要择时	很少管理	需要择时	需要择时
风险等级	中低	中高	低	中高	中低

图 4.30 各类投资方式横向对比

一次性投资所不能解决的问题。

1. 熊市，想抄底怕被埋。那么通过定投参与，如果抄底后继续跌，定投可以积累更多份额，一个反弹也许就能回本。
2. 牛市，想追高怕被套。那么通过定投参与，万一不小心被套，反正投入的金额还不算多，慢慢定投摊薄成本，至少心里不慌。
3. 震荡市，想参与怕被套。市场涨涨跌跌，捉摸不定，那么通过定投参与，就算市场点位没有变化，但是通过一个周期的震荡行情，也能赚到钱。

那么，定投是万能的吗？当然不是，上面的几种场景，更多是帮助投资者减轻不敢投的心理负担，毕竟牛熊市都是回头看才知道的，定投好还是一次性投资好，也要结合市场环境，下面我们就把基金定投和一次性投资做个对比。

- 资金属性：基金定投更加适合结余的小钱，而且是可定期获得的钱，这些钱大概率是未来的收入；而一次性投资通常是一笔大钱，不是定期获得的现金流，而是现在已经拥有的钱。
- 投资目标：基金定投的目标应该是养老、教育、储蓄等长期目标，想用定投来实现暴富是不太可能的；一次性投资则主要是为了获得较高的预期收益。
- 投资纪律：基金定投随时可以开启，买点不重要；而一次性投资需要考虑择时，买点很重要。
- 投资人群：基金定投更适合入门投资者，原来没买过基金，通过定投的形式参与，感受市场，进行储蓄，又或者是低风险投资者，有心理负担；而一次性投资更适合专业投资者，尤其是风险偏好较高的投资者。

所以基金定投和一次性投资并没有孰优孰劣之分，只有适合的人和场景之分。哪种场景下基金定投是赚钱的，且赚更多，记住下面这两个法则就可以了。

1. 只要期末基金净值>定投平均成本，定投就一定是赚钱的。
2. 只要一次性投资成本（即期初基金净值）>定投平均成本，定投就一定优于期初一次性投资。

所以图4.31所示的4种场景中，在单边下跌和先跌后涨的情形下基金定投占优，在单边上涨和先涨后跌的情形下，一次性投资占优。

单边上涨行情

在单边上涨行情中,期末基金净值>定投平均成本>期初一次性投资成本,所以基金定投是赚钱的,但是没有一次性投资赚得多

单边下跌行情

在单边下跌行情中,期初一次性投资成本>定投平均成本>期末基金净值,所以基金定投是亏钱的,但是比一次性投资亏得少

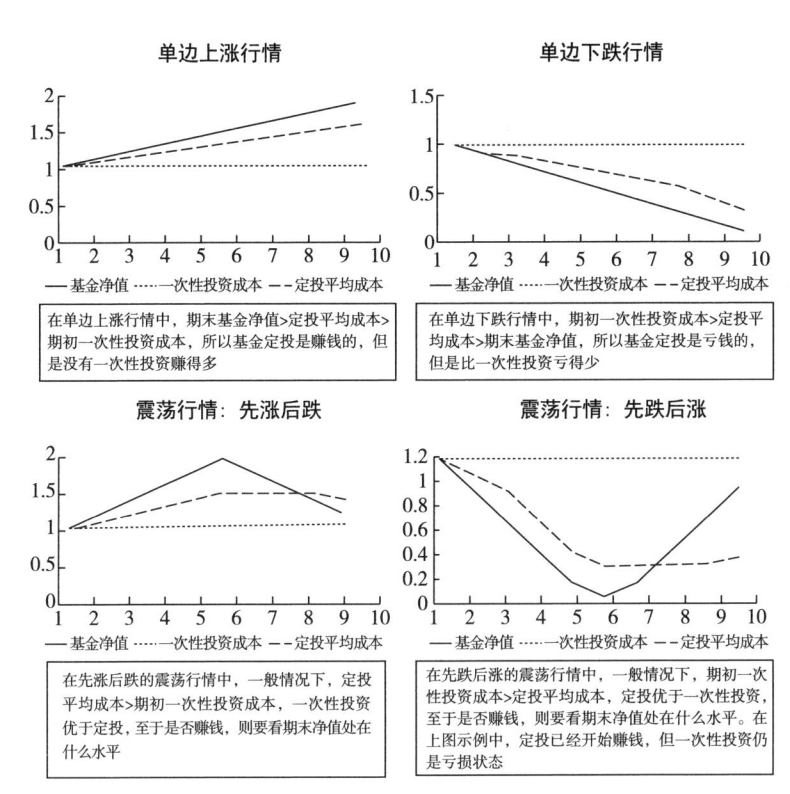

震荡行情:先涨后跌

在先涨后跌的震荡行情中,一般情况下,定投平均成本>期初一次性投资成本,一次性投资优于定投,至于是否赚钱,则要看期末净值处在什么水平

震荡行情:先跌后涨

在先跌后涨的震荡行情中,一般情况下,期初一次性投资成本>定投平均成本,定投优于一次性投资,至于是否赚钱,则要看期末净值处在什么水平。在上图示例中,定投已经开始赚钱,但一次性投资仍是亏损状态

图 4.31 基金定投与一次性投资对比

基金定投选择什么基金?

什么样的基金适合定投呢?我这里总结三大要点。

1. 波动大。业绩相同,定投于波动更大的基金,在底部获得的份额越多,对摊低成本的效果更明显。
2. 业绩好。长期看,基金业绩还是要震荡向上才行,整体而言,主动基金相比被动基金更容易获得超额收益。
3. 风格稳。投资策略、持仓风格必须前后一致,在这一点上

指数基金比主动基金更稳定。

那么,哪些基金符合这三大要点呢?我们在图4.32中给出了解决方案。

股票指数基金 (基本满仓)	宽基指数	波动较高:中证500、深证500、创业板指等 波动中高:上证50、沪深300、中证800等
	行业指数	波动较高:新能源、芯片、军工、券商等 波动稍小:消费、电力等 波动时小时大:金融、地产、资源等
主动股票基金 (股票仓位>80%) 偏股混合基金 (股票仓位>60%) 灵活配置混合基金 (股票中长期平均 仓位较高)	全市场 选股基金	长期业绩优秀、持仓配置均衡、投资经验丰富
	行业风格 主题基金	重仓于某一行业或风格的主题基金,并期望获取超过行业指数的超额业绩
QDII基金	主要投资 境外权益 市场	恒生指数、恒生科技、中概股、标普500、纳斯达克、德国、日本等地区(需留意投资额度)

图4.32 哪些基金适合定投

1. 股票指数基金。宽基指数跟着股票市值风格走,中小市值风格的波动较高,大中市值风格的波动中高;行业指数跟着行业属性走,新能源、芯片等科技主题,以及军工、券商这种高弹性的板块天然波动较大,而消费、电力的增长较为稳定,波动稍小,金融、地产、资源等强周期的板块,则跟随周期变化,波动时小时大。
2. 主动权益基金。这里既包括主动股票基金,也包括偏股混合基金和一些高仓位的灵活配置混合基金。其中全市场选股基金，我们要找长期业绩优秀，持仓均衡，基金经理经验丰富的老将；而行业风格主题基金，基本上特点和行业指数基金类似，我们希望找到能够持续超越行业指数的基金。

3. QDII 基金。QDII 基金在这里单独提出，是因为近年来随着其品种越来越丰富，业绩也越来越突出，成为全球配置一个必不可少的选项。这里既有耳熟能详的纳斯达克，也有很多其他国家和地区的产品。唯一需要注意的是，定投时尽量分散几只产品，防止出现 QDII 额度不够的情形。

说到 QDII 额度不够，我也补充列举了一些不适合做基金定投的情形，如图 4.33 所示。

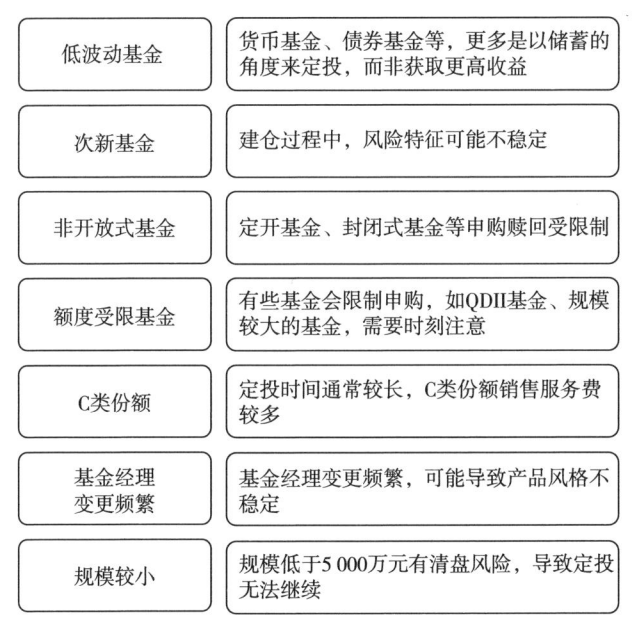

低波动基金	货币基金、债券基金等，更多是以储蓄的角度来定投，而非获取更高收益
次新基金	建仓过程中，风险特征可能不稳定
非开放式基金	定开基金、封闭式基金等申购赎回受限制
额度受限基金	有些基金会限制申购，如QDII基金、规模较大的基金，需要时刻注意
C类份额	定投时间通常较长，C类份额销售服务费较多
基金经理变更频繁	基金经理变更频繁，可能导致产品风格不稳定
规模较小	规模低于5 000万元有清盘风险，导致定投无法继续

图 4.33　哪些基金不适合定投

定投什么时候该止盈？

关于仓位和定投有一句口诀："核心仓，不止盈不止损；交易仓，止损不止盈；基金定投，止盈不止损。"意思是，我们长期信任的核心持仓，如果不是需要用钱，就应该持续投入并一直拿着，就像很多人长期买茅台股的心态一样；如果是用来博取短期收益的交易持仓，那么一定要做好止损的纪律，斩断损失，让利润奔跑；而如果是基金定投，那么一定不能止损，底部甚至要多买，但是高点一定要止盈，否则一次回撤，你之前所有的收益都会亏损。

那么基金定投什么时候应该止盈呢？考虑的因素有两个，这两个因素不是"或"的关系，而是"且"的关系，两个都要达到，我们才开始坚决止盈。

一是定投的次数，即当每一次投入的成本，对总成本的影响开始变小，我们就要准备止盈了。如果定投的次数太少，积累的金额也少，就算收益率非常高，收益整体也不会很高，而且次数太少，也体现不出定投对成本的平滑作用。当我们定投 5 次，每次投入对边际成本的影响是 20%，这是初期，每次都很重要；当我们定投 10 次，边际影响是 10%，这时候也需要坚持；当我们定投 20 次，边际影响就只有 5% 了，这时候就要开始考虑止盈了；当我们定投 50 次，边际影响就只有 2% 了，这时候的每一次投入就相当于纯储蓄，对持有成本和收益率影响已经不大了，只要收益率合适，就要时刻准备止盈，如图 4.34 所示。

二是定投的收益，即当定投的收益率开始达到我们设置的目标收益率，也要考虑止盈了。我们可以给自己设定一个目标收益率：假如当前 1 年期理财产品收益率为 5%，CPI 为 3%，那么定投 2 年后，目标收益率就应该是（5%＋3%）×2＝16%；定投 3 年后目标收益率就是 24%，以此类推。

定投止盈以后，我们可以用投资收益犒劳一下自己，吃一顿大餐或出去旅行一次，留下一个美好的回忆。然后收收心，就可以重新开启下一次定投了。

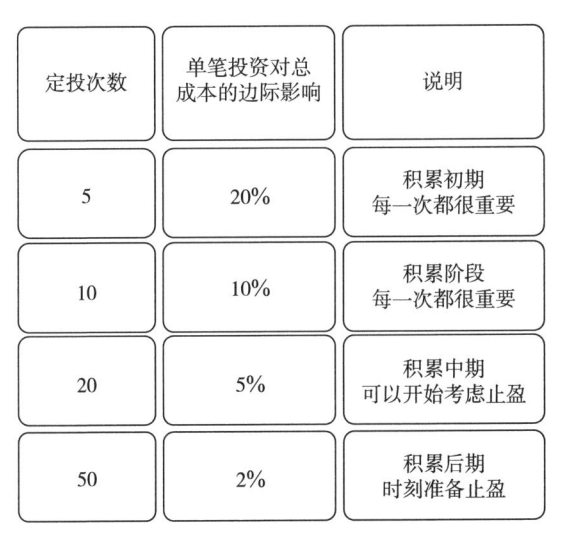

定投次数	单笔投资对总成本的边际影响	说明
5	20%	积累初期 每一次都很重要
10	10%	积累阶段 每一次都很重要
20	5%	积累中期 可以开始考虑止盈
50	2%	积累后期 时刻准备止盈

图 4.34　定投什么时候止盈

定投如何巧妙增厚收益？

除了普通的定投，很多机构还推出了智能定投，希望通过"定期不定额"的方式，帮助投资者在低点多投，高点少投，从而达到增厚收益的效果。

举个例子，假设我们做沪深 300 指数基金定投，基础投资金额是每次 1 000 元，那么当沪深 300 指数的估值低于近 5 年平均值负一倍标准差时，投入金额自动提高到 1 500 元；当沪深 300 指数的估值高于近 5 年平均值正一倍标准差时，投入金额自动降低到 500元。按照这个方式定投，成本线确实会比普通定投的成本线要低一些，自然收益也会更好，如图 4.35 所示。

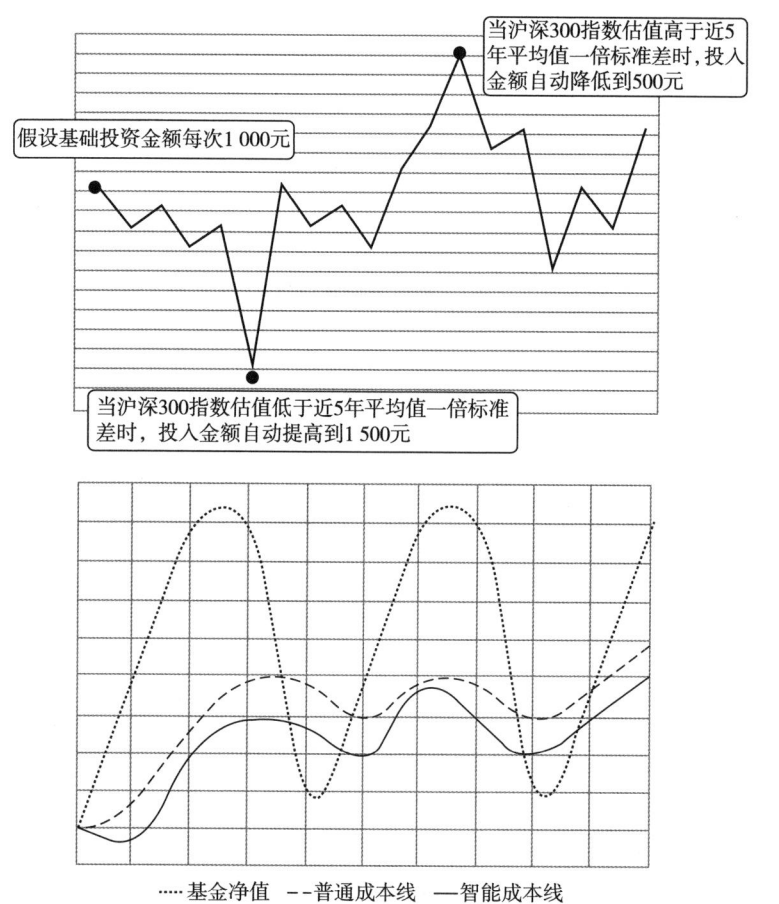

图 4.35 利用沪深 300 指数估值实现智能定投

当然，利用估值只是智能定投的方法之一，我们还可以利用平均成本法、均线偏离法来决定少投还是多投。具体的方式可以参考图 4.36。

估值区间法		平均成本法	
市盈率区间	定投金额	基金净值对比定投平均成本	定投金额
90%~100%	降低90%	高于20%	降低75%
60%~90%	降低50%	高于10%	降低50%
40%~60%	标准金额	高于5%	降低25%
10%~40%	增加50%	差别不大	标准金额
0~10%	增加100%	低于5%	增加25%
		低于10%	增加50%
		低于20%	增加100%

均线偏离法

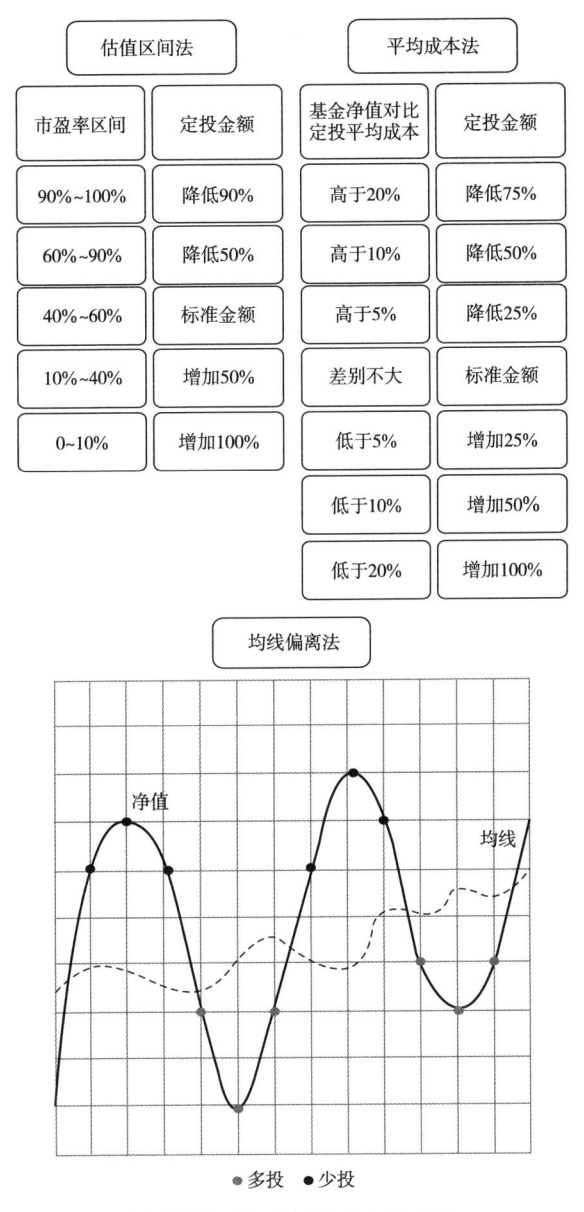

● 多投　● 少投

图 4.36　3 种智能定投方法对比

| 延伸阅读 |

我曾经把恐惧贪婪指数应用于偏债混合基金指数和偏股混合基金指数的定投,如果市场处于恐惧状态(恐惧贪婪值<30),则双倍投;处于极度恐惧状态(恐惧贪婪值<10),则四倍投。按照这个策略,可以使得我们每次加倍加仓都能够加在相对低点,获得一个"局部最优解",长期获得更多的低位份额。和普通定投相比,获得的绝对收益金额也能够大大提高,如图4.37所示。

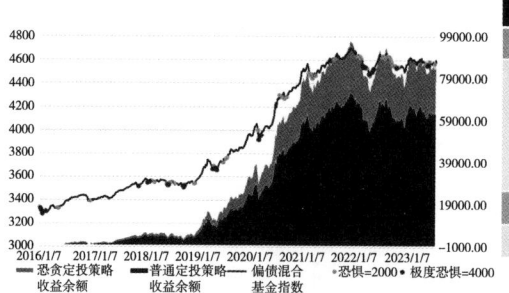

	恐贪定投	普通定投
定投频率	每周四定投一次,节假日跳过	
定投金额	恐贪<10 投4 000元 10<恐贪<30 投2 000元 恐贪>10 投1 000元	每周投 1 000元
最终市值	600 221	438 934
收益金额	89 221	65 934

·策略:偏股混合基金指数+恐贪指数加仓定投　·目标:适合高风险偏好、中长期不用的钱

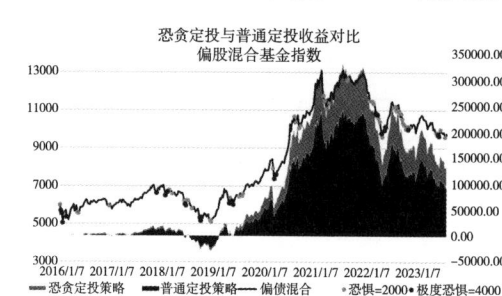

	恐贪定投	普通定投
定投频率	每周四定投一次,节假日跳过	
定投金额	恐贪<10 投4 000元 10<恐贪<30 投2 000元 恐贪>30 投1 000元	每周投 1 000元
最终市值	653 735	473 228
收益金额	142 735元	100 228元

注:数据截至2023年7月30日,相关标的仅作示例不作推荐。
资料来源:韭圈儿App。

图4.37 恐惧贪婪指数应用于定投示例

第 5 章

管理篇：
管理基金组合必做的 7 件事

看完前面几章，大家应该已经对基金投资有了一定的认识，甚至可能已经选好了基金，做好了组合配置，制定好了投资策略。这时，你已经像一位 FOF 基金经理一样，开始管理你的基金组合了。那么，在持续管理的过程中，要做哪些事情呢？本章我将把各个知识点，从组合管理的视角进行梳理，尽管个别部分可能有重复，但这样可以更系统地帮助你当好自己的 FOF 基金经理。

投资之前要做的 2 个准备：定目标、做配置

第 1 件事：定目标

组合管理的第一件事，仍是设定目标。

设定投资目标的方法有很多，比如根据个人的年龄、职业、资金量等来设定，但最终都会回归到 3 个因素：预期收益率、风险承受能力和可投资期限，如图 5.1 所示。而这 3 个因素之间，又构成"不可能三角"，即高收益率、低回撤、高流动性，这三者是不可能同时满足的，所以在设定目标的时候一定要脚踏实地。

预期收益率：股神巴菲特的年化收益率能达到 20%，而各位投资者一定要冷静，别把"三年五倍""十年十倍"作为美好愿景。

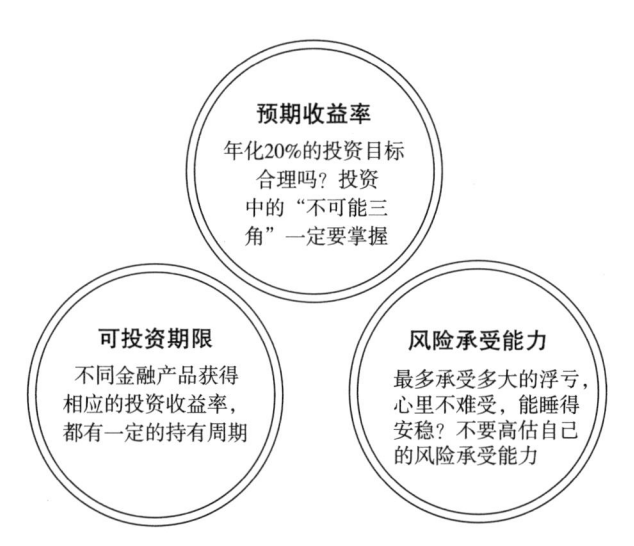

预期收益率
年化20%的投资目标合理吗？投资中的"不可能三角"一定要掌握

可投资期限
不同金融产品获得相应的投资收益率，都有一定的持有周期

风险承受能力
最多承受多大的浮亏，心里不难受，能睡得安稳？不要高估自己的风险承受能力

图5.1　设定投资目标需要考虑的三大因素

10%～15%的年化收益率，已经是A股基金经理的长期水平了。

风险承受能力：你亏多少钱晚上还能睡得香？投资过程中最怕的是，你觉得自己风险承受能力很强，等到真发生亏损，你才发现自己其实无法承受这个程度的亏损。风险承受能力和3个因素有关：一是你的年龄，天怕起秋早，人怕老来贫；二是你的现金流，有稳定的工作和持续的现金流入，这样的无限子弹可以帮助我们提升抗风险能力；三是资金量，如果你的资金量已经很大，还是求稳为好，钱赚多少是个头呢？

可投资期限：任何资产的长期收益率想要兑现，都需要时间作为发酵物。我们说权益资产的长期年化收益率是8%～10%，但它也可能一年亏损50%，想要获得平均收益，至少需要持有3年甚至更长时间；而债券资产的长期年化收益率是3%～6%，但它一年也可能亏2%～3%，想要获得平均收益，1～3年的持有期也是必需的。

记住，预期收益率、风险承受能力和可投资期限之间，没有严格的可量化关系，但大体是符合上述规律的。了解自己，了解资产，设定好目标，再出发。

接下来，我们看看实践中，那些投资小白常犯的错误，如图5.2所示。

- **我要赚钱，越多越好**

  问题：收益目标不清晰
  风险：一笔钱拿去投资，已经赚了10%，本来挺满意，但是觉得还可以赚更多，没有及时止盈。结果后面遇到大熊市，盈利都没了不说，还亏损了本金

- **牛市来了，我要多投权益基金**

  问题：风险目标不清晰
  风险：牛市开始赚钱时，将所有的钱都投资了股市，之后股市暴跌时，面对超30%的亏损账户，天天夜不能寐，出现极大心理负担，甚至影响了生活

- **你不理财，财不理你，"梭哈"**

  问题：流动性目标不清晰
  风险：用孩子1年后留学就要用的钱投到股市，结果没多久遇到熊市，1年后大幅亏损，不得不割肉离场，差的学费还得借钱补齐

图5.2 几种不合格的投资目标

如果你问一位刚开始学投资的朋友"你想赚多少"，他可能会告诉你"越多越好"！但是这种缺少目标的开始，可能很快就会让你陷入迷茫。当你一时运气赚了一笔钱，你可能会想要赚更多，从而忽视了风险。比如你恰巧赶上牛市，收益率很快就达到40%，可能让你觉得投资如此简单，浑然忘了其实巴菲特的年化收益率也只

有 20%。你可能会得意忘形，继续提高收益目标，甚至继续加大仓位。当你忘了自己的真实水平时，市场就会露出它狰狞的獠牙，比如 2015 年的夏天，那次血雨腥风的暴跌。

还有一种有趣的现象，就是**人们的风险偏好会随着市场行情而变化**。当你在熊市问一个人，你最多能容忍亏多少，他会告诉你："这是我的保命钱，最多亏 10%，不能再多了。"但当你在牛市问他同样的问题，他的回答可能变成："看别人都这么赚钱，亏一半我也不怕，让我试试吧。"到底自己能经受多大的回撤，只有切身经历过的人才有资格回答。那种亏损 50% 之后，痛彻心扉、夜不能寐的感觉，会永久地刻在你的记忆中。如果你不想再次体会，就必须谨记风险。也有的人会在经历过几次暴跌之后，心态逐渐成熟，从而提高自己的风险承受能力，这实在不容易。

流动性其实是最容易引起纠纷的。我在基金公司工作的时候，隔三岔五就有这种案例，投资者通过银行求助：家里有急事要用钱，可是基金还没到开放期，能不能想想办法。这种情况，大概率是没办法解决的，因为基金合同中有明确的规定。其实有时也不能怪客户，一些不专业的销售人员也常常忽略这一点。但无论如何，钱是自己的，投资者要睁大眼睛，看清基金名称与合同到底是如何规定的，千万不要用短钱去买权益基金、定期开放型基金和持有期基金等。

不同年龄阶段，应该有什么样的投资目标和配置比例，图 5.3 非常清晰地进行了说明。我想再说说我自己成长中的体会。

我 24 岁步入职场，刚刚研究生毕业，第一份工作在北京，平均每月到手是 1 万元左右（含年终奖）。等到我 34 岁辞职创业时，每月各项收入已超过 10 万元。也就是说，我的收入水平，在工作

		青年阶段	成长阶段	黄金阶段	退休阶段
	年龄	20~30岁	30~40岁	40~60岁	60岁以上
	特征	事业起步	积累财富	财富高峰	无固定收入
	财务能力	偏低	中高	最高	中低
	理财目标	资产增加	资产最大化	稳健增值	固定收益保本
	风险程度	中高	高	中低	低
	类型	成长型	积极成长型	平衡型	保本型
资产配置	高风险产品（股票等）	80%~100%	70%~80%	50%~60%	25%
	保值产品（债券等）	10%	10%~15%	20%~25%	50%
	低风险产品（货币基金等）	10%	10%~15%	20%~25%	25%

图5.3 不同年龄阶段的投资目标

的十年中翻了十倍。之前提到过，十年十倍的年化增速是26%，画出来的收入增长曲线是一条非常漂亮的幂次曲线。

所以在年轻的时候，我们应该更多把精力用在学本领、攒人脉、积口碑这些事情上，从而带动自己的收入快速增长，积累第一桶金。有了本金，才谈得上真正的投资。我也经历过这个阶段，我的第一笔投资是在大学时期，用父母给的生活费，买了4 000元的股票，每天涨跌两三百元就紧张得不行。我还会建议年轻人，在开始的时候，趁着本金不大，多去买权益基金，多去感受这个市场。让自己的心态变得更成熟，让自己的投资知识更充实，这样在未来真正用大钱去投资时，不至于犯大错。

有句话叫"年轻没有失败"，用在投资上也没错。反过来，当我们人到中年，上有父母要照顾，下有子女要抚养的时候，任何闪失都会酿成大错。

根据收益回撤定目标（见图5.4），是最常用，也是最基本的方法。其他定目标的方法，最终也都会落到收益、回撤这两个因素上。为了让你记得更清楚，我用几个有代表性的人或事物作为标杆，从低到高分为7个等级，难度依次如下。

	年化收益率	最大回撤	参考
巴菲特	20%	-50%（2008年金融危机）	伯克希尔-哈撒韦公司股价
基金经理	15%	-40%（2015年、2018年股市大跌）	偏股基金指数
房价	11%	暂无数据	北京二手房
A股	8%~10%	-50%（2015年、2018年股市大跌）	沪深300指数
GDP	5%~8%	不涉及	中国GDP
理财产品	4%~6%	-1%~-2%	银行理财（非保本）
通货膨胀	2%~3%	不涉及	CPI

注：图中数据仅代表历史，不代表未来。

图5.4　根据收益回撤定目标

跑赢通货膨胀

大概每年2%~3%的收益率，其实通过买理财产品就可以实现。不过要注意两点：一是很多理财产品也开始出现净值波动，投资者短期亏钱也很有可能；二是这里用CPI代表通胀水平，没有包含房价等其他生活花销的变化，有可能被低估。

跑赢理财产品

目前理财产品的年化收益率大多在3%~4%，比10年前是下降的，未来还会随着整体利率水平的下降而继续下滑，如果投资者想要获得超越理财产品的收益率，那么就需要在投资组合中加入一些权益资产，并忍受一些波动，才能达到4%~6%的收益目标。

跑赢GDP

GDP代表着全国人民每年创造的财富总和，而超越GDP增速则代表着要超越全国人民赚钱增速的平均水平，这也是个不小的挑战。近几年我国推进高质量发展，GDP增速从过去十几年5%~8%的水平将逐步下移，但是你会相应降低自己的收益目标吗？

跑赢A股

沪深300指数过去20年的年化收益率为8%~10%，这其实也代表了A股核心企业的利润增速水平，跑赢A股就是跑赢中国这批优秀企业的成长速度，你要不要挑战一下？

跑赢房价

房地产是过去20年增速最快的资产之一，尤其是很多投资者还通过贷款使用了杠杆，财富效应更显著。未来房价可能不会再有这样的涨势，但未来最保值的资产，到底是优质房产，还是A股核心资产，抑或白马基金经理，这个问题就有待时间去揭晓答案了。

跑赢基金经理

过去十六七年的数据告诉我们，10%~15%是偏股混合基金经理所能提供的长期回报率（在熊市统计这个数据会低几个百分点），这是一个了不起的成绩，说明在A股市场，专业投资者的超额收益还是比较明显的。不过也有声音表示，随着未来机构化程度加深，信息越来越透明，基金经理的超额收益会逐渐降低。这也不无道理，但我认为基金经理至少还有 5~10 年的时间彰显专业力量。

跑赢巴菲特

一般而言，我们用伯克希尔-哈撒韦公司的股价来代表巴菲特的投资水平。不过在公司年报中，还有另一种算法是根据账面价值来衡量，这种算法的波动会更小，因为它只关注伯克希尔-哈撒韦这家企业的净资产增值情况，而不考虑人心的起起伏伏。当然，最终两者会接近趋同。

无论是根据年龄阶段来定目标，还是根据收益回撤水平来定目标，都没有问题，关键是如何有效执行来实现目标，这是接下来我要重点讲的内容。

第 2 件事：做配置

目标定好以后，接下来的任务就是配置一个适合自己的基金或者基金组合。这样的组合有以下几个关键职能。

- 作为自己的核心持仓，需要你长期持有。大多数投资者买基金比较随意，银行、券商、互联网平台到处洒金，东一榔头西一棒槌，从来没有整理维护过一个适合自己的核心持仓。事实上，核心持仓的股债比例应该符合自己风险偏好，每一只基金的特点你都应该了如指掌。基金与基金之间的相关性不宜过高，穿透到底层的行业风格应当分散而均衡，且需要你坚定地长期持有。

- 让你每天睡得着觉，有波动的时候敢于加仓。我们之前讲过，**基民买基金赚不到钱的最大原因是熊市拿不住，牛市猛加仓，导致倒金字塔形仓位结构**。面对 A 股如此波动，恐惧和贪婪是普通人无法战胜的弱点。这时候有一个可以让你每天都睡得着觉的持仓就非常重要。波动可控才能心态好，心态好才能拿得久，拿得久才能穿越波动，赚到市场的长期平均收益。
- 当你不知道买什么的时候，就买它。有了这样一个组合，当我们有了一笔闲钱想投资，当我们觉得市场机会来临想加仓，都可以踏实去买。就像生活中有一个值得信任的靠谱的伙伴一样，投资中有一个值得信任的靠谱的投资组合，也是一件幸福的事情。

关于如何做配置，我在之前的章节中都有提及，这里再做一个索引。

1. 根据收益和回撤目标做配置（仅股票+债券资产），参考第 1 章的"不同股债配比的收益回撤"部分。
2. 根据收益和回撤目标做配置（多资产），参考第 4 章的"战略资产配置如何选品类、定比例？"部分。
3. 根据资金持有期限做配置，参考第 3 章的"如何根据资金期限选基金？"部分。
4. 根据年龄做配置，参考第 5 章的"投资之前要做的 2 个准备：定目标、做配置"和第 4 章的"生命周期模型"部分。
5. 根据股债利差模型做配置，参考第 4 章的"股债利差模型为何是长期称重机？"部分。

这 5 种方法，前 4 种都是战略资产配置，第 5 种是"战略+战术"资产配置。无论哪种方法，只要适合自己、易于理解和执行，都是不错的。当我们确定了不同资产之间的比例，如何选基就可以参考第 3 章的方法，构建自己的基金池了。对于目标，我还是建议在风格上以均衡持仓为主，在收益上以超越市场 1/2 水平为努力的方向。

在构建组合的方法上，有以下 3 种思路。

1. 自己选基金，把不同风格、不同行业的基金配置在一起，以达到自己的配置目标。比如你的理想配置比例是股二债八，那么你可以选 8 只纯债基金，2 只股票基金，然后等权重配置即可。
2. 自己选基金，但是要都选择混合配置的基金。比如还是股二债八的目标，那么你可以直接选一批二级债基和偏债混合基金，把高配低配的任务交给基金经理。
3. 不直接选底层基金，而是直接买一只以股二债八为基准的 FOF，或者签约一项基金投顾组合服务，把高配低配和选基金的任务都交给基金经理。

这 3 种思路之间，没有优劣之分，甚至很多人都是混用的。图 5.5 是对投资者投资水平的趣说，其实有时候学会放手，并不见得是坏事。

```
小学生水平：金叉死叉、均线周期
初中生水平：移动平均线（MACD）、放量缩量
高中生水平：研究各种形态、仙人指路、红三兵
大学生水平：沉迷缠论，不能自拔
研究生水平：炒股亏光，开始买基金
博士生水平：买基金也一头雾水，最终走向FOF或基金投顾
```

图 5.5 投资的段位

投资之后要做的3个跟踪：管收益、盯策略、诊持仓

第3件事：管收益

当我们做完配置以后，市场的发令枪随即打响，我们的持仓收益就开始奔跑了。这时候投资者往往会遇到一个很常见，但很少有人说透的问题：到底该如何正确评估投资收益？深入了解我们就会发现，这个问题其实并不简单。

我们在第3章已经学习了基金净值、累计净值、复权净值之间的差异，这些都是针对单只基金的，如何评估整个基金组合的收益，则需要其他指标。

衡量投资结果的收益率

持仓收益率

这是最常见的收益率指标，是用当前持仓所有盈利除以当前持有成本。

如果你赎回了一只赚钱的基金，那么你持仓的盈利基本上不变，因为你只是把浮盈变成了实盈，最多扣除一点赎回费。但这时候你的持仓成本会减少，因为这笔钱已经赎回到你的银行账户，不在基金账户中了。结果是，你的基金账户的持仓收益率会大幅上升，因为分母持仓成本变小了。如果你只赎回了一只赚钱的基金的部分份额，那么这只基金的收益率也会增加，持仓成本会变小，在极端情况下，甚至会变成负数。我们常听说有的股票交易高手，通过做T的方式不断低买高卖，把成本降低为负数，也是同样的道理。当然，如果你不小心做反了亏了钱，或者又新增了一笔投资稀释了原来的收益，那么持仓成本会随之上升，持仓收益率也会下降。

举个例子：A基金净值为1元，你花10 000元买入，得到10 000份基金（不考虑申购赎回费）。几天之后基金净值涨到1.1元，你的持仓总市值变为11 000元，浮盈1 000元，这时你的持仓收益率就是10%（1 000/10 000）。如果这时候你赎回了5 000份（对应市值为5 500元），那么你的持仓市值还剩5 500元，持仓盈利还是1 000元，对应的持仓成本就只有4 500元了（5 500－1 000），这时的持仓收益率就变成了22%（1 000/4 500）。从结果上看，你花了4 500元，得到5 000份基金，对应的净值成本就变成了0.9元（4 500/5 000）。如果你有能力不停地高卖低买，持仓成本还会不断下降。

持有收益率

如果我们想解决持仓收益率的这一失真情况，就可以在赎回基金的时候，将与这部分赎回份额对应的盈亏一并剔除，这样就不会出现持仓成本发生变化的情况。市场上有些投资软件提供这个功能。我们把这个相对真实的收益率称为持有收益率。

衡量投资过程的收益率

前文的两个收益率是直接衡量投资结果的,假如你是一位基金经理,你的持仓收益就是你管理基金的净值收益,你觉得会是前文两个收益率中的哪一个呢?其实这两个都不是。这就引申出衡量投资过程的两个收益率指标,时间加权收益率和资金加权收益率,这两个指标才可能是判断你投资水平高低的真实指标。想象一下,如果用持仓收益率来衡量投资水平,是不是可以通过无限补仓来降低亏损率?

我们知道,在投资过程中,一段时间内会有多次买入、卖出,一只基金的规模也会因为基民的申购赎回而变化。在这个过程中,初始投资成本是动态变动的,采用单一的收益率指标衡量会不够准确。因为它没有考虑资金出入对累计收益的影响,导致收益金额都是由期初资产产生的错误认识。为了解决上述问题,即更准确地衡量投资收益率,我们来介绍时间加权收益率与资金加权收益率两种计算方式,市场上很多投资软件会提供计算结果。

时间加权收益率

$$时间加权收益率 = [1 \times (1 + 第1日的当日收益率) \times (1 + 第2日的当日收益率) \times \cdots \times (1 + 第n日的当日收益率) - 1] \times 100\%$$

其中:

$$当日收益率 = \frac{(今日持有收益 - 昨日持有收益)}{(昨日总资产 + 净流入)}$$

其中,净流入是指资金的存取与基金份额的申赎。例如,投资者某日申购1 000元,赎回300元,就相当于净加仓700元,也就是账户内的净流入为 700 元。

我们对时间加权收益率，应该怎么理解呢？时间加权收益率的计算，是将整个区间按天分割，先计算每天的收益率，将净流入视为发生在当天，然后将不同区间的收益率连乘，得到累计收益率。这种方法，其实也是基金公司计算基金每日净值和收益率所采用的方法，因为基金经理会面临外部投资者在不同时间的申赎，使用这种方法可以剔除外部现金流的影响，更加真实地反映基金本身运作的投资水平。

时间加权收益率这一指标，有其优缺点。优点是，将区间按天分割为多个时间段，尽可能减少了净流入对收益率的影响。缺点是，没有考虑投资金额，而对每日的收益率平等处理，频繁大额（相对账户净值）资金存取可能会导致收益金额与收益率符号相反的情况，此时该收益率无参考价值。你可能见过这样的新闻评论："某某基金收益率很高，但是投资者收益却是负的"，原因就在于此。

举个例子，老王在基金净值为 1 元时，买入 1 000 元，第 2 天基金净值上涨 7%，则老王第 2 天的当日盈利为 70 元（1 000×7%）。老王感觉很好，觉得第 3 天还能涨，就追加买 10 000 元，按照当天收盘净值 1.07 元，确认份额为 9 345.79 份，算上第一天购买的 1 000 份，一共是 10 345.79 份。第 3 天收盘基金净值跌了 3%，为 1.037 9 元。那么第 3 天的盈利为-332.10 元［10 345.79×（1.037 9-1.07）］。这两天下来，反应基金涨跌的时间加权收益率为 3.79%［（1+7%）×（1-3%）-1］。但是我们来看看累计收益，为-262.1 元（70-332.10）。

这个原因是显而易见的——涨得多时买得少，亏的时候买得多。亏损的收益率虽然不高，但基数一大，亏损的绝对值就变大了，导致收益金额为负，但是时间加权收益率还是为正的情况。这个原因其实跟"基金赚钱，基民不赚钱"的原理是一样的。主要因为时间加权收益率反映的是投资者所购买产品的涨跌幅，如果投资者追高购买，那么产品涨跌幅不等于投资者操作的涨跌幅。如果想要衡量投资者操作的真实收益，就不能看时间加权收益率，而要看资金加权收益率了。

资金加权收益率

$$资金加权收益率 = 累计收益/调整后的期初总资产$$

其中：

$$累计收益 = \sum_{T=0}^{\infty}（T日账户当日收益）$$

$$调整后的期初总资产 = 期初总资产 + \sum（单笔净流入的时间权重 \times 单笔净流入的金额）$$

其中：

$$单笔净流入的时间权重 = 该笔现金流在统计区间的存在天数/统计区间期间总天数$$

这是对原始收益率计算方式的改进，将每一笔净流入，以其在统计区间存在时长作为权重分别折算，最后调整到期初总资产，与期初资产合并为投入成本。也就是说，每一笔现金流的投入/流出，都要根据其"资历"进行一定的调整。比如，你花2 000元买入基金，持有1年，那么这2 000元就可以完全计入投资成本。但如果你加仓3 000元，持有一两周，那么它根据"资历"折算出来的投资成本就会变小。

资金加权收益率，也有其优缺点。优点是，同时考虑了净流入的时间和规模，极低概率会出现收益金额与收益率符号相反的情况。缺点是，计算烦琐，当区间发生多笔大额资金进出且统计区间较长时，累计计算的收益率可能不准确。

图 5.6 对比了 4 种不同的收益率衡量指标，供大家参考。

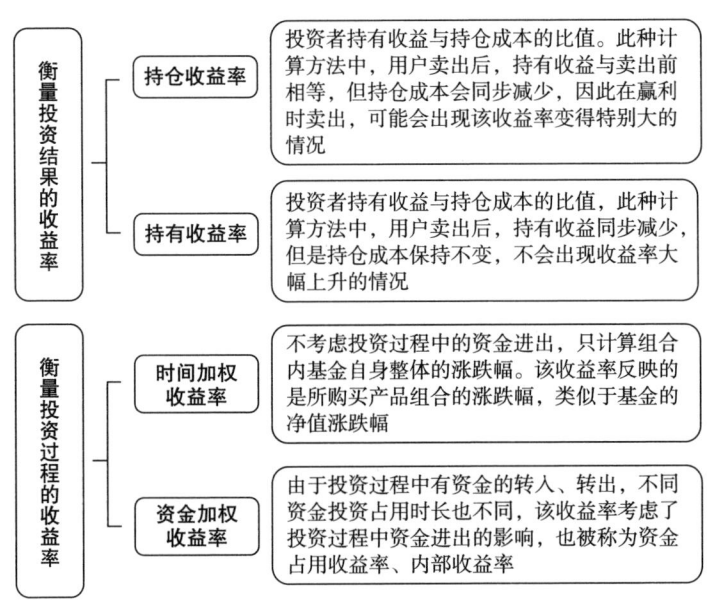

衡量投资结果的收益率	持仓收益率	投资者持有收益与持仓成本的比值。此种计算方法中，用户卖出后，持有收益与卖出前相等，但持仓成本会同步减少，因此在赢利时卖出，可能会出现该收益率变得特别大的情况
	持有收益率	投资者持有收益与持仓成本的比值，此种计算方法中，用户卖出后，持有收益同步减少，但是持仓成本保持不变，不会出现收益率大幅上升的情况
衡量投资过程的收益率	时间加权收益率	不考虑投资过程中的资金进出，只计算组合内基金自身整体的涨跌幅。该收益率反映的是所购买产品组合的涨跌幅，类似于基金的净值涨跌幅
	资金加权收益率	由于投资过程中有资金的转入、转出，不同资金投资占用时长也不同，该收益率考虑了投资过程中资金进出的影响，也被称为资金占用收益率、内部收益率

图 5.6 如何正确评估投资效果

最后，总结一些规律，以便加深理解。

1. 如果投资者一次性买入，中间不做任何操作，那么该账户的持仓收益率、持有收益率、时间加权收益率、资金加权收益率将是相等的。如果中间有资金进出，则会出现变化。
2. **时间加权收益率衡量的是投资组合好不好，而资金加权收益率衡量的是投资者买卖操作准不准**。假如投资者抄底成功，那么资金加权收益率将提高；如果不小心高位接盘，那么资金加权收益率将降低，而时间加权收益率不会受这些操作的影响。
3. 每一笔加仓，都会稀释投资者的持仓收益率；每一笔赎回，都会增厚投资者的持仓收益率。
4. 我认为，衡量资金效率最准确的收益率是资金加权收益率，它包含了资金的时间成本，也反映了投资者操作水平，也最准确的内部收益率（IRR）。

| 延伸阅读 |

我们再回到前面举过的定投某ETF的例子。如图5.7所示，如果用时间加权收益率计算，这笔定投的近一年收益率只有2.97%，

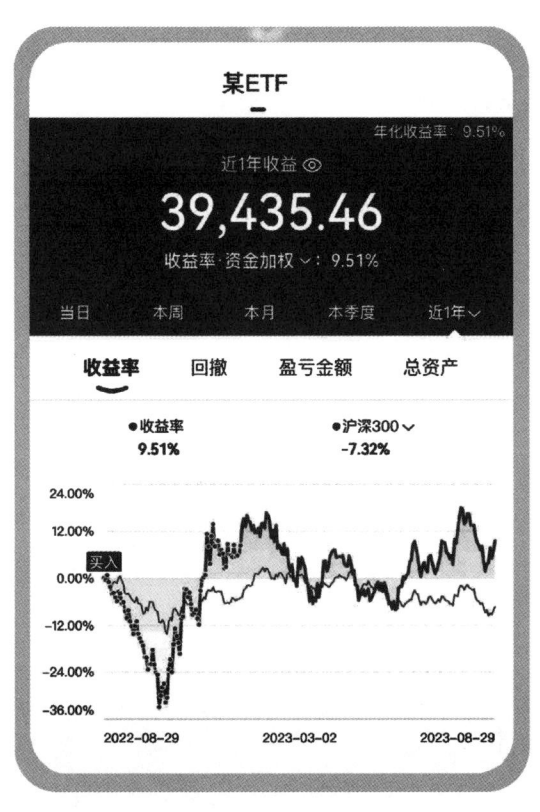

注：数据截至 2023 年 8 月 29 日，相关标的仅作示例不作推荐。
资料来源：韭圈儿 App。

图 5.7　时间加权收益率与资金加权收益率计算举例

事实上，这就是该基金过去一年的绝对收益率。而如果用资金加权收益率计算，则该基金收益率变为 9.51%。为什么？因为投资者在低点进行了密集的定投操作，这些在低点加仓的资金都产生了高于基金本身的收益，所以提升了整体的资金加权收益率。

第 4 件事：盯策略

在盯策略阶段，投资者要关心以下三个方面。

一是，外部市场环境是否发生重大变化。这部分可以参考第 4 章有关美林时钟、MVP 模型、股债利差模型、恐惧贪婪指数等描述市场情绪、行业估值的各类指标的介绍。

二是，组合的持仓配置是否发生重大变化。这主要是跟踪持仓的整体股债比例、持仓风格、行业分布是否出现了重大偏差，我们会在接下来诊持仓的部分更为详细地展开介绍。如果出现变动，就要及时进行再平衡调整，使持仓恢复到既定的轨道上，如图 5.8 所示。再平衡一方面可以帮我们控制风险，避免偏航；另一方面通过自动卖出盈利资产买入落后资产，帮助我们实现落袋为安、逆向投资的目标。

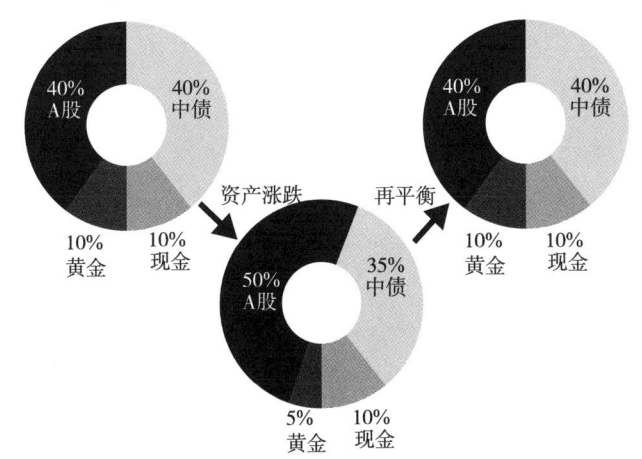

注：策略回测数据由各机构提供，仅供参考示例，不作为任何业绩承诺或预测。

图 5.8　资产再平衡

三是，组合中的基金是否有重大变化。就基金产品本身而言，主要关注业绩稳定性（业绩是否大幅度下滑）、持仓变化（持仓风格是否有重大调整）、持有人结构（FOF 和机构的数量有无减少）和规模户数（规模是否出现膨胀）四个方面。如果再加上基金经理和基金公司的维度，那么值得关注的因素就更多了，图5.9中的要素都是需要投资者持续关注的。

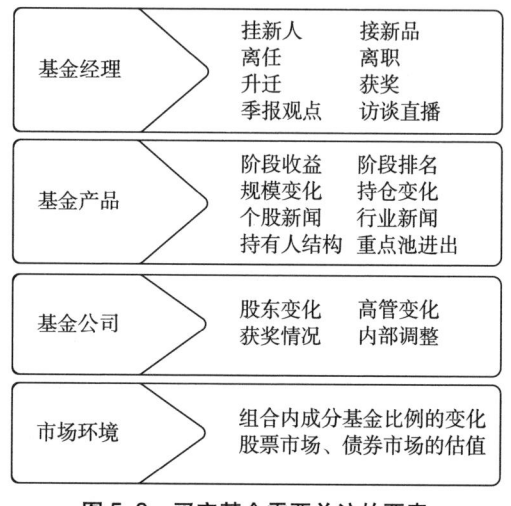

```
基金经理 → 挂新人   接新品
           离任     离职
           升迁     获奖
           季报观点 访谈直播

基金产品 → 阶段收益   阶段排名
           规模变化   持仓变化
           个股新闻   行业新闻
           持有人结构 重点池进出

基金公司 → 股东变化   高管变化
           获奖情况   内部调整

市场环境 → 组合内成分基金比例的变化
           股票市场、债券市场的估值
```

图5.9 买完基金需要关注的要素

第5件事：诊持仓

诊断持仓首先是和目标进行对比，看看收益是否达标，回撤是否在可承受范围内（见图5.10）。我们仅以收益为观察维度的话（见表5.1），在上涨行情中，收益没有达到目标可能是因为仓位不足（如情形8），也可能是尽管仓位够，但是基金的表现不佳（如情形6）。假如我们在不判断未来行情走势的前提下进行战术调整，我们要么提高仓位，要么想办法优化基金。在下跌行情中，大部分情况下我们是达不到目标的，但是只要我们的仓位合理，基金表现也尚可（如情形14），那就不需要调整。而如果运气好达到了目标（如情形16），这时候我们也是要提高仓位的。

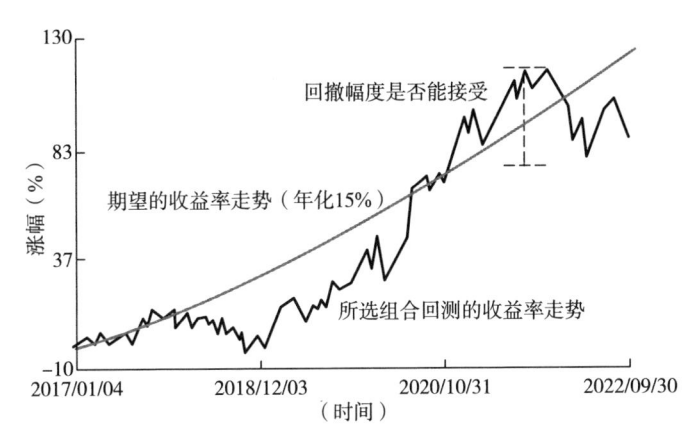

图 5.10 资产配置的结果与目标对比

表 5.1 投资收益是否达标的情景分析

情形序号	市场	仓位	基金表现	目标是否达到	调整方向
1	上涨	过高	超出市场	是	降低仓位
2	上涨	过高	等于市场	是	降低仓位
3	上涨	过高	落后市场	是	降低仓位、优化基金
4	上涨	合理	超出市场	是	维持观察
5	上涨	合理	等于市场	是	维持观察
6	上涨	合理	落后市场	否	优化基金
7	上涨	过低	超出市场	是	提高仓位
8	上涨	过低	等于市场	否	提高仓位
9	上涨	过低	落后市场	否	提高仓位、优化基金
10	下跌	过高	超出市场	否	降低仓位
11	下跌	过高	等于市场	否	降低仓位
12	下跌	过高	落后市场	否	降低仓位、优化基金
13	下跌	合理	超出市场	否	维持观察
14	下跌	合理	等于市场	否	维持观察

(续表)

情形序号	市场	仓位	基金表现	目标是否达到	调整方向
15	下跌	合理	落后市场	否	优化基金
16	下跌	过低	超出市场	是	提高仓位
17	下跌	过低	等于市场	否	提高仓位
18	下跌	过低	落后市场	否	提高仓位、优化基金

在进行持仓诊断时，有五大风险源需要我们关注：（1）大类资产分布情况是否合理，即仓位是否过高或过低；（2）行业分布是否足够分散；（3）风格分布是否足够分散；（4）赛道分布是否足够分散；（5）基金之间的相关性是否过高。后四点虽然主要针对权益仓位，但对于债券基金，尤其是信用债基金，这些行业和风格也是投资者可以进行关注的。如果基金经理集中投资于特定品种，如可转债或者地产债，风险同样不可小觑。图 5.11 所示是韭圈儿 App 中的持仓诊断案例，大家可以在每只基金的详情页中看到对应的风险源分析情况。

投资前后都要做的 2 个功课：做调研、读季报

第 6 件事：做调研

通常情况下，基金经理调研很少向普通投资者开放，一般只有机构投资者和销售渠道才有直接调研基金经理的机会。近几年得益于线上路演的普及，普通投资者也有机会从视频中直接了解基金经理的真实形象和言行举止，线上实时互动成为可能。我把自己过去工作中调研数百位基金经理的问题清单列在图 5.12、图 5.13、图 5.14 中，如果有机会向他们提问，你不妨从里面挑一些作为参考。

大类资产分布

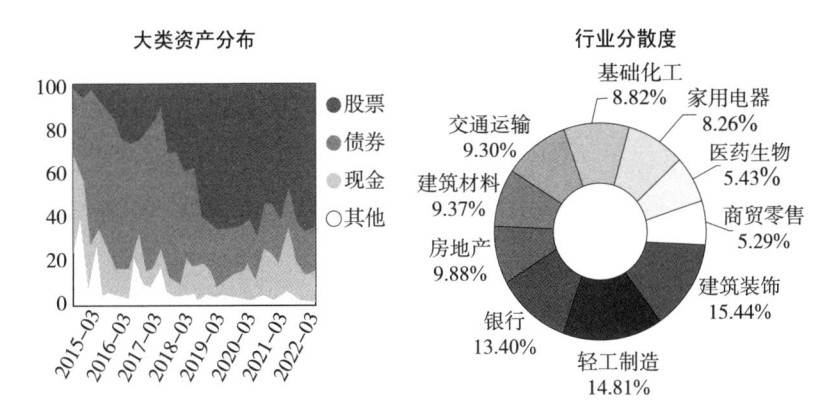

- 股票
- 债券
- 现金
- 其他

行业分散度

- 基础化工 8.82%
- 家用电器 8.26%
- 交通运输 9.30%
- 医药生物 5.43%
- 建筑材料 9.37%
- 商贸零售 5.29%
- 房地产 9.88%
- 建筑装饰 15.44%
- 银行 13.40%
- 轻工制造 14.81%

风格分散度

- 大盘成长 12.76%
- 小盘成长 11.48%
- 港股风格 4.90%
- 中盘价值 4.77%
- 固收风格 13.66%
- 小盘价值 2.18%
- 中盘成长 15.29%
- 大盘价值 34.96%

赛道分散度

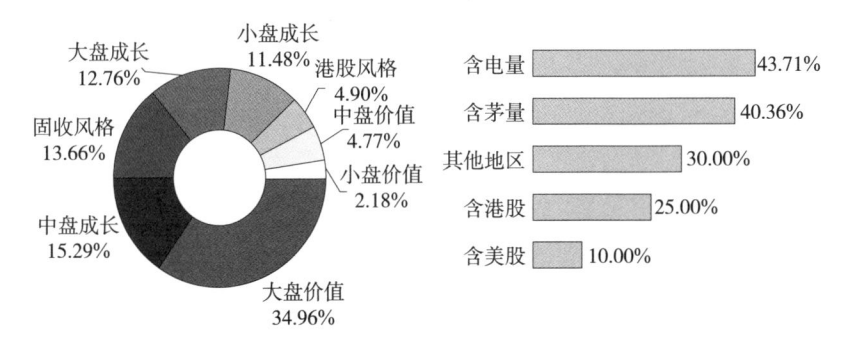

- 含电量 43.71%
- 含茅量 40.36%
- 其他地区 30.00%
- 含港股 25.00%
- 含美股 10.00%

基金相关性

	1	2	3	4
XX新能源	1	0.91	0.41	0.46
XX新时代	0.91	1	0.36	−0.36
XX新未来	0.41	0.36	1	−0.58
XX新回报	0.46	−0.36	−0.58	1

正相关　　　　　　　　　　负相关

图 5.11　组合持仓跟踪的五大风险源

1 产品类型：产品合同约定的类型

2 投资范围：比如股票的仓位范围，是否包括港股、期货等，QDII额度、新基金建仓节奏等

3 开放形式：开放、定开、封闭，持有期，新基金的开放节奏

4 费率要素：包括管托销和申赎费率，分A、C类，各渠道打折情况

5 渠道合作：重点代销机构、券商结算机构、ETF的重点做市商及政策、规模稳定性、个人机构客户结构

6 绩效目标：收益目标及收益测算逻辑，尤其是固收类或固收+产品

7 回撤控制：最大回撤控制目标和方法，是否有止损止盈纪律

8 管理体系：该产品由什么部门管理，股债部分的决策和权限分配情况

9 产品定位：团队管理产品的谱系，各产品之间的定位差别

图 5.12 调研提纲——产品设计

1 团队背景：学历、从业经验、投研经验、成长历程、所管产品

2 团队稳定性：获奖情况、机构投资者认可度

3 决策机制：决策出发点、落脚点，决策过程，参与方，决策人

4 资产配置：股债配比原则，相关指标，权益仓位中枢、上下限

5 投资风格：成长/价值/均衡，自下而上还是自上而下，左侧还是右侧，换手率，行业和个股集中度，仓位稳定性

6 选股思路：投资目标、选股方法、能力圈

7 选债思路：信用债/利率债偏好，对久期、信用、杠杆等要求，债券仓位的中枢，可转债的配置思路

8 挑战问题：规模容量、跳槽原因、踩雷个案、产品数量、历史回撤、管理时间

图 5.13 调研提纲——投资团队

```
1  管理规模：各类产品线的管理规模、侧重的品类和优势
2  整体业绩：不同产品线的业绩、获奖情况、机构投资者认可度
3  考核激励：薪酬结构、晋升体系、业绩考核期、核心KPI、不同
            产品线的差异化要求、员工持股情况
4  投研文化：核心价值观、投研流程、团队稳定性
5  公司治理：历史沿革、股东情况、管理团队、决策机制
```

图 5.14　调研提纲——基金公司

第 7 件事：读季报

在巴菲特的股东大会上，他曾经这样描述自己读上市公司年报的体会："我们确实读了很多年报，我每年都读上百份，这一切都是从我们可以理解的公司年报开始，所以我们希望阅读我们能理解的年报。然后，我们去看管理层是否在年报中告诉我们想知道的事情。当我们发现一个管理层确实告诉了我们这些事情，而且很坦诚，就像子公司的经理会对我们坦诚一样，用我们能理解的语言交谈，这肯定会改善我们对这家企业的感觉。反过来，则会让我们不喜欢，如果我们读了一些公关类的官话文章，或者给我们看很多图片，但没有事实，这会让我们对企业的态度产生一些不好的影响。当我们读完年报时，我们想要比看之前对公司的业务有更好的了解，这对管理层来说并不难，如果他们想这么做的话。他们是否这样做，是我们决定是否成为他们十年伴侣的一个因素。"

同样，一位基金经理是否认真地编制自己的定期报告，也可以成为你决定是否成为他投资伴侣的一个重要因素。事实上，定期报

告包括季报、半年报和年报，它们可以从以下三个方面辅助我们进行基金的投资决策，具体如图 5.15 所示。

```
                    季报
                      │
                   定期报告
                    ╱    ╲
                半年报    年报
                    │
                    ▼
            了解持仓基金的运作情况
            公募基金是信息披露最为透
            明、标准、严格的资管产品
                    │
                    ▼
                  辅助决策
                    ╱    ╲
    了解基金经理的所思所想    发现投资机会和风险预警
    通过持仓变化和运作回顾展望  通过定期报告中细节的变
    验证基金经理是否知行合一   化发现蛛丝马迹
```

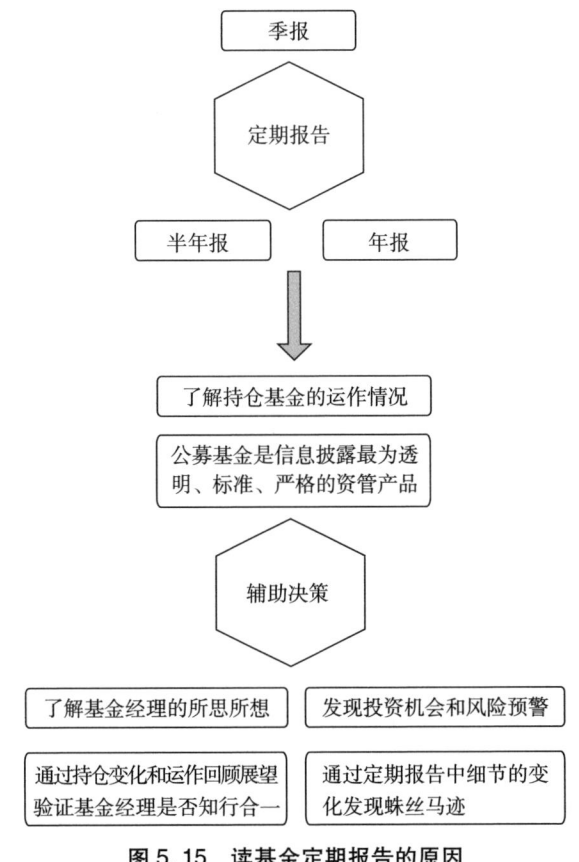

图 5.15　读基金定期报告的原因

- 了解持仓基金的运作情况。公募基金的定期报告有非常严格、透明的披露模板，基金公司必须遵照执行，让投资者对基金到底买了些什么、表现得怎么样等情况了如指掌。

- 了解基金经理的所思所想。定期报告是基金经理与投资者公开沟通的最佳渠道，也可以帮助我们判断基金经理是否知行合一。
- 发现投资机会和风险预警。有经验的基民可以从季报中发现各种蛛丝马迹，从而发现投资线索，甚至发现风险点。

如何在季报中发现投资机会和风险预警呢？我分享以下几条经验。

基金规模是否有较大变化

季报中会披露基金的最新规模，如果我们发现某只主动基金的规模急剧扩大，那么需要小心策略是否有失效的风险（指数基金可以忽略这一点）；如果我们发现某只基金的规模急剧缩小，则要小心其是否发生某些不可知的变化导致大额赎回（尤其是机构投资者或者来自某些代销渠道的集体赎回），如果规模缩小到 5 000 万元以下，则要小心其是否有清盘风险。

持有人结构是否有重大变化

机构投资者是否大比例增持或减持，如果增持则是积极信号，如果减持则要小心。这里的增减持主要是指绝对金额而非比例变化，因为机构持有比例会因为散户的申赎而变化。除了机构投资者，我们还可以关注基金公司自营资金是否增减持、基金公司内部人（高管、基金经理和员工）是否增减持，以及基金经理个人是否增减持。对于以自己的名义，把大部分身家投入自己管理的基金的基金经理，是值得尊敬的。另一个信号是持有该基金的FOF数量是否增加，尤其是其他基金公司的FOF是否增减持，如果很多FOF都减持，则可能是基金经理离职的征兆。

股票仓位是否大幅度变化

我们可以挑选几位善于资产配置、仓位灵活的基金经理作为观察指标，看他们的产品是否在这个季度有比较明显的仓位变化，来作为我们判断市场风险的指标。

重仓行业/赛道/风格是否有重大变化

我们可以挑选几位善于行业轮动的全市场基金经理作为观察指标，看他们持仓的行业、赛道和风格是否有重大切换，来作为我们跟踪行业和风格的指标。

基金经理的运作说明和投资展望如何

近年来越来越多的基金经理开始重视，通过定期报告中的运作说明和投资展望部分来与投资者沟通，他们会回顾自己过去一个周期的所失所得、所思所想，也会对未来的配置方向进行展望。尤其是一些具有市场风向标作用的基金经理，他们的投资展望部分也可以成为我们自己的投资指导。

图5.16展示了季报、半年报、年报的差异。

不同定期报告的披露时间

报告类型	披露时间	数量	时效性	详尽度
季报	1月、4月、7月、10月，当月20日左右披露上个季度季报	每年4份	强	一般
半年报	8月底披露上半年报	每年1份	中	详尽
年报	次年3月底披露上年年报	每年1份	弱	详尽

不同定期报告的运作概况

报告类型	基本信息	基金经理情况	净值表现	合规说明	展望未来	运作说明
季报	产品概况（简要）	有	本报告期	有	无	有
半年报	基金简介（详细）	有	1个月、3个月、6个月、1年、3年、自基金合同生效起至今	有	有	有
年报	基金简介（详细）	有	3个月、6个月、1年、3年、5年、自基金合同生效起至今	有	有	有

不同定期报告的投资组合情况

报告类型	资产组合情况	股票行业分类	股票持仓	股票重大变故	债券品种分类	债券持仓
季报	有	有	前十大	无	有	前五大
半年报	有	有	全部持仓	有	有	前五大
年报	有	有	全部持仓	有	有	前五大

不同定期报告的持有人和财务数据

报告类型	份额变动	持有人情况	财务数据	财务会计报告	收益分配	审计报告
季报	有	无	至少应列示本报告期的主要会计数据和财务指标	有	无	无
半年报	有	户数、户均份额、机构占比	至少应披露本报告期的主要会计数据和财务指标	半年度会计报表及附注	无	无
年报	有	户数、户均份额、机构占比	3个会计年度的主要会计数据和财务指标（详细）	经审计的年度会计报表及附注	过往3年每年的基金收益分配情况	有

图 5.16 信息披露差异

| 延伸阅读 |

如果我们快速观察基金组合中各只基金季报的变化，就会发现规模迅速变大是需要注意的，但是如果是指数基金则没有关系，它甚至还意味着市场对某些方向的关注和青睐。而观察持有人结构，尤其是被FOF持有的数量，也可以看出基金经理被市场的认可程度变化。从股票仓位变化中，我们能发现基金经理对市场态度的变化；从重仓股的变化中，则能够发现基金经理对于行业的观点变化。图5.17所示为季报中变化举例。

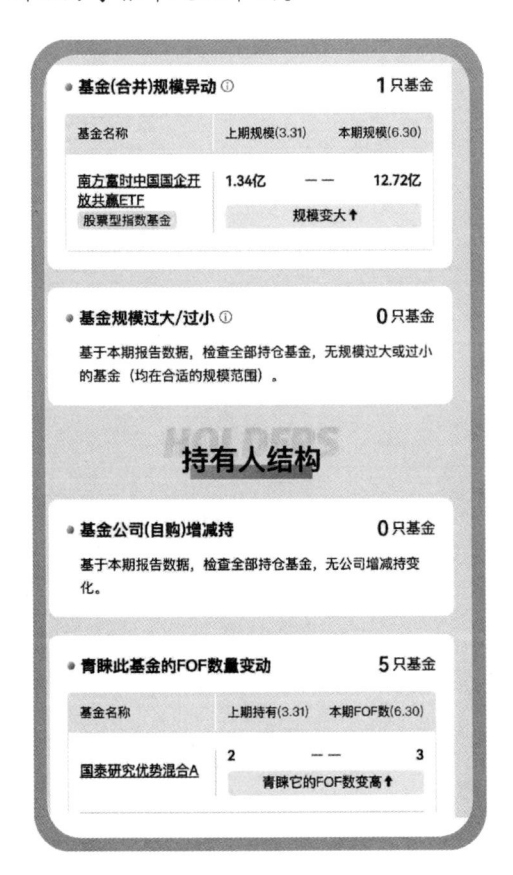

● 基金(合并)规模异动　　　　　1只基金

基金名称	上期规模(3.31)	本期规模(6.30)
南方富时中国国企开放共赢ETF 股票型指数基金	1.34亿	——　　12.72亿 规模变大↑

● 基金规模过大/过小　　　　　0只基金

基于本期报告数据，检查全部持仓基金，无规模过大或过小的基金（均在合适的规模范围）。

持有人结构

● 基金公司(自购)增减持　　　　　0只基金

基于本期报告数据，检查全部持仓基金，无公司增减持变化。

● 青睐此基金的FOF数量变动　　　　　5只基金

基金名称	上期持有(3.31)	本期FOF数(6.30)
国泰研究优势混合A	2	——　　3 青睐它的FOF数变高↑

注：数据截至 2023 年 8 月 18 日，相关标的仅作示例不作推荐。
资料来源：韭圈儿 App。

图 5.17　季报中的变化示例

应对亏损与解套四步法

懒人解套四步法

对国内投资者来说，面对牛短熊长的 A 股市场，似乎赚钱的快乐时光总是那么短暂，而亏钱或者被套才是常态。但也不必惊慌，投资本身就遵循"二八定律"，如"80%的时间在煎熬，20%的时间在享受""20%的标的贡献了80%的投资收益"等，所以即便大部分时间亏钱或者大部分标的不赚钱并不可怕，投资者只要掌握正确的投资方法，依旧可以在这样的市场中获得自己想要的收益。

对于解套，我们给出一种万能的懒人四步法（CCBB），投资者按照这个方法一步步操作，大多都能够在这个市场里游刃有余，如图 5.18 所示。

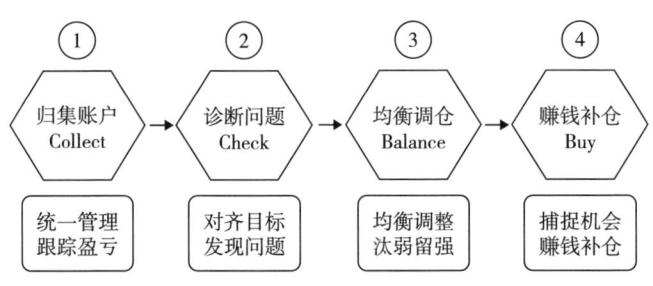

```
① 归集账户 Collect → ② 诊断问题 Check → ③ 均衡调仓 Balance → ④ 赚钱补仓 Buy
统一管理        对齐目标        均衡调整        捕捉机会
跟踪盈亏        发现问题        汰弱留强        赚钱补仓
```

图 5.18　解套四步法（CCBB）：归集、诊断、均衡、补仓

第 1 步：归集账户

大部分基民，无论是自己买基金，还是由理财顾问推荐基金，大多是从单只基金的角度来参与的，而非作为整体账户来考量。你可能在互联网平台买过基金，在银行、券商平台也买过基金，甚至还持有很多理财产品，如果仅就单独的账户来进行分析，都是有偏颇的。很多基金销售平台 App 都有持仓分析功能，会根据你的风险偏好进行分析，得出是高配还是低配，并给出减仓还是加仓的建议。可实际情况可能是，你是低风险偏好者，在银行买了 90 万元的理财产品，在互联网销售平台买了 10 万元的股票型基金，本来是股一债九比较合适的配置，而互联网销售平台的持仓分析结果是"全仓股票型基金，风险太高"。为了避免一叶障目，我们在进行资产分析时，必须尽量先把所有的资产记录在一个大账户中统一管理。最理想的状态是，把包括非自住房在内的所有动产、不动产都放在一起，如果做不到，最好也把所有的金融类资产放在一起分析。你可以用 Excel 自制表格，也可以使用有这样功能的专业软件，这第一步是必不可少的。

第 2 步：诊断问题

这里我们假设你的金融资产主要是基金，并且已经把各个平台持有的基金汇集到了一起，从类现金的货币基金，到替代银行理财的债券基金，再到博取收益的权益型基金，应有尽有。这时候我们就可以真正进行诊断了。想一想我们当初定下的目标是什么，再看看当前持仓收益是否达到了当初的目标，我们就可以好好分析一下原因了。一般而言，问题要么是仓位过高或者过低，要么是基金表现过差或者风格过于集中。我们在前文如何诊持仓部分，已经做了详尽的分析。

第 3 步：均衡调仓

当我们诊断完问题，就已经对仓位应该如何调整心中有数了，下一步就是优化基金。优化的目标是希望调整后的基金组合表现能够等于或者超出市场平均水平。要做到这一点，我们需要分为两步：一是调整各行业、各风格的基金比例，使其尽量达到均衡的状态；二是在每一个行业、每一个风格中，尽量选出更为优质的基金。比如科技成长类，主动基金的优势更大，但是在消费类基金中，指数基金的表现则不遑多让。当然，有的人喜欢全部用主动或者指数基金，也都没有问题。

第 4 步：赚钱补仓

当我们的基金账户持仓比例合理，基金风格均衡时，我们就可以大胆地买买买了。尤其是在熊市，一定要抓住市场低位的机会大胆买入。之前我们亏钱时不敢买，是因为不知道原来的基金持仓出现了什么问题，担心基金会持续下跌，甚至全部亏损，但是现在这些担心没有了，在熊市中持续买入积累到足够多的份额，变成了我们新的目标。我从业十几年的经验是，"**在熊市中要努力工作赚钱，然后把自己变成一个无情的加仓机器**"。当然，这一切的前提是，我们已经对持仓做了完成的归集、诊断和调整，且信心十足。

| 延伸阅读 |

账户归集是进行持仓管理和诊断的第一步，我们不仅可以把不同平台的基金归集在一个账户中，还可以把为父母、孩子、客户管理的投资，汇总在一个账户中。为每一个管理标的设定好名称、目标之后，才能够做适当的诊断，如图 5.19 所示。

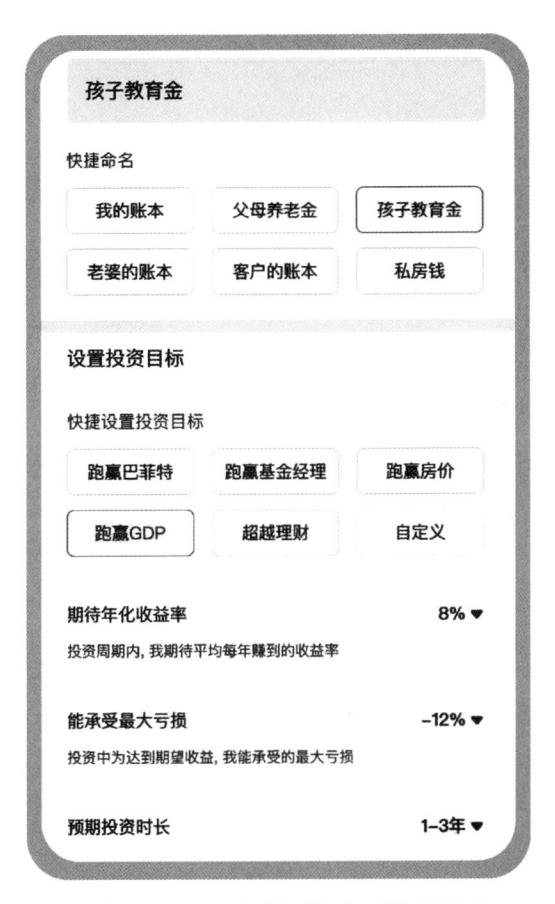

注：数据截至 2023 年 8 月 18 日，相关标的仅作示例不作推荐。
资料来源：韭圈儿 App。

图 5.19　账户归集示例

导致亏损的坏习惯

接下来，我们分析一下投资中导致亏损的几个坏习惯，具体如图 5.20 所示。

追涨杀跌

我们常说"基金赚钱，基民不赚钱"，最明显的现象就是基金长期的复权回报都非常好，但是基金年报中基民的利润却长期不佳，这主要是因为投资者收益不仅是由基金业绩决定的，更重要的是由投资者仓位决定的。在市场疯狂的时候，投资者不停追涨导致仓位很重；在市场低迷的时候，则不敢加仓导致仓位很低，最终形成倒三角形仓位结构。我总结投资的秘诀是，"**标的要均衡，投资要逆势**"，这是要克服人性才能做到的事情，也是非常艰巨的心理难关。

频繁交易

普通散户频繁交易是再常见不过的坏习惯。一些心理因素，如贪婪和恐惧等，会导致投资者进行频繁交易，来追逐短期利润或者规避风险。另外，还可能因为投资者没有足够的信息和专业知识，大多数时候会跟随别人的意见或媒体的报道来进行交易，而不是基于自己的分析和判断。当然，这样做的坏处是非常明显的：首先，交易成本会不断累积，包括交易佣金、印花税、基金手续费等，这会对投资者收益造成很大的负担；其次，频繁交易往往会导致投资者的投资组合不稳定，过度交易也可能导致错失长期的投资机会。

处置效应

这是指投资者在管理自己的投资组合时，倾向于卖出那些赚钱的股票而不是亏钱的股票。具体来说，当某只股票价格上涨时，投资者倾向于将其卖出以获得收益；而当股票价格下跌时，投资者倾向于持有股票以避免浮亏变成实亏。有的时候，投资者还会为了扳平亏损，持续加仓到本来就不怎么优秀的股票和基金上。投资者在决定买卖什么标的时，最理性的选择是根据当前环境下该只股票和基金的中长期基本面，而不是简单抱着亏损的基金不卖。有时候，**止损也是一种智慧，放手也是一种态度，认错也是一种成熟的表现。**

近因效应

这是指在短期内，某些股票和基金的收益表现优异，而投资者会根据这种表现进行投资决策，导致这些股票和基金在短期内持续表现优异的现象。举个例子，假设新能源基金在最近一个季度表现优异，投资者看到这个表现后也开始购买这类基金。更多资金进场，导致新能源股票价格持续上涨，基金净值也持续上涨，从而吸引更多的投资者加入，进一步推高市场。但如果在一段时间后，这些投资者发现这只股票的估值已经高于其内在价值，开始大规模抛售，那么股票价格和基金净值就可能迅速下跌。这种情况下，晚进场的投资者可能会遭受较大的损失。因此，投资者应该尽可能避免受到近因效应的影响，不要盲目追逐短期表现优异的股票和基金，而是应该根据公司基本面和长期前景进行投资决策。

过度自信

这主要是指投资者容易高估自己的投资水平，从而做出不太理性的投资行为。有些年轻司机，总是以为自己有无敌的驾驶能力，但最后很可能因为高估自己的实力而闯祸。开车上路，还是小心为上，坚持"不熟不做，不懂不碰"的原则。

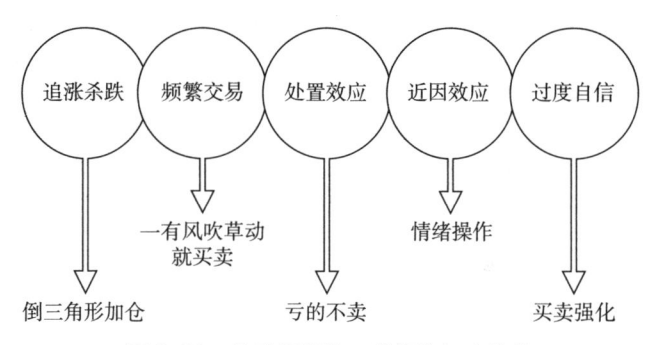

```
追涨杀跌    频繁交易    处置效应    近因效应    过度自信
   ↓          ↓          ↓          ↓          ↓
              一有风吹草动            情绪操作
              就买卖
   ↓          ↓          ↓                     ↓
倒三角形加仓              亏的不卖              买卖强化
```

图 5.20　导致亏损的五种投资行为偏差

不同类型基金亏损时的处置措施

虽然我们一直都是以组合的视角来介绍，但还是经常会有投资者拿单只基金的亏损来向我提问。接下来，我就分享自己处理单只基金亏损时的经验和习惯，以供参考。

纯债基金

如果因为踩雷而亏损，那就毫不犹豫赎回，越早越好。因为一旦踩雷，该债券就会失去流动性（卖不掉），但是基金还有流动性（能赎回），这时候如果有人先赎回，基金公司就得先把其他流动性好、资质好的债券卖掉变现，剩下的烂债比例就会变大，后面的风险有可能更大。在经过一段时间煎熬后，基金公司出于风控、声誉的考虑，也会对烂债进行处理，这时候有人想利用基金抄底的想法也要慎之又慎，至少我还没有见过成功的案例。

如果没有踩雷，只是因为市场冲击下跌，放着就行，闲钱可以继续加仓。因为债券的收益一部分来自票息，另一部分来自利率波动。以房产类比，票息是固定收益，相当于每天都能收租；利率则会波动，利率上升，债券价格下跌，相当于房价下跌，利率下降则债券价格上涨。长期而言，利率一定是会慢慢往下走的，加上每天收租，所以持有久一点不太可能亏损。而短期因为"钱荒"（2013年利率市场紧张）、信用危机（2019年包商银行事件）等导致的市场普跌，冲击之后大概率还是会收回来的。

你也许会问：我怎么知道它踩没踩雷呢？这确实需要你平时多关注新闻、媒体信息，多问问你的理财经理，当然最简单的办法是选择大公司的债券基金。

固收+基金

固收+基金包括二级债基、偏债混合基金，大概率回撤就是加仓的机会。对于这种偏债型基金，长期收益主要靠股票，债券的作用是熨平波动，只要基金经理不踩雷股票或者债券，哪怕买入些大盘蓝筹高股息并持有，再通过债券票息熨平波动，基本能保证基金收益长期是向上的。

权益基金

无论是股票型基金还是偏股混合基金，既要看产品的情况，也要看自身的情况。

1. 如果单只基金亏损比例还在10%以内，可以暂时先观察一段时间。
2. 如果持有的基金占比没有超过总投资资产的10%，可以暂时先观察一段时间。

如果以上两个条件触发任何一个，可以开始考虑做点什么；如果两个都触发了，那就必须做点什么。可以回顾一下我们在第 4 章讲过的止损的意义。

指数基金

如果是基本面完全崩塌，那么就要毫不犹豫地做清仓处理，甚至自身盈亏比例都可以忽略。最典型的案例就是某些行业 ETF，在一些政策变化之下整个逻辑都不成立了，再谈其他的，都没什么意义了。

行业或主题指数基金

此类基金需要重视基本面、景气度和估值。

如果基本面、景气度都没有问题，仅因为估值问题从高位回撤，长钱是可以继续持有的，但是短钱就需要卖出了，因为你不知道估值消化的过程会持续多久。典型的案例如中概基金。

如果估值在低位，仍旧继续莫名其妙下跌，这时候要重新审视基本面，切不可像鸵鸟一样把头埋进沙子里，只看估值。可以看一看该指数的龙头股，还有多少主动基金持有，趋势如何。也可以看一看机构投资者的占比变化情况。典型的案例如保险指数基金，除了本身指数编制有问题，前五大重仓股的主动基金持有数量，在 2021 年第三季度出现断崖式下跌。这时候我们就要反思，是不是自己对基本面存在误解。

如果是强周期类基金，本身就不建议重仓。定下止盈/止损的纪律，该卖就卖，也不必再分析基本面。典型的案例如有色基金、原油基金等，也很少有专家能深度把握大宗商品价格走势。

组合管理的平凡之路

这一章我们讲了很多关于组合管理、资产配置、持仓诊断的细节，有些内容的专业性其实不低，你如果能够读完并消化，那么我认为应该能够达到一个工作 5 年以上的专业投资顾问的水平，和 FOF 基金经理谈笑风生也有可能。

但是问题来了：如果你是基金发烧友，就是喜欢钻研，当然没问题；但对大部分人而言，基金投资只是生活的一小部分，你大部分的精力都应该在主业，着实不必花时间和精力去搞懂这些专业而复杂的问题，按照准 FOF 基金经理的标准去要求自己。当然，如果你能够认可资产配置的理念，这已经善莫大焉；如果能够自己实操来管理自己的组合，也是充满乐趣的事；如果愿意付费交给专业人士来帮助你去处理这些繁复的细节并达到目标，才是终局。

目前市场上为资产配置提供服务的形态，我将其分为三类：第一类是 FOF，这类基金本身就具有资产配置的功能，它们各自有不同的股债中枢比例，适合不同风险偏好的投资者，而 FOF 收的是管理费；第二类是基金投顾服务，提供的也是一揽子基金组合，在你的授权下，帮助你对账户进行调仓操作，它收的是基金投顾费；第三类是理财顾问服务，比如银行、券商、三方理财顾问，帮助你来选基和配置，它们不收前端费用，但是会从产品销售中拿提成，这是一种隐形费用。

基金发烧友，通常喜欢自己构建基金组合，从而规避这些费用，这当然是很划算且充满乐趣的事情，不过且不说你的组合是否专业，这件事本身也会耗费你的精力和时间，其实也是一种隐性成本。从我和投资者打交道的感受来看，很多人都会走过5个阶段。

- 不相信基金经理，是认为自己炒股奇才，到处看消息买卖股票。
- 赔得一塌糊涂，看到基金经理赚钱，开始买入明星基金。
- 投资出现亏损，认为被明星基金经理伤害，投入指数基金的怀抱。
- 发现指数基金也赚不到快钱，于是老老实实用组合的方式投基金，准备慢慢变富。
- 花了很多时间和精力，但是发现"抄作业"的效果一般，最后为了省事开始认可基金投顾、FOF，或者干脆交给一位靠谱的理财顾问打理。

在基金投顾业务刚推出的时候，我以为主要是针对刚入门的小白投资者提供的服务，后来发现实际并非如此。小白投资者更喜欢短期刺激，无法接受组合投资的长期持有理念，反倒是一些专业度高的资深基民，在经历过亏钱、失败之后，更愿意接受这样的产品和服务，并为之付费。当然，就目前国内基金行业的发展阶段，以及投资者的付费习惯来看，这类投资者数量不是很多。

邓宁-克鲁格效应（Dunning-Kruger Effect）是一种认知偏差现象，简单来讲，是指知识水平越低能力越低的人，往往越会高估自己的认识和能力。一个人对事物的认知过程，可以分为以下4个阶段，如见图5.21所示。

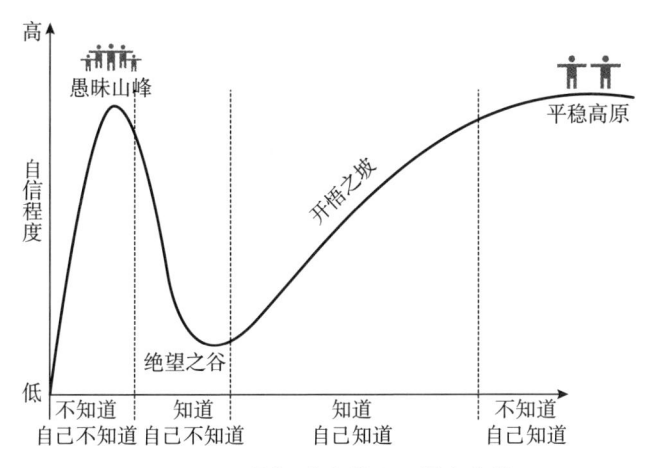

图 5.21 邓宁-克鲁格心理效应曲线

- 不知道自己不知道——不知者无畏，撞大运吃大亏。
- 知道自己不知道——懂谦卑知进退，危险的地方不会去。
- 知道自己知道——在能力圈内耕耘，赚认知内的钱。
- 不知道自己知道——形成肌肉记忆，直觉即答案。

人生如此，投资亦然。无论是本书开篇的 7 条军规，还是选基时的平凡之路（基金经理 1/2 水平或模拟偏股基金指数），抑或投资策略中的配置理念和择时指标，我都希望这些能够在经过你亲自实践后，最终成为你投资路上的肌肉记忆。到那时，我会引用高适的《别董大》，由衷道曰："莫愁前路无知己，天下谁人不识君。"

第 6 章

实践篇:
基金投资常见问题解答

什么是正确的定投方式？

基金定投一直不赚钱，怎么办？

北落老师好，我是一个普通打工人，存款不太多，对基金也不太懂。2020年开始"无脑"定投一些明星基金，但都是越定投亏得越多。这3年多一直没有好转的迹象。我应该停止定投吗？还是切换其他赛道定投？那这些亏损的产品又该如何处理？是平台选的产品有问题，还是我的定投方法有问题？

北落回信：

连续定投3年都在亏钱，这确实是一件让人比较沮丧的事情。那么问题出在哪里呢？我试着根据你的情况分析一下。

第一，定投不是万能的，千万不可"神话"定投。这是个很简单的逻辑问题：在一个单边下跌的市场中，无论你是一次性投资还是定投，当前的基金净值都要低于你的成本，怎么可能赚钱呢？但定投的好处是，它可以帮助你在单边下跌的过程中摊平成本，你的亏损比例肯定比一次性投资更低。对于亏损的绝对金额，你可以从这个角度思考——如果你一次性投入的金额和定投分开投入的金额加总差不多，定投会亏更少。定投的方法本身并没有错，作为年轻人攒钱的一种手段也是很好的，只是我们要抱有更理性的期待。等你熬过一次熊市，有过一次对抗市场恐慌之后胜利的体验，你对定投的认识会更深。

第二，定投赚钱需要一只弹性大的基金。大家投资都是为了赚钱而不是为了回本，所以我们定投了那么久，就是等待基金强力反弹的那一刻，市场涨的时候，它必须跟着涨才行。你在3年前买入的那些明星基金，大概率是当年所谓的"价值投资""核心资产"，买了3只基金，看似分散了，但很可能它们都重仓了白酒或者新能源，实际并没有分散。由于判断未来风格难度很大，所以为了避免满仓踏空的情况，你最好持有一个均衡的基金组合，它的收益不一定是最高的，但是涨的时候它一定不能错过。这样即便不是大牛市，但是在震荡市场中遇到一个小反弹，你也可以赚钱。我建议你把定投的基金重新归集整理一下，分析一下风格是否过于集中。

第三，定投也可以更智能，成本更低则赚钱更快。前文说过了，定投的核心作用是平滑成本，那么我们有没有更好的办法来加快降低成本呢？这就引出了我们常说的智能定投，其核心就是在低点要多投，甚至双倍定投。那么如何判断什么时候是低点呢？以本书提到的恐惧贪婪指数为例，如图6.1所示，假如平时投1 000元，那么当恐惧贪婪指数跌到恐惧区间的时候，我们就可以双倍定投，即投入2 000元。如果跌入极度恐惧区间，就可以四倍定投，即投入4 000元。这就是在用定投的方式来践行巴菲特所说的"别人贪婪我恐惧，别人恐惧我贪婪"。这是一个大部分人都懂但是做不到的事情，但是通过和定投结合，把大资金变成分散的小资金，能减

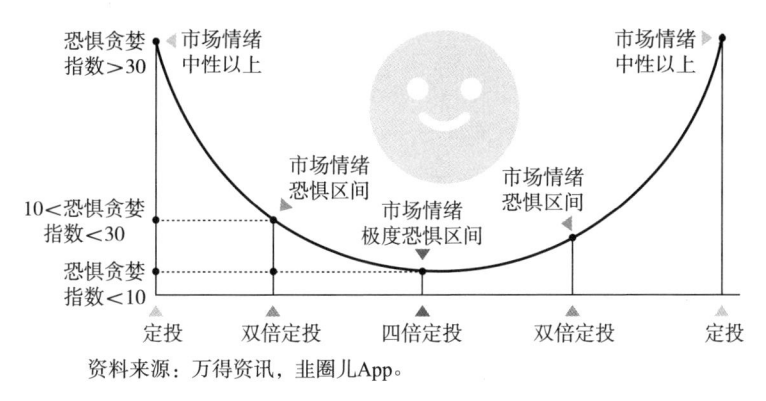

```
恐惧贪婪          ◀ 市场情绪                                          市场情绪 ▶
指数>30            中性以上                                          中性以上

                           市场情绪              市场情绪
                           恐惧区间              恐惧区间
10<恐惧贪婪       ◀                                        ▶
指数<30                          市场情绪
                                极度恐惧区间
恐惧贪婪
指数<10                          ▼
              定投    双倍定投   四倍定投   双倍定投    定投
```

资料来源：万得资讯，韭圈儿App。

图 6.1　利用恐惧贪婪指数来定投

轻大家逆向投资的心理负担。

　　第四，还有一些定投中要注意的细节。定投有工资定投和大额定投两种。前者适合于刚工作的打工人，它对应的是增量资金。比如每个月拿出自己可投资资金（剔除刚性消费的资金）的 40% 来定投，如果是每周定投，则每周投入 10% 即可。等资产量比较大了以后，你可以用大额定投的方式来投资，它对应的是存量资金。比如可以把一笔存量资金分成 50 份，同样结合恐惧贪婪指数把"子弹"打出去，这更像是一种建仓方式。至于如何止盈，最简单的方法是设置一个年化收益率目标，比如 8%，达到之后就止盈，然后重新开启新的一轮定投。只要你的投资标的足够均衡，就一定止盈不止损。

基金被套牢怎么办？

如何进行资产再平衡？

　　北落老师好，我之前主要投资的是银行理财产品和权益型基金，资金比例大概是 5∶5。这两年行情不好，我买的基金几乎没有赚钱，这期间我一直在把到期的理财产品的资金都补到基金中，以维持 5∶5 的比例。现在我的整个家庭财富曲线依旧是一个下行状态，房价也在下跌，加上这几年工作不太稳定。我对市场的信心也在减弱，我还要继续把钱投入基金吗？现在 5∶5 的比例合理吗？你预计这轮熊市要持续到什么时候呢？

北落回信：

　　首先，建议你看一下自己的房贷负担重不重。如果房贷负担很重，且感觉工作不太稳定，那么你一定要谨慎投资，尽量选择安全性较高的投资产品，否则你很可能因为市场波动而陷入焦虑，进而影响生活质量。如果房贷负担不重，收入可以远远覆盖每个月的还款金额，那么你可以"占用"一些低成本的房贷资金，投入中长期的股债资产以获取更高的收益，这不失为一种明智的套利行为。

　　如果你是上面第二种情况，就可以考虑做资产配置了。就像我在第 1 章提到的，你的股债资产配置比例，取决于你的收益回撤预期。而你的收益回撤预期又取决于你的年龄、收入、资产情况、家庭情况等，你可以根据自己的情况，来选择适配的股债比例。具体参见图 1.10。

　　下面说说我自己的情况，供你参考。

　　作为一个中年人，我现在上有四老，他们的社保和退休金都正常，下有一娃，还处在"吞金"的中小学阶段，另有轻微房贷，对收入影响不大。目前我把自己的资产分为配置账户、定投账户和理财账户。

　　配置账户的股债配置比例中枢是 5∶5，向上股票比例最高到

70%，向下最低到 30%。我的设想是：当股市低估时，例如本书中提到的股债性价比指标处在高位（假设此时上证指数是 3 000 点），我的股债比例可以设成 7∶3；当股债性价比指标回归中性位置（假设此时上证指数是 3 500 点），我就卖掉部分股票买入债券，重新调整回股债 5∶5；当股债性价比指标处于低位，也就是股市高估时（假设此时上证指数 4 000 点），我就再卖掉一部分股票，把股债比例调为 3∶7，具体过程如图 6.3 所示。根据回测，这种办法可以帮助我们拿到一个符合自己预期的长期收益，并通过股债调整和再平衡，增强一部分收益。定投账户每周根据恐惧贪婪指数进行定投。理财账户主要是买入一些比银行理财收益稍高的产品，来替代传统理财产品的功能。

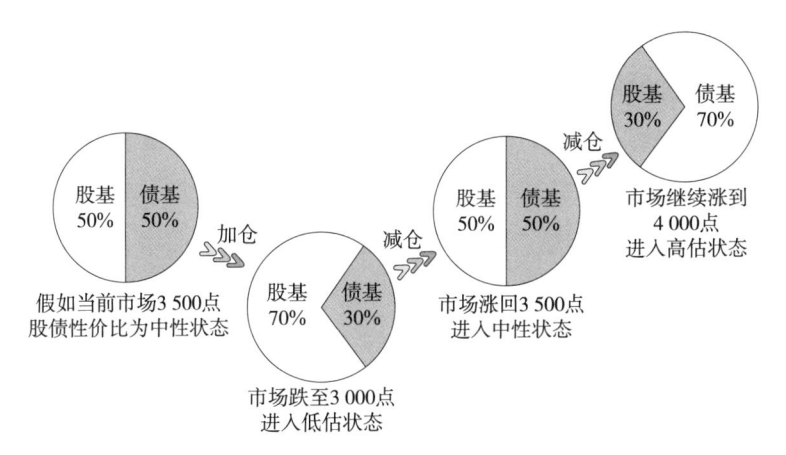

图 6.3　配置账户的股债比例调整

对于熊市会持续多久，我无法预测。21 世纪里熊市持续时间最长的是 2001—2005 年，整整 4 年，然后迎来了 2006—2007 年的超级大牛市；其次是 2011 年—2014 年，也有 3 年多，随后也迎来了 2015 年的大牛市。A 股的特点就是牛短熊长，且熊有多长，牛就有多高。**在熊市中，除了做好股债资产配置，我们还要做好主业，保持健康的现金流，剩下的就是等待。**当你经历过几次这样的牛熊转换，你就会更加坚信这种方法是有用的。

跟风买基金被套又面临较大开支，如何自救？

北落老师好，前几年我跟风买了很多消费、医药板块的基金，可以说几乎把全部身家都投入了基金，目前这部分基金已经亏损了30%。眼看着孩子快上了初中了，我们虽然有点儿家底，但增量收入比较有限，现在的我很焦虑，不知道接下来该怎么办，被套的基金又该如何处理。

北落回信：

谢谢你的信任，这种情况下产生焦虑是很正常的，首先你要学会与自己和解，并且尽快找到走出来的方法。其实只要你在财务上别犯错，定期体检，坚持锻炼，有一份"不卷"的工作，有一个和睦的家庭，再有一些"不败家"的小爱好，你的大部分焦虑就能迎刃而解。

如何做到在财务上别犯错？以下几点给你参考：

- 尽量别创业，包括出资合伙创业。
- 不购买任何承诺高收益的产品。
- 存钱时尽量选择大银行，在小银行存钱不要超过50万元。
- 尽量不要自己炒股，尤其是盲目选择别人推荐的股票代码。
- 基金可以定投，但别看业绩选基金，最好选择均衡组合或者宽基指数。

- 不要涉及任何网游充值、网络博彩、网络恋情、直播打赏等成瘾又败家的爱好。
- 无论家底多厚，都好好工作，不要"躺平"，保住饭碗。
- 多读书，别让自己的欲望超出自己的能力。

定投还可以继续，但是你要分析一下自己的持仓情况。消费、医药板块的调整幅度已经不小了，基本面也在慢慢恢复，现在不要轻易放弃。如果非要给你建议，就是以下两条：

- 把组合调整得更均衡，比如跟踪偏股基金指数就是一个解决方案，中证偏股基金指数长期业绩表现如图6.4所示。
- 定投计划再优化，比如参考这本书介绍的恐惧贪婪指数，在恐惧贪婪指数处在恐惧和极度恐惧区间时，多投入一些资金。

定投讲究的是止盈不止损，但在标的选择上有三个要点：

- 长期业绩好。
- 波动大。
- 标的风格透明、稳定。

关于明星基金靠不靠谱，一直有争议。我的观点是：某些基金的数据显示，它们的整体收益跑赢了市场同类水平。虽然无法核实，但我选择相信，因为之前某家银行总行也请我帮它们做过数据分析，它们的基金池也是跑赢同类的。

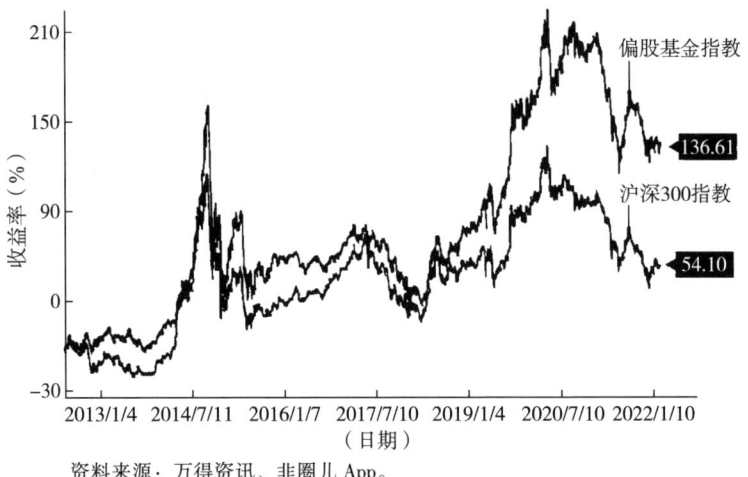

图6.4 中证偏股基金指数长期业绩表现

资料来源：万得资讯、韭圈儿App。

那为什么投资者依旧会亏钱？问题出在哪儿呢？我认为大多数时候不是明星基金不行，而是投资者买入时机不对。销售机构的KPI依据都是销量，尤其是短期销量，所以一定是牛市的时候推股基，熊市的时候推荐债基，它们如果逆市场而来（虽然这样是对的），基金根本卖不出去，业务人员的饭碗也就不保了。用顺人性的方式，卖应该逆人性的产品，结果自然是大部分基民亏钱。同理，现在各家机构的基金投顾业务人员都苦不堪言，因为基金投顾是一种逆人性的业务，逆人性就导致基金投顾得规模提升缓慢，同时KPI压力又很大。这部分业务就需要机构管理层有长期的规划和较高的宽容度。

最后，我不知道你的现金、基金、理财等这些可投的金融资产有多少，但我建议你整理下资金状况，再做好资产配置，以下适合中年人的配置思路，如图6.5所示，供你参考。

资产配置计划	长期做配置，占比50%~70%，基本盘守纪律
恐贪定投计划	底部攒份额，占比20%~30%，博取短期收益
理财替代计划	闲钱备用金，占比20%~30%，平时的蓄水池
现金管理计划	常见T+0理财、货币基金即可，每月必需支出的3倍

图 6.5　适合中年人的配置思路

如何实现稳健资产配置？

有没有省心又安全的"躺赢"投资方法？

北落老师好，前几年行业高峰期时我积累了一些资金，买过信托、私募等产品，但最近听说这类产品有些"爆雷"了，我便不敢乱投了。我买的银行理财产品前两年也发生过亏钱的情况，我看你当时的文章说是债灾导致的。可我没时间研究这些股灾、债灾，只想买完就"躺平"，有没有一些省心又安全的投资品种呢？

北落回信：

首先，对你来说，目前最重要的是"避坑"。核心有两点：

- 提高投资认知，不符合常识的不要投。
- 降低自己的预期，不可贪。

常识，是指什么？目前法规已经不允许发行任何刚性兑付的金融产品，所以任何机构的任何保本保息的承诺都不可信。银行理财产品已经开始有涨有跌了，即便是银行存款，如果是一些股东治理结构有问题的城商行、农商行、村镇银行，也并非绝对安全。接受波动，这就是常识。

不可贪，是指什么？这是指投资时不要只看收益率。比如债券基金，如果它全仓配置低等级债券，有可能会创造出很漂亮的业绩，一些债券私募还可以加杠杆，遇到行情好的时候业绩可以非常好。但是这背后的风险，你是否考虑过呢？债券一旦爆雷，投资者很可能血本无归。既然你第一追求的是安全，那就把风险放到收益的前面，面对特别诱人的收益承诺或者历史业绩，切不可轻易被吸引。**懂常识，不贪婪，两者你只要坚持做到一个，就能守住你的钱袋子。**

其次，关于哪些资产的安全性较高，以下供你参考。

银行存款、大额存单：安全性最高。首选四大行①和全国性股份制商业银行，其次选经济发达地区的城商行、农商行，最后选偏远地区的城农商行、村镇银行、互联网银行。如果可以分散的话，尽量在一家银行的存款不要超过 50 万元，这个数额是存款保险的上限。

货币基金、银行 T+0 理财②：安全性也比较高，而且流动性比银行存款更好，但是它的收益率是波动的，总体而言，收益率在 1 年期银行存款之上。平时日常支出，完全可以用这一类产品来管理。

债券基金、银行稳健理财产品：这类产品主要投资于标准化的

---

① 四大行，指中国工商银行、中国农业银行、中国银行、中国建设银行。——编者注
② 银行 T+0 理财，指银行发行的开放式活期理财产品；T+0 指当天赎回，可即时到账。——编者注

债券，有的还会含有部分股票，所以或多或少都有波动。只要是大基金公司、大银行的产品，它们在底层风控上都非常严格，"踩雷"的风险不大，但是也会面临市场的波动。这类资产适合用来管理中长期不用的稳健资金，用时间换取相对高一些的收益率，通盘考虑下来是非常划算的。

保险产品：你可能听说过一些保险产品会约定3%~4%的收益率，这类产品的收益率计算方法比较复杂，你所看到的收益率并非真实的资金内部收益率。整体而言，这类保险产品的期限比较长，流动性一般，它的真实资金内部收益率和10年期国债类似，它更大的作用是帮助投资者重新规划现金流的分布状态。

最后，我重点介绍一下债券基金。从纯债基金指数（不含股票）和非纯债基指数（含10%~15%的股票）的历史走势看，它们的长期趋势都是稳步向上的，如图6.2所示。这主要是因为债券是一类固定收益资产，票息会持续贡献收益给基金，作为基金收益的基本盘。同时基金又受到债市和股市涨跌的影响，产生一个又一个小的"涟漪"。历史经验证明，无论是股灾还是债灾，当债券基金（包括银行理财产品）回撤到一定程度，都是很好的买点，这时候我们完全可以加大投资，从而提高我们的长期收益率。当然，这里有个前提，就是我们所选择的债券基金没有"踩雷"，信用风险控制必须严格。我通常会选择大基金公司的老将，或者选择一揽子债券型、固收+基金，来分散这种风险。

较大体量资金期望获得10%~15%年化收益率合理吗？

北落老师好，我的金融资产总额约为400万元（包括现金）。此外，我还有两处房产：一处是长期不能卖的学区房；一处是市值

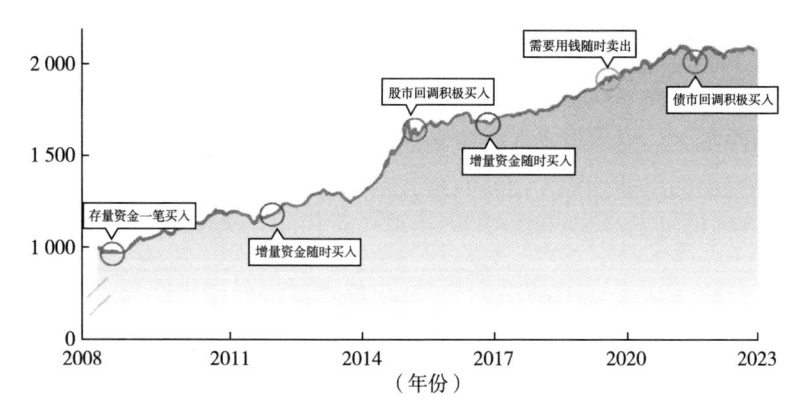

资料来源：万得资讯、韭圈儿 App。

图 6.2 中证非纯债基指数走势

约为 700 万元的房产，计划卖出但因市场流动性不佳一直未卖出。另外，我有 300 万元的长期贷款。

对于可以用于长期投资的 400 万元金融资产，我希望实现 10%～15% 的年化收益率，且考虑到收入降低的风险，为保障支出和生活水平，我希望这部分投资能够较为稳健。请问怎么配置比较合适？

北落回信：

你的 300 万元负债大概率是房贷，现在利率下调之后，估计有 3%～4% 的成本。你的 400 万元可投金融资产，想获得高于这个水平的年化收益率并不难。普通散户喜欢提前还房贷，但金融从业者喜欢用房子把低成本的钱置换出来做投资。前者图个轻松，后者图个效率，都没错。

再说到 10%～15% 的年化收益率，这是过去 19 年偏股基金的平均收益率水平，也就是说，你得将全部资金投入偏股基金且以熊市作为起点，其间不能赎回，并且忍受所有的波动才能拿到这个收益。这是非常难的，大部分基民根本拿不住，且他们开始投资的起点都是牛市。况且你还要考虑收入降低的风险，稳健投资以备不时之需。所以我建议你做以下三件事：

- 降低预期，比如把预期收益率调整到8%~10%。
- 做好股债资产配置，降低波动率的同时提供一部分稳健收入。
- 现在开始配置股债，2024年1月的当下，市场正处于极度低估状态。

图6.6是我在可投资产为200万元时的配置思路，如果你的可投资产是400万元，直接将对应金额乘以2即可。

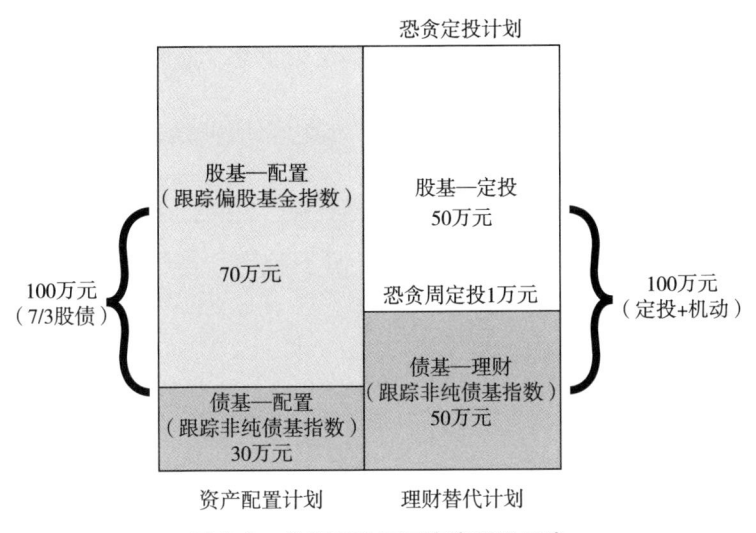

```
                    恐贪定投计划

         ┌─────────────────┬─────────────────┐
         │   股基—配置      │    股基—定投     │
         │ (跟踪偏股基金指数) │     50万元       │
100万元  │                 │                 │  100万元
(7/3股债)│     70万元       │  恐贪周定投1万元  │ (定投+机动)
         │                 ├─────────────────┤
         │                 │    债基—理财     │
         ├─────────────────┤ (跟踪非纯债基指数)│
         │   债基—配置      │     50万元       │
         │(跟踪非纯债基指数) │                 │
         │     30万元       │                 │
         └─────────────────┴─────────────────┘
            资产配置计划        理财替代计划
```

图6.6 北落200万元资产配置思路

100万元的"资产配置计划","股基—配置"代表的权益资产和"债基—配置"代表的固收资产的比例是7∶3。从当前时点往后看，获得10%以上的年化收益率的概率很大。

50万元的"理财替代计划"，放在"债基—理财"为代表的固收资产中，这部分是中短期不用的钱，4%~5%的年化收益率、2%~3%的回撤是比较合理的预期，并且流动性好，如果要用钱的时候，随时能支付。

50万元的"恐贪定投计划"，我希望在未来6~12个月的时间内全部投资完毕，在恐惧的时候多投，放到"股基—定投"中，8%以上的年化收益率不太难，运气好的话说不定能有惊喜。

当然，这些假设都是基于一定程度上的概率，需要辩证地看待和动态地调整。

最后关于如何卖房子，正好我有一点经验给你参考。前几天我家也卖了一套房子，价格大概和2016年时相当，卖了几个月就出去了，且是小区同户型最高价。主要有以下几个原因。

- 户型比较稀缺。
- 装修家具家电都维护得跟新的一样，相当于白送。
- 与中介签了独家，提高了中介费比率，并且提前给店长发了红包。

我交易房子和交易股票的习惯差不多，有的人买股票喜欢挂买二买三，而我直接挂卖一卖二，这么多年的实践证明，这样效率更高。

长期6%的稳健收益率能否实现？

北落老师好，我是一个没有债务负担的中年人。夫妻二人都在机关事业单位工作，且继承了一笔500万元的现金资产。由于本身投资能力有限，所以我想通过基金的方式理财。我的目的是让这笔钱保值增值，预期年化收益率在6%左右。请问公募基金、私募基金、基金专户哪个能更稳妥、更安全地实现这个目标呢？

北落回信：

首先，没有债务的中年状态应该是很多人追求的。借债本身并没有对错之分，比如利息很低的房贷、信用贷，如果能拿来用在一些稳健投资上，套一些利也是不错的。但这种方式其实更适合机构，个人借债的心理负担比较重，如果心态不是很强大的话，会影响生活质量。所以我非常支持你继续保持无负债状态。只要不加杠杆，在目前这个时点做一些稳健投资，你们的家庭会非常幸福。本职工作一定要继续做好，即使保持佛系心态，获得稳定的现金流也是很重要的。

其次，你对自己有非常明确的认知。保值增值，预期年化收益率6%，知道自己投资能力有限，这一点就超越了大多数的投资者。因为很多人在投资的时候，根本不了解自己的风险承受力，盲目买卖，最后搞得一地鸡毛。

那么这个目标合理吗？我觉得基本没问题，但你要有以下预期。

- 在国内，6%的无风险收益率是没有的。超过这个利率的刚兑产品都没有绝对安全性可言，很可能随时的爆雷。

- 这里说 6% 合理，不是说每年都能赚这么多，而是拉长到 5 年以上的年化收益率，中间每一年具体有多少是不知道的。
- 中间是有可能亏钱的，不是收益波动多少的问题，是真正的亏钱。
- 只投资债券是无法获得 6% 的年化收益率的，目前 10 年期国债的年化收益率约为 2.7%，优质省市的城投债在 3% 左右，好一点的企业债也在 3% 左右，一定要投资部分权益资产。当然，即便是债券，也会有价格的波动。
- 亏多少钱是合理的呢？6% 年化收益率对应的最大回撤，3%~4% 是合理的。能做到 -3% 的最大回撤，就是优秀的了，因为卡玛比率可以做到 2，很高了。
- 有一些财富机构在广告中宣传 6% 以上收益率的理财产品，有些是真的，但都期限很短，最多几周时间，都是为了拉客户，意义不大。
- 在国外，目前美债长期利率到了 5% 以上，但你资金出不去，进出还有汇率和短期波动风险。

我说这么多，就是想让提醒你，不要追求刚性的 6%，否则很容易上当。

再次，产品形式不是最重要的。公募基金、私募基金、专户产品，都只是投资运作的形式，核心是底层资产的配置和策略。不过，这几类产品形式的特点如下。

- 公募基金，透明度高，吃大亏的可能性小，但是选择的难度也比较大，因为现在基金的数量太多了，基金经理也时常换人。
- 私募基金，策略多样，但是透明度低，尤其是如果直接投债券的私募，不知根知底的情况下，我不建议投资。不排除有些优秀的私募策略能做到，但道德风险和信息不对称性比较大。
- 专户产品，和私募基金的情况类似，区别就是公募基金公司管的私募基金叫专户而已。如果是类似风格的基金经理，其实投资公募基金就可以了，毕竟费率成本更低。

最后，如何实现目标，我的建议如下。

- 底层配置公募基金，信息透明，流动性好，不存在到期"拆盲盒"的情况，不影响生活质量。哪怕收益弱一些，但至少每天睡得着觉。
- 信用债基金为主，至少 70%~80% 的比例，大基金公司的老将基金经理，没有踩雷历史，选 3~5 个。千万不要看排名选债基，这是大坑。
- 权益基金为辅助，5~10 只，占比 10%~30%，20% 上下调整。而且最好是一个均衡的组合，不要买明星基金经理，规模超过 200 亿元的也谨慎，选 5~10 只。也可以用宽基 ETF 来替代，对于研究能力强的人，甚至可以用对应的指数增强来替代。
- 你的目标是，构建一个你很信赖的、股债比例稳定、整体均衡的组合，这个组合在当前这个大熊市进入，因为有部分权益资产，短期一定有波动，但长期实现目标的可能性

- 除了组合本身，建仓的方式也很重要。理论上不考虑心理负担，最佳的方式是一次性配置好放着，毕竟你和爱人还有稳定的现金流。但是由于金额比较大，我会建议根据恐惧贪婪指数来指导建仓节奏。你可以分成 10~15 份，中立的时候投 1 份，恐惧的时候投 2 份，极度恐惧的时候投 4 份，相信在未来一年中，你可以把这笔钱慢慢投出去，而且控制到一个比较低的成本。这样你面对波动的心理负担就小多了。

人到中年，身体健康、家庭和睦、没有负债、现金流稳定，**真是一种舒服的状态**，我相信这也是很多朋友的追求。你看，我排的顺序，健康和家庭是在前面的，尤其是对资产已经有一定积累的人来说，控制欲望会变成特别重要的事。在资产收益上控制欲望，那么你的资产就不会投到高风险的产品或者庞氏骗局中；在饮食中控制欲望，你的身体就会很健康；在生活中控制欲望，你的家庭关系就会很和睦。当然，我知道这是一件很难的事，大家一起加油吧。

怎么熬过经济周期中的"至暗时刻"？

收益坐了过山车，该怎么办？股市还能回暖吗？

北落老师好，我 2019 年开始买基金，至今收益全赔进去了，所有持仓开始转为负，我需要清仓吗？股市会不会被关闭？它还能回暖吗？

北落回信：

2024年1月23日，在暴跌中，大盘直逼2 700点，若是仍然劝你乐观，就显得很苍白。我就结合你的经历和疑惑，说说我现在的思考。

先说现在要不要清仓。你的情况就是一个活生生的案例。为什么大盘逼近2 700点，许多人都亏得厉害，动辄三四十个百分点，腰斩的也比比皆是，而你却只是刚刚把收益亏完？因为你是2019年入市的。注意，是2019年，是2018年那个惨烈的熊市之后，在大火燃烧的森林余烬中入市的，这才是关键！

真正决定赚不赚钱的，不是你选的基金经理多厉害，或者你选的行业ETF正在风口，而是你进场的时点。虽然我不知道什么时候涨，也不知道悲观情绪什么时候结束，但是如果你的组合足够均衡，那么现在这个位置实在不该卖出你的基金。

坐了过山车，这实际上也是很多人的痛。对于如何止盈，办法有很多，一是综合多种指标，也可以参考韭圈儿App上的相关指标；二是不停问自己，是不是赚够了？如果答案是肯定的，那就坚决一点。我年轻时曾经好几次看着不可思议的涨幅，手一边哆嗦一边点卖出。

赚钱了不一定全部卖掉，但一定要拿出来一部分消费，提升自己和家人的生活品质。以我的亲身经历为例，我的第一个单反相机（现在还在用），给女朋友（目前已经升级为孩子她妈）买的第一个香奈儿基本款，结婚时买车，后来换房子，股市都做了不小的贡献。没错，A股的确也有很多甜蜜的时刻，比如2010年下半年、2013年、2014年下半年、2015年上半年、2017年、2019—2021年春节。为什么大家的脑子总是被痛苦的回忆所占据呢？我喜欢把股市赚到的虚拟财富，换成一个个实物摆在那里的感觉，每次看到或用到都会勾起美好的回忆。

接下来回答中国股市会不会关掉，这个基本不可能。我说一个极端的案例吧，在巴顿·比格斯的《二战股市风云录》一书中，德国股市是在斯大林格勒战役失败后大势已去，直到1944年8月才休市，到了1948年又重新启动。日本股市是1945年战败以后才休市，但是当年秋天就恢复了。没过多久，德国股市和日本股市都在战后重建中创出了新高。所以说，A股基本不可能关闭。

那股市场还值得投资吗？当然值得，只不过值得投资的股票会越来越少。许多投资者在不停地交学费后也开始意识到：原来有投资价值的公司只是一小部分，那么长期关注这些公司，远离没有投资价值的公司即可。目前监管层在放宽上市标准，让"壳"变得不值钱，能解决很多长期问题，但短期会影响到太多散户。

同时遭遇降薪和基金被套，该怎样保住现金流？

北落老师好，我目前在地产行业的国企工作，受大环境影响薪资出现了较大的下降，同时投资的基金也被深度套牢，我的预期收益率是5.5%，没想到也如此困难。关于工作，目前有我有两个方案：一个是跳槽，离开国企的同时换一个行业；另一个是回老家找份清闲工作，降低生活成本。关于投资，要想达到预期收益率，接下来我应该如何去做呢？

北落回信：

工作上，是否要离开国企，我建议你问自己以下3个问题。

- 你所在的行业是否有前途？
- 你的职位 10 年以后是怎样的？
- 你的性格是否适合国企？

针对第一个问题，虽然都是国企，但情况也并不一样，有些是现金奶牛，有些却是朝不保夕。而你所在的建筑地产行业，这几年确实不景气。未来一两年，地产行业可能因为救市政策有个反抽，但长期看来，似乎再难有大周期了。

针对第二个问题，建议找到公司里曾经和你一样职位的前辈，看看他们的工作劲头、生活状态，是不是你想要的。

针对第三个问题，每个企业都有自己的企业文化，看看你所在企业的氛围、同事间相处等，是不是你擅长的，若不擅长是否能够忍受。

如果准备离开，即便回老家也不要躺平。我给你一个思路：寻找可以在家乡上班，但工资水平却能与北上广深等一线城市的水平相当的工作。以金融行业举例，供你思考。

- 基金公司渠道经理：公司总部在北上广深，但是为了工作方便，很多都可以属地办公（一般在省会），甚至居家办公，收入也和北上广深的同事差别不大。比如说卖基金，山东、河南等都是销售量很大的省份，毕竟其 GDP 在全国也是排名前列。如果卖得好，奖金和上海同事的是一模一样的。但生活质量，相比上海同事可能要高得多。
- 财经自媒体：我认识几个金融行业的大 V，就是因为喜欢研究基金，结果成了头部大 V。他们就是生活在三、四线城市，平日深居简出，网上挥斥方遒，但是收入和深圳的自媒体从业者一样。互联网、短视频，拉平了区域之间的信息差。

所以，你结合自己的行业，想想有没有这样的机会。

投资上，如何达到5.5%的收益率，我也有一些心得，首先要说明的是，5.5%的收益率我认为是能达到的，但是无风险无波动的5.5%，是不存在的。

- 信用风险控制较严格的纯债基金，收益率可以达到4%，这已经是债基中的佼佼者才能达到的水平。
- 债券私募或者券商资管，由于可以加更多倍的杠杆，收益还可能更高些，但同时波动会更大，关键是信任问题，除非是你很熟悉且很靠谱的人做的，否则不推荐购买。
- 做股债配置，配置一些股票资产。如果你觉得现在的市场足够低估，未来反弹的概率很大，那就有可能实现你的需求。当然，波动也会随之加大。10%股票仓位的非纯债基金指数的业绩表现如图6.7所示。

最后，我想建议你的是，这世界上只有一种成功，就是用自己喜欢的方式过一生。我毕业时的第一个录用信来自某中央部委，我问了上一届去那里的师兄的工作状态之后，觉得与自己的预期不一样，就放弃了。家里的长辈都骂我糊涂，但我一点不后悔。后来每一次换工作或者创业，也都是希望做更有意思、更有挑战的事情。虽然没有发大财，但是我很开心。就像我花时间给你回信一样，对好为人师的我来说，也是件愉快的事儿。

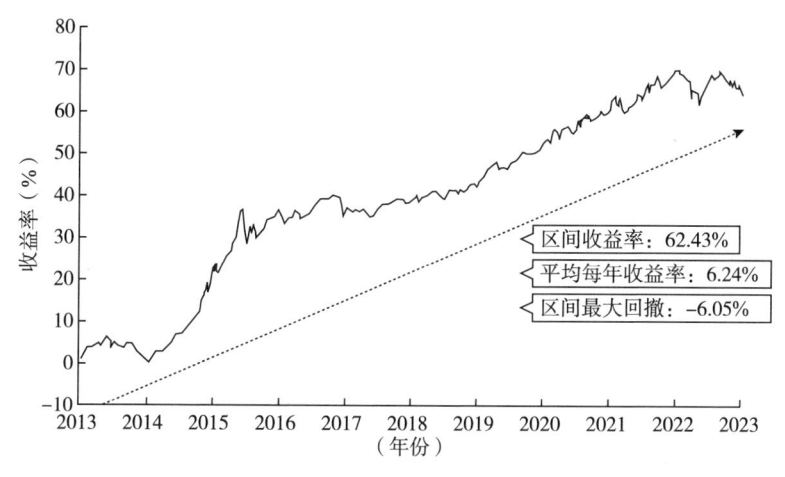

区间收益率：62.43%
平均每年收益率：6.24%
区间最大回撤：-6.05%

图 6.7 非纯债基金指数业绩表现

如何熬过职业与投资的"至暗时刻"？

北落老师好，我在一家互联网公司上班，这几年投资极不顺利，所有的股票基金全部处于被套状态（包括公司给的股票）。但现在更让我焦虑的是工作，我们项目组一直不怎么赚钱，一是对今年的奖金基本上不抱期待了，二是担心项目组随时会被砍掉，自己面临被裁的风险。之前看你直播时提到过自己的低潮期，请问你是怎么度过的？

北落回信：

你好啊，先拥抱一下，这几年大家的生活确实都不容易。我确实经历过几次行业周期，最难的时候几乎丢掉工作，投资被套的次数就更多了，如果再算上生活中的烦心事儿，感觉就没消停过。但是我有一种特别的能力，就是回过头看觉得特别艰难，甚至后怕的时刻，在当时我都不觉得特别难，甚至自我感觉还挺良好。

直到今天，创业的焦虑和市场起伏带来的心态波动，也一直存在。我在第1章的7条军规中，专门加了一条"保持心态，克服贪婪和恐惧"，我不敢说自己心态有多强大，但有一些解压的经验分享给你，供你参考。

找比你优秀的前辈聊天

如果他事业很顺，他会乐于给你一些宝贵的建议；如果他也不顺，那么你会觉得"原来牛人也这么难"，对你算是一种解压。记住，是纯聊天，不要轻易求资源，但是要带着你的礼品和诚意。尽量不要找和你状态类似的人，不管他过得好不好，对你来说可能都是压力。

睡个好觉

这是最关键的。焦虑的时候容易失眠，越失眠就越焦虑，尤其是如果第二天还要上班，晚上更是焦虑。尝试早点上床，不看手机，看书，最好是短篇小说或者历史散文，不要看容易上瘾的连载故事。实在不行，请几天假，找医生开一些助眠的药。

打扫卫生，丢掉没用的东西

做一次大扫除，把图书分类，把各种数据线收纳好，把长久不穿的衣物丢掉或捐掉，把厨房的锅碗瓢盆消个毒，把通讯录中杂七杂八的人情理一下，对了，还有那些长期亏损套牢的股票和基金。认真地把资产——股票、基金、信托、私募、保险等——做个整理。

去一次澡堂，尝试换个发型

到澡堂彻彻底底洗个澡，搓个背，打个盐，并且把胡子刮干净。尝试换个新发型，晚上敷个面膜，泡泡脚。总之，让自己清清爽爽的。

少吃且轻微运动

大部分人心情不好容易多吃，尤其是晚上多吃，这只会带来罪恶感，并形成恶性循环。轻微运动，哪怕是走路都可以，哪怕额头有几滴汗珠，也会让你的心情好很多。

到公园看老年人跳广场舞

这些老年人经历过多次时代变迁，也都熬过来了，而且一把年纪还能跳得这么有劲头，是什么精神力量驱使的呢？虽然我不知道，但光看着也会让我更有力量。

去热闹的露天市场，和小贩们聊天

我特别喜欢去本地的海鲜市场，和小贩砍价、聊天。有一次一个卖二手杂物的老板和我讲他儿子怎么考上上海交通大学，怎么找到北京国企的工作，他的骄傲之情溢于言表。你会感受到，快乐其实很简单。

不要自责，学会自嘲

对于自己犯下的错误或者遭遇的逆境，不要过于自责，有时候可能不一定是你的错。但是可以尝试用自嘲的口吻，把这些倒霉事儿编成段子，甚至可以发到网上。在不涉及隐私的情况下，把你想吐槽的人和事儿，包括你自己，都编到段子中。万一有一天你火了呢？

学习你感兴趣但一直没时间学的东西

你一定有很多感兴趣，但是由于平时工作忙没时间学习的东西。不如趁低谷期，开始学习它们吧，比如学吉他、学毛笔字、学英语、学画画、学如何使用 ChatGPT。一定要记录你的学习过程，分享你的学习经验和成果，说不定下一个网络达人就是你。

尝试开源

有句玩笑话,"何以解忧,唯有暴富",说到底,如果财务状况能好转,大多数烦恼都会消散。虽说钱并不好赚,但是从金融行业进入互联网领域之后,我才发现原来赚钱的方式竟然这么五花八门,适合个人从事的轻资产高利润的事儿竟然有这么多,而不是非要投资几十万元开实体店。打开思路,多去关注一些互联网运营领域的信息差,会帮你重燃信心。

熬过熊市,最直接也是最有用的方法就是:保持无限现金流。记得这个不败的解套策略。

金融从业者的困惑解答

想进入金融行业,该如何做职业规划?

北落老师好,我目前是金融专业的大四学生,有过半年券商行研实习经历,但由于这几年经济下行比较厉害,在公募降费、券商降薪的金融周期下,投行、行研的性价比貌似没有那么高了。我目前已经保研,时间较为充裕,也正在探索其他方向,打算考虑一下量化方面,最近也在学习Python。我想请你给我一些金融行业寻找实习和求职方面的建议。

北落回信:

一份工作性价比的定义,因人而异。至于什么是好工作,我自己总结过一个"PAVE法则"。

- Passionate：充满热情，才能在工作时不会觉得累。
- Adequate：十分擅长，才能更高效能地发挥才能。
- Valuable：创造价值，才能造福别人并养活自己。
- Exponential：复利增长，才能越老越吃香。

如果一个职业，这4点都满足，那你就可以坚持走下去，它会为你pave（铺）一条通向内心幸福和财务自由的路。接下来，我就结合这个法则和你的提问，给你一些建议。

投行、行研是否还值得加入？说实话，虽然金融行业这几年不景气，未来又是降费大潮，但投行和行研这两个职位依旧是非常锻炼人的：扎实的财务和法律基础，夜以继日的刻苦勤奋，人情练达、玲珑八面的服务意识，数据分析、PPT、编程等技能，种种能力加持，如果能够认认真真干几年，学一些真本事，未来在金融行业是不愁的。无论是做二级市场、一级市场，还是跳到上市公司做实业，路径都非常多。

也就是说，这个行业本身的增长曲线在往下走（其实也有周期性，牛市一来大家就不会这么说了），但是你的第二增长曲线选择很多（纯看个人能力了），也是符合复利的特点的。至于你是否对做研究有热情，只能问你自己了。

而且，即便金融行业没有那么吸引人了，薪酬下降了，这两个职位依旧很难进。一方面，因为各大券商都没有招聘需求了，有招聘需求的也顺势提高了门槛；另一方面，瘦死的骆驼比马大，再差也会比其他一些领域要强不少。

以下是一些简历方面的建议，供你在找工作或实习时参考：

- 不要在简历上只写了实习和项目研究做了什么,如协助×××、维护×××、分享×××、参与撰写×××,要写这些事情的具体成果是怎样的。比如帮助团队拿到了怎样的具体成就,多少人阅读,提高了多少效率,收到了怎样的评价,获得了什么奖,有没有报告的电子版可以看看?
- 帮助你自己获得了哪些硬核技能,如编程能力、PPT能力、路演能力。
- 职业资格认证和证书方面,特许金融分析师(CFA)、注册会计师(CPA)、司法考试这三个证书建议考取至少一个,找工作时会加分不少。

如果你的简历和面试,都处处体现着"PAVE法则"的4个方面,我相信会很容易打动面试官。

另外,不同的实习经历还需要多尝试,尽早找到热忱所在。看到你准备学习Python和量化,这是很好的,先不说这个行业能不能进,多扩展边界,增加对行业各方面的了解,多多尝试不同领域的实习和项目,是有助于你早一点找到喜欢的事的。或者至少知道自己不喜欢什么、不擅长什么。

我研一的时候在四大会计师事务所中的一家实习过,大冬天被丢在一个偏僻工厂里2个月,每天8点出门,晚上11点回旅社,重复性地盘点、发传真,这段经历使我认识到,这虽然是一个知名的外企,薪酬不错,加班费也很多,但是绝对不适合我。

如果你的经济条件还不错,尽量把"喜欢"放在第一位;如果经济条件暂时还不允许,那么可以在收入和喜欢之间做一些平衡,也可以在工作后一边干一边寻找。

只要你能在未来的实习中证明自己很靠谱，在学习中证明自己很优秀，能为领导、老师、同事们创造价值，他们一定会愿意帮你引荐的。举个例子，你想尝试量化的方向，可以试试为市面上的量化基金经理写一写深度的测评，在微博、雪球，包括韭圈儿 App 上产出一些有价值的报告，我想是有可能获得和他们单独交流的机会的，甚至成为一块"敲门砖"。

基金从业者遭遇职业瓶颈，如何找方向？

北落老师好，我在基金公司工作，是一名运营主管，公司近期新招了一个上级，我感觉职业发展和薪资待遇几乎已经见顶。我现在有三个想法，想听听你的建议，或者请你给我一些更好的方向。

- 继续留在本岗位：有上级在，很多时候我的管理角色显得多余，而且发展似乎比较有限。另外，薪资不达预期，行业内同级别负责人的薪资普遍比我高 15%~20%。
- 转投其他公司：难点是该岗位的流动性较低，尤其在中大型公司，小型公司我又担心其业务的合规性。由于本岗位上升空间有限，换公司也没有特别大的意义。
- 转行：方向不明确，初步想过自己做投顾，自己投资或做中台角色（如产品、项目管理）。但是转行也需要新的学习时间，同时可能导致薪资下降，在当前市场不佳的情况下，降薪可能会给我的生活带来较大压力。

北落回信：

谢谢你的来信，针对你问题，我们来一一分析。

来了顶头上司，自己就没机会了吗？我认为并不是这样的，空降的人，想待得住、待得稳，没那么容易。

- 是不是有真本事、真资源，能带领团队打胜仗？
- 能不能适应环境，被上级和同级接纳？
- 是不是格局够大，让下级心悦诚服？
- 是不是根基深厚，上面有人罩着，罩他的人稳不稳？

以上任何一项做不到工作都会遇到危机，尤其是基金公司这种人才聚集，大神出没的地方。所以你不妨先观察一段时间，如果新领导确实各方面不错，自己能学到很多东西，虚心干一段时间再离开也无妨。如果新领导水平一般，那你就更加应该积极做出成绩来。实际上，我见过很多部门总监换了一茬又一茬，但最后还是提拔了公司老员工的情况。

去其他公司当主管，你也会面临一样的问题。且不说有没有机会，你要分析自己是否具备以上四种能力，否则工作也会有危机。就算短期内薪资提高了，但是这份工作能稳定持续下去吗？新公司的文化、环境你能不能适应，这才是最重要的，要多做背调，跳槽切忌只看薪酬。

转行的确是需要勇气的，但更重要的是跨界结合。我感觉你还是对投资感兴趣，但真的不一定非得自己下场去做。比如基金投顾这个业务，运营和投资同样重要，我不知道你们公司有没有牌照或者未来能不能拿到。如果你能够把自己的运营能力和投顾业务相结合，倒可以作为一个安全性较强的过渡。哪怕工资降低一些，至少你的学习时间会缩短，还能发挥自己的长处，那这种外部机会，还是可以尝试的。

当然，基金投顾业务的发展目前还处于初级阶段，对收入的贡献太小（也就是说你很难快速赚钱），但它是运营和投资结合最紧密的岗位了，是最需要和客户用心沟通的了。做好了，是可以一直干下去的。我感觉到行业的"风"在来，"**懂投资+懂互联网+懂用户运营+懂新媒体**"的人才，绝对是稀缺的，大公司更稀缺。

你当务之急是找到自己最愿意全身心投入的事情。不要害怕尝试，但千万不要是因为职场一时不得意，收入一时无法提高，而冲动做决定。好好问一下自己内心最喜欢、最想要达到的状态，然后朝这个方向一直努力吧！

理财经理面对熊市快撑不住了，怎么办？

北落老师好，我是一位普通的理财经理，最近面对客户的抱怨、投诉，甚至嘲讽，我已经开始失眠，感觉撑不住了。我白天要上班，只要有休息时间就会处理这些负面的东西，同时新的销售任务又下来了。这一切让我开始怀疑自己，我的工作到底还有价值吗？

- 当初给客户推荐基金的时候，基金经理的业绩都非常好，领导极力推荐，我自己也买了，但是现在很多都亏了20%～30%。我自己亏多少我都认了，但是很多客户亏损了几十万元，甚至上百万元，积累多年的信任现在变成了冷眼和埋怨，我内心极其痛苦，但我无能为力，我还要工作，还得吃饭，还得卖基金。

- 我是骗子吗？我赚的是昧良心的钱吗？我职业的价值到底是给客户赚钱，还是在毁灭客户的资产？
- 一些同事这几年只卖保险，又好卖赚得又多，客户的投诉还少，甚至有些客户会感谢同事没有给自己推荐基金和私募。但现在保险的收入也开始下降了，我有点迷茫，到底应该给客户配置什么资产？

北落回信：

  对服务行业而言，赚的钱当中有一半来自承担客户的负面情绪。从饭店服务员、淘宝客服，到律师、医生，概莫能外。客户抱怨一下，甚至说两句难听话，很正常。你在饭店吃饭吃出苍蝇也只能找服务员，尽管那不是她的错。所以，请用平和的心态接受负面情绪，如果没有一颗强大的心，是很难做面对客户的岗位的。当然，谁都不是天生就具备这种素质，每一次熊市的洗礼，都会让你各方面的能力上一个台阶。相信我，当你具备了这种能力，你在生活中也会变得更平和，这其实是好事。

  我感受到你是一位非常有责任心的理财经理，看到客户亏钱良心会痛，但一方面又有任务，又要养活家人，所以比较纠结和焦虑。其实你不必责怪自己，所谓的高点和低点，都是回过头来看的，身处其中，我相信没几个人能预知。以后牛市和熊市、贪婪和恐惧，还会反复出现，如果你执着于去判断高点和低点，你的痛苦会无穷无尽，且结论随时会被证伪。你必须找到一套能够长期有效的方法，我有以下建议。

- 持续想办法降低客户的预期,牛市浇冷水,熊市送温暖。
- 持续让客户感受到净值化后的市场风险和"温度"变化。
- 尽可能对客户的资产进行多元化配置,固收/权益、公募/私募/理财/保险、境内/境外、定开的/开放式的等,让客户从账户整体的角度来感受盈亏(波动会小很多),而不是单一产品。
- 每一类资产,结合公司的重点池和自己的研究,形成一个值得自己长期信任、长期跟踪的池子。这个池子的资产一定要均衡、过硬,跌下去的时候,敢加仓。
- 持续地去沟通,多元化配置以后,总会"东边不亮西边亮",有好消息的时候一边报喜一边降预期,有坏消息的时候要多给客户增强信心。没有消息的时候,要问问客户是否有问题。很多时候,客户也焦虑,及时的信息能帮他降低焦虑。
- 多来像韭圈儿一样的理财经理聚集的社群,一起"吐槽",释放心理压力。

从事财富管理行业是不是在毁灭客户的资产?这让我想起来,前几天我在韭圈儿社区发的帖子:"现在买基金持有3年,会不会赚钱?"结果获赞最多的答案是:"基金公司会赚,银行会赚,理财经理会赚,而客户会不会赚,我不知道。"

这真是一个让从业者汗颜的答案,但说得似乎又没毛病。过去几年的市场现实确实如此,以卖方销售驱动的财富管理行业,这种现象会一直存在。尽管我创业时雄心壮志,想去做一些改变,但后来发现这不光有机构的问题,也有投资者人性的问题。后来我想开了，如果我们能影响一些身边的投资者，甚至一些理财经理，这便足够了。

财富管理和资产管理不一样，后者是要在资本市场搏杀，要用产品业绩说话，而财富管理是要为合适的客户，在合适的时间，找到合适的产品。这里的关键词是"合适"。投资者A并不需要和投资者B比拼收益，他只需要和自己比（这一点要反复和客户强调），而你更不需要和谁比，你只是帮助他达到目标的好帮手。这，就是财富管理的价值，不要怀疑。

其实大部分人是不适合投资股市的，但这并不妨碍我们给他们一个稳健的、多元化的组合，发挥我们的价值，银行券商的货架已经足够全了。

记住，永远别让客户满仓。

困难的时候，还是要多和客户聊聊。就算在投资上你没办法帮他快速回本，但是可以多提供一些其他方面的价值。健康、子女教育、就业、房产等，我相信客户生活中的难题不只有投资，服务行业的高手，都是善于整合信息、整合资源的高手，你有没有对自己的资源，做过库存盘点呢？别忘了，公司作为平台，还能给你不少支持呢。

总之，雪中送炭百倍于锦上添花。**至暗时刻的发声，回过头来，都会凝结为金子般的友谊和信任。**

最后，请你放松心情，要对自己有信心。

- 你一定有着这不错的学历。
- 在这充满不确定性的时代，你拥有一份体面且稳定的工作。
- 这份工作的收入和福利，在你的城市应该处于中上游水平。

- 你身边的领导、同事、客户大多是高知，你能从他们身上学到很多。
- 作为理财经理，你并没有给客户推荐刚兑的"爆雷"产品，这是幸运的。
- 你所在的机构，能给你一个拓宽视野的平台，只要你想学，就有丰富且珍贵的学习资源。
- 你正值壮年，身体也比较健康，只要调理好失眠，仍旧年富力强。
- 如果你的父母身体不错，家庭也和睦，那么你信中的问题，其实都不是大问题。

放下包袱，多读书，有空多出去走走，多和客户聊聊，你会发现，还是有很多美好的东西的。

这，也是我创业坚持下来的原因。